火燒甲午
──帝國沉沒之年──

日本情報滲透、清廷集體迷夢……
從情報戰到外交決策，一場預謀已久的戰爭如何改寫東亞百年格局？

戚其章——著

日本侵略是一場預謀已久的未宣之戰？　戰事從哪一步開始陷入無法挽回的僵局？

1894之敗──甲午年戰爭紀實

北洋覆沒 ╳ 間諜密戰 ╳ 乞和決策……
軍事、情報與外交三線潰敗，重構晚清衰敗的分水嶺

目 錄

出版說明 ………………………………………… 005

第一章
戰端初啟 ………………………………………… 007

第二章
豐島之變 ………………………………………… 035

第三章
平壤激戰 ………………………………………… 067

第四章
黃海決戰 ………………………………………… 103

第五章
遼東戰火 ………………………………………… 149

第六章
艦隊潰敗 ………………………………………… 201

目錄

第七章
馬關和局 ………………………………………………… 241

第八章
臺海變局 ………………………………………………… 297

出版說明

　　甲午戰爭是中國近代史上的重大事件，出版社隆重推出甲午戰爭研究專家戚其章先生的「甲午戰爭與近代中國叢書」，包括《火燒甲午，帝國沉沒之年》、《大清最後的希望——北洋艦隊》、《斷潮，晚清海軍紀事》、《殘帆，北洋海軍的覆滅》、《甲午破局，清帝國撕裂的外交關係》、《議和失控，晚清最後的外交潰敗》、《國際法視角下的甲午戰爭》、《太陽旗密令，決定甲午結局的情報戰》等 8 冊。

　　《火燒甲午，帝國沉沒之年》從戰爭緣起、豐島疑雲、平壤之役、黃海鏖兵、遼東烽火、艦隊覆沒、馬關議和、臺海風雲等關鍵事件入手，以辯證的目光敘述關鍵問題和歷史人物，解開了諸多歷史的謎題。

　　《大清最後的希望——北洋艦隊》主要講述了北洋艦隊從建立到覆沒的全過程，以客觀的辯證的歷史角度，展現了丁汝昌、劉步蟾、林泰曾、楊用霖、鄧世昌等愛國將領的形象，表現了北洋艦隊抗擊日軍侵略的英勇頑強的愛國主義精神。

　　《斷潮，晚清海軍紀事》、《殘帆，北洋海軍的覆滅》細緻地敘述了晚清時期清政府創辦海軍的歷程，從策略角度分析了北洋海軍失敗的原因，現在看來仍然振聾發聵。

　　《甲午破局，清帝國撕裂的外交關係》、《議和失控，晚清最後的外交潰敗》從國際關係的角度，論述了清政府的乞和心態和列強的「調停」過程，突出表現了清政府的腐敗無能和列強蠻橫貪婪的真實面目，指出列強所謂的「調停」只是為了本國利益，並非為了和平，清政府的乞和行為是注定不會成功的。

出版說明

　　《國際法視角下的甲午戰爭》結合法理研究與歷史考究，把爭論百年的甲午戰爭責任問題放在國際法的平臺上，進行全面、系統、客觀、公正的整理與評論，是一部具有歷史責任感和國際法學術觀的著作。

　　《太陽旗密令，決定甲午結局的情報戰》揭露和分析日本間諜在甲午戰前及戰爭中的活動，證明這場侵略戰爭對百姓造成了嚴重傷害，完全是非正義的，因此對這場侵略戰爭中的日本間諜，應該予以嚴正的批判和譴責。

　　甲午戰爭是一本沉甸甸的歷史教科書，讓我們在深刻的反思中始終保持清醒，凝聚信心和力量，肩負起時代賦予的光榮使命。

第一章

戰端初啟

第一章　戰端初啟

第一節　明治黷武

　　水有源，樹有根。凡是事情的發生都有它的根由、它的原委、它的因果關係。有因必有果；反之，有果必有因。甲午戰爭當然不能例外。甲午戰爭，這是中國人的稱呼。日本人叫日清戰爭。在某些日本歷史學者的著作裡，經常宣揚一種觀點：日清戰爭是偶發事件，日清戰爭不是日本明治政府有預謀的戰爭，而是由於某些偶然因素才陰錯陽差地發生的，日本並不是戰爭的責任者。這種觀點，可以叫它「偶發」論。在日本學術界，雖然「偶發」論並未取得普遍認同，有些日本歷史學者還對「偶發」論持指責的態度，但「偶發」論者通常都很頑固，時不時就會把「偶發」論改頭換面地拿出來宣揚一番，所以絕不能小看它。

　　我們之所以認為「偶發」論不能成立，主要是基於日本明治政府的實際表現，也就是基於許多無可辯駁的歷史事實：

　　第一，銳意擴張。西元1868年，明治天皇睦仁登基伊始，即開始推行「武國」方針，確立對外侵略擴張的大陸政策為基本國策。他發表所謂〈天皇御筆信〉，宣稱「日本乃萬國之本」，需要「繼承列祖列宗的偉業」、「開拓萬里波濤，布國威於四方」。不言而喻，日本要布國威的首要目標，就是一衣帶水的西鄰朝鮮和中國。

　　睦仁的〈天皇御筆信〉發表後，在日本政壇颳起了一股旋風，鼓吹「征韓論」一時蔚然成風。當時，倡導「征韓論」主導者是參議木戶孝允。他有一套說辭云：

　　韓地之事乃皇國建立國體之處，推廣今日宇內之條理故也。愚意如為東海生輝，應以此地始。倘一旦動起干戈，不必急於求成，大致規定年年入侵，得一地後，要好自確立今後戰略，竭盡全力，不倦經營，不

第一節　明治黷武

出兩三年，天地必將為之一變。如行之有效，萬事不拔之皇基將愈益鞏固矣。[001]

木戶所論與外務省的意見完全相合。外務權大丞柳原前光對「征韓論」的闡述更為透澈：

皇國乃是絕海之一大孤島，此後縱令擁有相應之兵備，而保周圍環海之大地於萬世始終，與各國並立，弘張國威，乃最大難事。然朝鮮國為北連滿洲、西連韃清之地，使之綏服，實為保全皇國之基礎，將來經略進取萬國之本。[002]

第一步，征服朝鮮；第二步，占領中國東北；第三步，「綏服」中國；第四步，「經略進取萬國」，稱霸世界。這就是日本「征韓論」者的如意算盤和實施步驟。

於是，日本政府選中了激進的「征韓論」者久留米藩士佐田白茅，派他去朝鮮調查政情和軍備。西元1870年3月，佐田向政府上了一篇著名的〈建白書〉，其主要內容是：（一）朝鮮有必伐之罪，不愁找不到出兵藉口。（二）伐朝鮮必勝無疑，「不出五旬而虜其王」。（三）伐朝鮮有利而無損。「朝鮮則金穴也，米麥亦頗多，一舉拔之，徵其人民與金穀。」、「故伐朝鮮者，富國強兵之策。」（四）伐朝既可防列國對朝鮮的覬覦，又是實行海外擴張的大好機會，「呂宋、臺灣可唾手而得」。（五）伐朝可繼之伐清。「當天朝加兵之日，則遣使於清國，告以伐朝鮮之故，若清必出援兵，則可並清而伐之。」

但是，日本政府的最高決策層，在討論如何或何時對朝鮮開戰的問題時卻產生了意見分歧：一派是急征派，以時任參議的陸軍大將西鄉隆

---

[001]　《木戶孝允文書》，第3卷。
[002]　《日本外交文書》，第3卷，第149頁。

第一章　戰端初啟

盛為首，恨不得馬上出兵伐朝，主張由自己充當使臣赴朝，先設下圈套，誘朝鮮政府入彀，必然帶來開戰之機；另一派是緩征派，以參議兼大藏卿大久保利通為首，主張處理朝鮮要講究步驟，必須周密計畫，統一方略，緩緩圖之。雙方意見對立，爭論激烈，演成一場勢不兩立的政爭，最終以急征派的下臺而結束了這場「征韓論」之爭。

第二，發兵侵臺。「征韓論」之爭剛剛落幕，「征臺」聲浪又甚囂塵上。這時，剛好有琉球國居民出海遇上颱風，在臺灣南部上岸，闖入牡丹社鄉，被土著居民所殺。睦仁認為這剛好是發兵侵臺的絕好機會，特派時任外務卿的副島種臣使華，並授意以談判的「要旨」：

> 清國政府若以政權之不及，不以其為所屬之地，不接受這一談判時，則當任從朕作處置。清國政府若以臺灣全島為其屬地，左右推託其事，不接受有關談判時，應辯明清政府失政情況，且論責生蕃無道暴逆之罪，如其不服，此後處置則當依任朕意。[003]

就是說，以琉民被殺問題作為突破口，無論清政府如何作答，日本都要掌握發兵侵臺的主動權。果然，雙方在北京談判時，清朝官員講了一句「生蕃姑且置之化外」的話，被日方抓住，解釋為：臺灣土著部落為清政府「政權所不及之地」，可視為「無主之地」，日本有充分理由興師問罪。

西元 1874 年 4 月 4 日，日本政府組織「臺灣生蕃探險隊」，任命陸軍中將西鄉從道為臺灣蕃地事務都督。在此以前，日本先後派遣 5 批 15 人次的間諜到臺灣偵察，其目標有二：一是觀察山水道路，測量地形，調查風俗民情，以備進軍之用；二是尋找一處可開闢的居留地，以備日軍長久盤踞之用。5 月 7 日，日本侵臺軍從琅（今恆春）登陸，總兵力

---

[003]　〈(明治) 敕語〉，譯文見《歷史研究》1999 年第 1 期，第 23 頁。

第一節　明治黷武

為 3,658 人。18 日，日軍向牡丹社發動進攻，遭到猛烈抵抗，並不像原先估計的那樣能夠一鼓盪平。日軍連日進攻，不但未達到預定的軍事目的，反而處境日趨艱難。當時，日本侵臺軍所面臨的最大困難有三：

其一，陷於被動。日軍侵臺時，適逢連綿霖雨，山溪暴漲，水勢滔滔，要路又被砍倒的大樹堵塞，不僅前進困難，彈藥、糧食也難以運送。土著居民則潛伏在岩石荊棘之間窺伺，敵兵接近即加以狙擊。日本侵臺軍參軍、海軍少將赤松則良不由得驚呼：「糧食補給之路杜斷，士兵都飢餓不堪，枵（ㄒㄧㄠ）腹之下，自難作戰！」這時的日軍，既要警戒土著居民襲擊，又擔心北面的清軍來逼，真有草木皆兵、防不勝防之感，已在軍事上喪失主動，陷於被動的境地。

其二，士氣低落。臺灣南部本被日人視為「南海絕島瘴癘之地」，此次越海作戰自難適應環境，加上地勢炎熱如灼，宿營設備極其簡陋，所謂營帳只是一塊天幕，不得不忍受蚊蟲的叮咬，以致全軍上下皆為瘧疾所困擾，營區一片苦悶呻吟之聲。其中，有病死者，有不勝病苦而自縊或投海者，其人數有 600 多人，約為侵臺日軍的六分之一。據一位隨軍醫生回憶：「很多人精神憂鬱，缺乏生氣，只是懷念家鄉的父母妻子，意志消沉。希望早日歸國，幾乎成為口頭禪。」曾先期潛入臺灣偵察的日諜水野遵目睹此情此景，內心受到很大震撼，揮筆寫下一首七絕，頗能展現當時日軍上下普遍的悲切無奈的心情：

白沙黃草埋枯骨，戍鼓無聲月色空。

曾向故山歸不得，孤魂夜夜哭秋風。

侵臺日軍士氣低沉到了極點，完全喪失了戰鬥力。

其三，不得人心。日本驟興不義之師，用費浩繁。出兵之前，西鄉從道曾誇下海口：「征討費 50 萬元足夠，若是超過，情願引咎切腹！」結

第一章　戰端初啟

果，日軍此役所耗經費：所謂「征蕃費」及辦理大臣派遣費兩項花掉362萬日元，購置兵器及船隻等花掉593萬日元，合計955萬日元。幾近日本當年年度財政收入的百分之十五，這是西鄉所保證的「征討費」的近20倍。且懸師境外，久無所成，耗費國帑將伊於胡底！當時日本羽翼未豐，國力尚弱，發兵侵臺純屬軍事冒險，難以長久支撐，很怕遷延時日。朝野為之議論紛紜，十分不得人心。

清政府獲知日軍侵臺的消息後，特派船政大臣沈葆楨為欽差，辦理臺灣等處海防兼理各國事務大臣。沈葆楨主張在軍事上加強戒備，調派武毅銘軍13營分批渡臺，駐防鳳山；又以福建水師兵輪6艘長泊澎湖。此時，侵臺日軍數千人侷促於臺島南端一隅之地，已成騎虎之勢，但又不甘心無所得而歸，便寄希望於外交訛詐，最後，以撫卹、修路、建房等名目勒索50萬兩白銀而撤兵。日本第一次嘗到了越海侵略的甜頭，遂以此次侵臺為契機，悍然於西元1879年3月8日將琉球國吞併，使之成為明治政府黷武擴張政策的第一個犧牲品。

第三，策議征清。日本明治政府實行黷武擴張政策，以大陸作戰為主要目標，始終將發展軍事力量置於優先地位。西元1878年，日本設立參謀本部，即大力推行大陸政策，將中國作為主要的侵略目標。從1884年起，日本便開始了長達10年的大陸作戰準備。1887年，日本參謀本部覺得發動侵華戰爭的時機日近，便發動屬員條陳征清方策。現在共發現7份條陳：6份為海軍屬員所擬，1份為陸軍屬員所擬。其中，參謀本部第二局局長、陸軍大佐小川又次所作〈清國征討方略〉發現較早，也最為有名。其他6份為參謀本部海軍部代理科長、海軍少佐櫻井規矩之左右等所作之〈征清方略〉，因係近年發現，故知道的人不多。

櫻井規矩之左右等的〈征清方略〉，提出以攻占北京為要著，但從海

軍作戰的角度考慮，必須完成三項任務：（一）與北洋艦隊決戰，擊毀其四分之三以上的艦隻，使之不能成編，以便順利護送陸軍前往北洋。（二）謀取海軍前進的據點，先以先鋒攻占旅順，繼則擊破渤海門戶威海衛，方可使進攻北京之要道暢通無阻。（三）選好進攻北京的登陸地點，乘夜暗之機，以運輸船為先導，摧毀沿海的炮臺要塞，並支援陸軍部隊登陸，逐步向北京進逼。

小川又次的〈清國征討方略〉內容更為全面詳備，強調對中國採取進攻戰略：

謀清國，須先詳知彼我政略與實力，作與之相應之準備。養成忠勇果敢精神，經常取進取之術略，定巍然不動之國是，實乃維持和平之根本，伸張國威之基礎。

清國終非脣齒相依之國，論戰略者不可不十分注意於此，而現今又乃最需注意之時機。因此，乘彼尚幼稚，斷其四肢，傷其身體，使之不能活動，中國始能保住安寧，亞洲大勢始得以維持。

這實際上是對睦仁〈天皇御筆信〉精神的進一步發揮和闡釋。

〈清國征討方略〉提出日本對華作戰的總目標是：擊敗北洋艦隊，攻占北京，擒獲清帝，迫其結城下之盟；然後將中國分割為6塊，或直接劃入日本版圖，或為日本的屬國和保護國，或建立由日本「監視」的傀儡政權。可以看出，這是一個分割中國的計畫，也是一個滅亡中國的計畫。從而說明：早在甲午戰爭前七八年，日本已經周密的策劃發動大規模侵華戰爭。

種種事實表明，甲午戰爭絕不是一次偶發事件，而是日本明治政府長期推行黷武主義侵略擴張政策的產物和必然步驟。

第一章　戰端初啟

第二節　開戰外交

　　說到甲午戰爭，首先要了解發動這場戰爭的一位關鍵人物，就是陸奧宗光。他身為日本政府的外交大臣，利用朝鮮東學黨起義之機，不惜翻雲覆雨，施盡狡獪手段，發動了甲午侵華戰爭。正因為如此，他被日人尊為「日本外交之父」。這一時期的日本外交也就冠以「陸奧」之名，被稱為「陸奧外交」。

　　陸奧宗光從西元1892年8月出任伊藤博文內閣的外交大臣，到1894年7月才兩年的時間便挑起了甲午戰爭，這是他一貫自詡的得意之作。所以，他在晚年所著《蹇蹇錄》一書中得意地說：「將來如有人編寫中日兩國間當時的外交史，當必以東學黨之亂為開宗明義第一章。」但是，令陸奧生前萬萬沒有想到的是，在他死後的一百多年間，對陸奧外交性質的評價卻極為參差，聚訟紛紜不已，竟成為日本學術界爭論的焦點議題之一。

　　在日本，對陸奧外交的性質有多種說法，最具有代表性的見解有四種：

　　第一，二元外交說。陸奧宗光於西元1897年病逝，第二年有人為他寫傳記時便提出了此說。何謂二元外交？是說當時的日本外交不是外務省一家說了算，日本參謀本部也左右其間。傳記作者阪崎斌認為，陸奧乃至內閣總理大臣伊藤博文與軍部的意見並非完全一致，因為當時軍人社會的潛在勢力非常強大，政府對其不能完全控制。所以，甲午戰爭不是在陸奧和伊藤有準備的情況下發生的，只是在騎虎難下的情況下才不得已訴諸干戈的。此說的中心意思是，發動甲午侵華戰爭的責任不能都歸咎於陸奧宗光。

第二節　開戰外交

第二，和平外交說。此說最初是在1930年代提出的。有一本專門論述甲午戰爭時期日本外交的著作，書名就叫《陸奧外交》。此書作者信夫清三郎相信二元外交說，但在此基礎上又向前跨了一大步，認為就陸奧外交本身而言，它是和平主義外交。因為在作者看來，當時日本的軍備還不能獨立，不足以支撐一場大規模的對外侵略戰爭。何況當時的國際形勢也決定了陸奧外交只能致力於和平的目的。此說至今仍為一些歷史學者所堅持，並為官方所接受。1995年(中日《馬關條約》簽訂100週年)，日本外務省的外交史料館專門籌辦了一次「陸奧宗光與日清戰爭特別展示史料」的展覽，當時我正應邀在東京參加學術會議，有機會前去參觀，發現所陳列的史料都經過精心的挑選和布置，充分突顯出陸奧外交的和平主義色彩。這使我深切地感受到，此說在日本的影響是多麼廣泛而深遠了。此說將陸奧打扮成和平使者，要完全洗清他發動甲午侵華戰爭的責任，不能不引起人們的質疑。

第三，時代外交說。1980年代，在日本又出現了對陸奧外交的另一種解讀，就是時代外交說。此說的提出者岡崎久彥不是普通歷史學者，而是一位資深的外交官。他不同意和平外交說，反倒承認陸奧外交具有戰爭的目的，指出它只是時代的產物，不值得大驚小怪。因為在弱肉強食的帝國主義時代，推行強權政治和霸權主義，不過是常例而已。他還公然宣稱：「陸奧外交不僅在當時正展現了帝國主義外交的精髓，而且也是今天日本的選擇，甚至是當代日本外交選擇的唯一榜樣。」像這樣赤裸裸地歌頌帝國主義侵略外交，的確是不對勁的。

第四，開戰外交說。早在1960年代，此說就提出來了。其後，此說的提出者中塚明教授又對比研究陸奧宗光《蹇蹇錄》的草稿和其他不同版本，有了新的發現，就是陸奧生前對這份草稿做過不少修改，其中暗藏

第一章　戰端初啟

著許多陸奧外交的相關消息，這便為深入陸奧當時的內心世界提供一把鑰匙。原來，陸奧為發動這場侵華戰爭，真是煞費苦心，起初一則為尋找適當的開戰藉口而犯難，一則為擔心西方列強尤其是英國插手干涉而焦慮。後到7月間，他斷定英國正為調停不成功而猶豫不決，其他列強也都暫取觀望的態度，認為這是發動甲午戰爭的難得機會，機不可失，稍縱即逝，於是立即作出開戰的決定。陸奧在《蹇蹇錄》草稿裡清楚地寫道：

我認為，使這種猶豫不決的狀態永遠繼續下去，最終會成為招來第三國干涉的緣由，因此，設法促成日清兩國間的衝突為上策。

據此，開戰外交說的提出者，一面指出二元外交說與和平外交說有悖於歷史事實，一面指責時代外交說是死抱著侵略史觀而不肯接受歷史教訓的人的主張，從而得出了自己的結論：陸奧外交是預謀戰爭的開戰外交。

中國有一句古話：「二論相訂，是非乃見。」真與偽，是與非，不經過比較往往很難看清其真相。開戰外交說的突出貢獻就在於深刻地揭露陸奧外交的侵略本質，使其他幾種謬說不攻自破，難有立足之地。為了說明開戰外交說的正確性，我們還可用陸奧宗光外交實踐中的幾起重大事件來進一步加以驗證：

其一，誘清代戡。自朝鮮爆發東學黨起義後，日本報紙紛紛報導，大造開戰輿論，鼓吹「宣揚國威在此時，百年大計在一戰」。陸奧宗光認為，這的確是對外實行侵略擴張的難得良機，絕不可失之交臂，但從外交的角度考慮，出兵總是要有所藉口。於是，他密令日本駐朝鮮公使館注意朝鮮政府的舉動，尤其是要密切觀察朝鮮官員與清政府駐朝鮮總理交涉通商事宜、與袁世凱之間的往來聯絡。到5月29日，陸奧已經急不

第二節　開戰外交

可待，再次密令駐朝鮮代理公使杉村濬抓緊時機，探聽朝鮮是否已向中國求援。6月1日，杉村探知朝鮮決定借兵，但不知中國是何態度，急派書記生代表他去拜訪袁世凱，詢問中國何不代戡，並表示日本政府將樂觀其成，必無他意。第二天即6月2日，杉村親訪袁，以知交舊好相見，分外親切，無所不談，也透露出急盼中國代戡的迫切願望。袁世凱果然被誘上當，信之不疑，當即電稟直隸總督兼北洋大臣李鴻章：「杉與凱舊好，察其語意，重在商民，似無他意。」李鴻章也信以為真，於四天後即6月6日請准派北洋數營兵馬赴朝。

其實，在杉村濬拜訪袁世凱的同一天，日本內閣會議就根據陸奧宗光的提議，通過了出兵朝鮮的決定。這就是有名的「六二出兵」。當天夜裡，陸奧還將同樣主張開戰的參謀本部次長、陸軍中將川上操六請到外相官邸，商討落實出兵朝鮮的問題，並決定所派兵力一定要壓倒中國。據當時在場的外務次官林董回憶，他們討論的重點是如何進行作戰和如何取勝的問題。三天後，日本又成立了大本營，規定凡軍事動員計畫、出兵數量以及運輸計畫等等，完全歸軍事統帥掌握，由大本營決定。這表明：日本在「六二出兵」以後，即已開始為大規模的侵華戰爭作出兵準備。否則的話，日本只派出一個混成旅團，頂多派出一個師團，是完全沒有必要成立大本營的。

其二，公使回任。日本內閣決定出兵朝鮮後，陸奧宗光即命回國休假的駐朝公使大鳥圭介迅速回任，並密授其便宜行事的非常權力。陸奧還將政府的意圖明告大鳥：

我們有即使不得不訴諸干戈亦在所不辭的決心。因此，在向這個方面前進時，即使因閣下的措施而和平破裂，我將完全為之負責。閣下莫

第一章　戰端初啟

如有過激的思想，採取毫無顧忌的斷然措施。[004]

大鳥完全聽懂了陸奧的意思是「想藉此機會把清國打敗」，也感到異常興奮。陸奧這樣急促地命大鳥返回任所，是他在這場外交博弈中最重要的一著，就是把挑起戰端的任務託付給大鳥。

其三，挾王劫政。大鳥圭介回任後，發現漢城平靜如常，毫無紛擾情形，而且清軍3,800人又遠在牙山一隅之地，並未逼近漢城，一旦陸軍少將大島義昌所率混成旅團7,600人駐紮漢城，不僅朝鮮政府會反對，也必將引起西方國家駐朝使節的異議，因此極為猶豫，函告大島旅團暫勿入京。大鳥此舉引起陸奧宗光的強烈不滿，覆電說：

外交上雖或許少有紛議，但以大島部下本隊入京為得策。因極盼迅速恢復和平，故清兵如仍駐牙山不進時，閣下即要求以日兵鎮定暴徒亦無不可。關於對朝鮮將來之政策，日本政府不得已或至採取強硬之處置。[005]

明告大鳥：「無論用什麼藉口，哪怕是幫助平定東學黨的名目也行，都要讓大島旅團的主力進駐漢城，引起外交紛議也在所不顧，因為政府下一步可能要採取強硬的處置。」

根據陸奧宗光的指示精神，大鳥圭介除照辦不誤外，又先後提出兩項強行處置的方案：

第一，6月15日的方案。「乘此機會向朝鮮政府和清使提出要求，必須在日軍撤走之前撤走清兵。如拒絕這一要求便使用武力將清兵逐出朝鮮境外。」

第二，7月10日的方案。「此際採取斷然處置，注意不留後患，頗

---

[004] 《林董回憶錄》，第257頁。
[005] 田保橋潔：《甲午戰前日本挑戰史》，南京書店1932年版，第88頁。

第二節　開戰外交

為緊要。」最好莫如採取「用兵威逼之法」、「派衛兵固守漢城諸門，且守王宮諸門，以迄彼等承服為止」。大鳥的第二個方案，是說不必再進行徒勞口舌的交涉，徹底解決問題的辦法只有一個，就是「用兵威逼」，不惜演出「挾王劫政」的全武行。陸奧也最支持這個方案。

但是，大鳥圭介的這個方案，在內閣會議討論時卻沒有通過。以伊藤博文為首的大多數閣僚，雖也有挑起戰爭的決心，但怕引起外交上的麻煩，至於拿出何種開戰理由也一時舉棋不定，故認為慎重從事為好。對於伊藤等人的意見，陸奧並不從正面反對，只是強調：

桌上會議不必多費脣舌，除從實際出發，根據朝鮮局勢的演變，採取臨變的措施以外，已經沒有再處理其他問題的時間。

「從實際出發」一句看似簡單的話，卻巧妙地藉此把挑起戰端的決定權歸到外務省即其本人的手裡。

此後，日本便加緊促成開戰的步伐。7月12日，陸奧宗光先向大鳥圭介發出電令：

目前有採取斷然措施的必要，不妨利用任何藉口，立即開始實際行動。

13日，又派參事官本野一郎速返漢城，向大鳥傳達密令：

促成中日衝突，實為當前急務。為實行此事，可以採取任何方式。一切責任由我負之，該公使絲毫不必有內顧之慮。[006]

23日凌晨3點，大鳥派人向朝鮮政府送去一份「勢非出於兵力不可」的最後通牒。5點，日軍便攻破王城，闖入王宮，演出了「挾王劫政」的武劇。

---

[006]　陸奧宗光：《蹇蹇錄》，第68～69頁。

第一章　戰端初啟

　　這齣「挾王劫政」武劇的確令人怵目驚心，幕後導演是陸奧宗光，前臺指揮則是大鳥圭介。本來，大鳥的漢學素養不怎麼樣，詩才也難以令人稱道，但是受激於演出成功後的極度興奮，他還是詩興大發，揮筆寫下了這樣的詩句：

　　扶弱制強果孰功？兵權掌握覺談雄。
　　請看八道文明素，在此彈丸一發中！

　　「弱」指朝鮮、「強」指中國。「扶弱制強果孰功」是句設問，答案盡在不言中：這是我大鳥圭介之功。因為有重兵在手，說起話來也覺得理直氣壯，雄辯無比。如今日本文明即將澤及朝鮮八道，靠的就是「彈丸一發」啊！

　　這樣，大鳥圭介緊接著的下一步棋，就是著手扶植傀儡政權，命其廢除所有朝鮮與中國簽訂的各種章程，並授日軍以驅逐駐朝清軍之權。至此，日本終於獲得進攻清軍的一個藉口了。到8月1日，日皇睦仁便釋出詔書，正式對中國宣戰。

▋第三節　權變策略

　　徹夜深思，我感到帝國政府在外交上已達到不得不轉向運用權變策略的時機。

　　採取向朝鮮政府質問「朝鮮是否為中國的屬邦」的狡獪手段……即使說中日兩國的戰爭，畢竟起因於中朝宗屬關係的外交問題為先驅，終以炮火展開最後的悲劇，也絕不是失當之言。

——〔日〕陸奧宗光《蹇蹇錄》

第三節　權變策略

　　陸奧宗光追述他如何挑起甲午戰爭時的這兩段自白，表明「運用權變策略」或「採取狡獪手段」是陸奧外交的精髓和靈魂，也是陸奧外交實踐中的最為得意之筆。他是以此而自詡的。

　　的確，日本為發動甲午侵華戰爭而蓄謀挑起釁端時，面對的是一種異常複雜的國際環境。（一）日本想要讓戰火先從朝鮮燃起，必須有所藉口才能夠派大軍入朝，並且長時間待下去，直到開戰的時候為止。（二）日本作戰的首要目標是中國，就必須使用辦法不讓清軍撤走，否則失去對手，戰爭便無從打起。（三）英俄對峙是當時遠東國際形勢的基本格局，日本要實施其開戰外交，不能不周旋於英俄兩大強國之間，折衝樽俎殊非易事。而陸奧宗光卻能大展「權變策略」或「狡獪手段」，縱橫捭闔，左右逢源，終於實現了開戰的目的。他對付朝、中、俄、英四國的手法是因事制宜，各有不同，可以歸結為壓、拖、穩、拉四個字。

　　對朝鮮：壓。日本明治政府早就想染指朝鮮，「征韓論」之爭雖暫時煙消雲散，但並未放棄「征韓」企圖。從西元 1875 年到 1885 年的 10 年間，日本不斷製造事件，找藉口向朝鮮施壓，強迫朝鮮簽訂多個不平等條約。祭起強權之劍，壓迫朝鮮就範，已經成為日本對朝交涉的慣用伎倆。如今日本要實現預謀的挑釁計畫，只能故伎重演，對朝鮮採取施壓的辦法。為此，日本接連走了三步棋：

　　第一步，強行派兵。朝鮮政府得知日本要派兵入朝後，感到很大的恐慌，立即照會日本駐朝代理公使杉村濬，希望他速電日本政府，「即施還兵之舉」。杉村早有定見，復照說：「來文中『即施還兵之舉』一節，我政府已有訓令，本代理公使難從尊意。」將朝鮮政府的正當要求，硬頂了回去。其後，當大鳥圭介親率兵隊向漢城出發時，朝鮮政府又派官員迎至途中，請勿率兵入京，並勸其返回，大鳥也堅持不允。大鳥率兵進

第一章　戰端初啟

城後，朝鮮外務督辦趙秉稷親自面見大鳥，抗議日本入京，要求立即撤兵，也被斷然拒絕。

第二步，改革內政。日兵雖已進入漢城，但要挑起戰端還得找一個合適的題目，這就是提議由中日兩國共同改革朝鮮內政。其辦法是：

> 由日清兩國常置委員若干人，先從事下列事項之處理：一、稽查財政；二、淘汰政府內部及地方官吏；三、使朝鮮置警備兵以保持國內安寧。

中方認為，朝鮮有自主之權，不應對其內政濫加干涉，予以拒絕。其實，這也是日本早已預料之中的事，隨即決定以獨力勒逼朝鮮改革內政。大鳥圭介向朝鮮政府提出「厘治綱目」26條，限定時間擬定實行。日本是企圖借「改革內政」之名，行控制朝鮮政府之實，朝方委員當然不能接受。於是，大鳥惱羞成怒，露出猙獰面目，威脅道：

> 貴國既不同意，是與貴國提攜之道已失，今後我政府當唯我利害是視，欲以獨力行其必要之手段。[007]

第三步，最後通牒。到7月20日，大鳥向朝鮮政府發出帶有決絕語氣的照會，以維護朝鮮「自主之權」為名，讓朝鮮「亟令清軍退出境外」。宣告「事關緊急，務須迅速施行」、「倘若延不示覆，本公使自有所決意行事」。終於圖窮匕見，日本版的「挾王劫政」武劇即將上演了。

對中國：拖。日本在挑戰的過程中，對中國採取的策略是以拖待變。它一邊與中國協商，一邊積極從事戰爭準備。與中國協商，目的是防止西方列強插手，又可以製造假象，渲染和平氣氛，使中方麻痺而疏於戒備，然後突然出手。雙方的協商分別在三個地方進行：

---

[007]　杉村濬：《明治二十七八年在韓苦心錄》，第40頁。

第三節　權變策略

北京　日本駐華代理公使小村壽太郎先奉陸奧宗光的訓令，到總理衙門說願兩國商談朝鮮之事，之後雙方進行了兩次會談：第一次是在7月7日。中方參加者有慶親王奕劻及軍機大臣、兵部尚書孫毓汶等，日方則由小村攜譯員參加。小村先提出：談判開始，應先討論兩國從朝鮮撤兵問題。這是日方有意引中國上鉤，奕劻大喜過望，以為和平有望，欣然應諾。第二次是在7月9日。僅僅過了兩天，小村的態度便一百八十度大轉彎，聲稱：「在事情未定之時，我兵員絕不撤回。」14日，小村竟送來一份日本政府強硬照會，指責清政府「唯主撤兵之言」，是「有意滋事」。還聲稱：「嗣後因此即有不測之變，我政府不任其責！」這樣便導致雙方談判破裂。

漢城　起初，大鳥圭介率軍入漢城時，朝鮮政府抗議和阻止都無效果，只能函請袁世凱稟北洋設法援救。李鴻章電告袁談判的底線是：「約定彼此同時撤兵。」於是，袁借回訪大鳥之機，就兩國共同撤兵問題進行商談。袁說：「請雙方共同撤兵，勿使他國有可乘之機。」大鳥回應道：「對此實有同感。」其後，雙方就撤兵步驟繼續談判，並達成一致意見：兩國皆撤回主要兵力，日本留下250名士兵，中國留下400名士兵，待朝鮮局勢平靜即同時撤回全部兵力。看來，談得非常圓滿，但需要注意的是大鳥在表示同意撤兵後，卻對袁世凱說了這樣一句話：「此事不能自作主張，必須等待政府的訓令。」其實，陸奧宗光已經電示大鳥絕不能撤回日軍，大鳥對政府的決定心知肚明，談判撤軍只是拖延之計，所謂「必須等待政府的訓令」云云，不過是為日後變卦留下一個藉口而已。

天津　中日在北京和漢城的會談雖告中斷，但在天津的雙方始終保持聯絡。李鴻章仍與日本駐天津領事荒川已次祕密接觸。陸奧宗光一則想讓荒川藉此探聽清政府的內部消息，一則繼續製造假象，使清政府仍

第一章　戰端初啟

覺得與日本和商有望。所以，直到戰爭爆發的前幾天，李鴻章仍派幕下的伍廷芳和羅豐祿先後與荒川密談。伍廷芳告訴荒川：「中堂能夠解決朝鮮問題，無須考慮總署的態度。」到 7 月 22 日，羅豐祿又告知荒川說，李鴻章已派他為祕密特使，假託駐日公使汪鳳藻相召，前往東京與伊藤博文商談朝鮮問題，衷心希望雙方能夠和解，但要求日本政府保證在祕密特使到達東京之前，駐朝日軍不採取敵對行動。24 日，陸奧覆電，表示「不反對羅豐祿來日本」。李鴻章信以為真，命羅準備東渡。其實，早在 23 日凌晨，漢城日軍已經攻占朝鮮王宮，隨後又揮師南下準備進攻牙山清軍；日本海軍也於當天奉命離開佐世保港，尋找北洋艦隊行蹤以進行攻擊。

日本對中國採用一個「拖」字訣，便達到預期的目的。

對俄國：穩。甲午戰爭前夕，日本與俄國的關係很微妙。由於俄國在遠東採取擴張政策，與日本在根本利益上存在嚴重衝突。所以，從長遠看，日本早就把俄國視為最大的假想敵，準備有朝一日與之較量一番。不過，日本盱衡宇內形勢，感到短時間內尚難與俄國度長絜大，必須採取先避開強手而打擊弱手的戰略，將主要進攻矛頭指向中國，對俄國則採取暫時穩住的方針。

陸奧宗光對俄國採用「穩」字訣，每每在關鍵時刻發揮作用，幫助日本度過了一次又一次的外交難關。他對付俄國有兩張最有效的牌：一是「監視中國」、一是「朝鮮獨立」。

監視中國牌　先是在 6 月初，日軍派兵入朝，俄國十分關注，命駐日公使希特羅渥（M. Hitrovo）訪問外務省，希望得到解釋。陸奧宗光保證：日本派兵純為保護僑民和使館，當然也是「監視中國的行動」。後又信誓旦旦地作「最絕對的保證」、「日本絕不想占有朝鮮，日本並準備隨

時與中國同時撤兵」。希特羅渥聽後很滿意，向國內報告：「即使沒有第三方面的調停，戰爭或者也可避免。」

朝鮮獨立牌 到 6 月底，由於日本拒絕與中國同時從朝鮮撤兵，列強群相猜疑，俄國尤為擔心，特地照會日本政府提出「忠告」：「如果日本有意阻礙而不與中國同時撤軍，則日本應負嚴重責任。」日本政府的答覆是：「日本毫無奪取朝鮮內政的意圖，其目的係在真正保衛朝鮮實際脫離中國而獨立。」朝鮮獨立牌，本是日本投給俄國的釣餌。俄國早就想插足朝鮮，但遇到了中國「宗主權」的障礙，如果日本留兵朝鮮能夠拆除這道障礙，當然是求之不得了。直到 7 月中旬，大鳥圭介勒逼朝鮮政府限期改革內政，其所作所為猶如朝鮮的太上皇，任意發號施令，完全排除俄國在朝鮮存在的可能性，俄國政府開始覺得日本的所謂「朝鮮獨立」似乎是一張空頭支票，這才開始著急，電令希特羅渥向日本提出警告。陸奧宗光親口繼續保證：「日本兵無理由將他向朝鮮所提各項要求保守祕密，因為這些要求並不違背朝鮮的獨立。」這已是 7 月 22 日的事。第二天凌晨，漢城的日軍便攻占朝鮮王宮。

對英國：拉。 甲午戰爭前，英國早就是遠東勢力最大的殖民主義者，它致力於維護並擴大在這一地區的既得利益和優勢地位，要極力維護遠東國際關係的現有格局。因此，它唯恐俄國南擴，在遠東與英國爭雄，從而使既得利益和優勢地位受到列強的衝擊與挑戰。為此，它不希望中日兩國之間發生戰爭，以免俄國獲漁人之利。為阻止日本對中國開戰，英國曾多次出面調解，目的皆在於此。如倡議「五強聯合調停」，是為預防俄國單獨干涉；提出中日兩軍在朝鮮「劃區占領」方案，是想使俄國在朝鮮沒有插足之地。

對於英國的這些如意算盤，陸奧宗光是了然於心的。一方面，他擔

第一章　戰端初啟

心英國真正插手干涉；另一方面，又企盼對中國開戰能夠得到英國的默許和支持。因此，他想盡一切辦法要把英國拉到自己一邊。為達到此目的，他也有兩張牌：一是「防俄南擴」、一是「保護朝鮮」。

防俄南擴牌　當時，英國政府內部流行一種「恐俄症」，幾乎是談俄色變。英國越是恐俄，日本越是透過各種管道渲染俄國干涉的勢力，甚至散布俄國欲插手中日糾紛從中漁利的謠言。如從朝鮮就傳出消息說：「俄國駐日公使慫恿日本達成一項十分優惠俄國的祕密協定。」這本來純屬無稽之談，日本駐英公使青木周藏卻就此加油添醋地說：

> 俄國公使希特羅渥曾勸日本與其簽訂政治協議，說作為交換條件，俄國可以根據日本意願簽訂經濟條約或修改條約。在朝鮮問題上，中國比日本更有可能與俄國達成某種協議。[008]

日本公使如此言之鑿鑿，不由得聽者不信。隨之類似的傳言紛至沓來。英國駐日公使巴健特（Ralph Paget）從東京來電說：「中國似乎希望透過俄國迫使日本從朝鮮撤軍。」英國駐華公使歐格訥（Nicholas Roderick O'Conor）也從北京來電說：「中國很有可能全力求助於俄國。」這樣一來，英國政府便加重對中國的疑心和戒心，更擔心中國有朝一日會投向俄國的懷抱。

保護朝鮮牌　在陸奧宗光看來，光渲染恐俄氣氛不夠，還要在保護朝鮮問題上做文章。他授意青木周藏到英國外交部遊說，大講「阻止俄國人南犯」的問題。青木說：「中國是無力與俄國抗衡的。如果朝鮮要落入俄國手中，日本將不惜代價地保護朝鮮。」隨後，還向英國外交部遞交一份長篇備忘錄。試看其中幾段重要的文字：

> 鑒於目前的政局，朝鮮絕對無力抵抗俄國的進攻，而且如果不確立

---

[008]　《英國外交檔》上，第 52 號。

俄國保護國的地位，它只要向朝鮮施加壓力，就能奪取部分領土。

無疑，中國會把永興灣，甚至更多的朝鮮領土讓給俄國，而不會拿大清帝國的江山去冒險。

如果日本參與保護朝鮮，問題就完全不同了。從日本對馬的軍事前哨到朝鮮南部港口，輪船數小時便可到達，由英國人幫助建起來的日本海軍，等裝備上威力巨大的維多利亞型戰艦建成（尚在英國建造），將在太平洋上獨霸一方。[009]

應當承認，日本的這張保護朝鮮牌是十分奏效的。本來，從英國的防俄戰略來說，它視中國為防俄南下的一個巨大緩衝地帶，和中國有著廣泛的一致利益。如今卻覺得中國實在是一堆立不起來的爛泥巴，完全無力抵禦俄國的南犯，為了防俄的戰略需求，只有改弦易轍，用犧牲中國的辦法來滿足日本的侵略欲望，開始將其遠東政策的重點移向日本。這樣，日本便將外部的不利因素變為有利因素，從而為發動甲午侵華戰爭掃清外部障礙。

第四節　醉心調停

此次與日構釁，始終皆望言和，未嘗大修軍實。至事勢危急，則望歐洲各國居間調處，如斯而已矣。

——〔德〕漢納根〈德員緒論〉

外交把中國害慘了，因為信賴調停，未派軍隊入朝鮮，使日本一出手就占了便宜。

——〔英〕赫德〈致金登幹〉

---

[009]　《英國外交檔》上，第31號。

第一章　戰端初啟

德籍洋員漢納根（Constantin von Hanneken）和在中國海關任總稅務司達 30 多年之久的英國人赫德（Robert Hart），都是著名的「中國通」。他們在甲午戰爭爆發前後，對這次戰爭發表過許多精闢的評論。像他們這兩段對清政府在日本挑釁面前一直醉心於列強調停的批判，就頗為中肯。

自從日本派大軍進入朝鮮後，清政府極為重視，內外臣工也多有建言，應如何應對則聲音不一，但保全和局卻是主調。當政者既怕「釁自我開」會讓日本造成藉口，又相信「兩國交涉全論理之曲直，非恃強所能了事」，故寄希望於列強出面干涉或調停。總歸是由於昧於外情，既對眼前的對手做不到知彼知己，又對列強之間的錯綜複雜關係不甚了了，只能病急亂投醫了。

乞俄干涉　起初，在李鴻章的乞請下，俄國表現得十分積極，甚至一度想採取干涉的政策，但後來又突然中止執行。之所以有此變化，與俄國外交部調整對中日衝突的方針及駐外使節意見不一相關。這主要涉及三個人：

喀西尼　（Arthur Cassini）俄國駐華公使。他是主張積極干涉。6 月下旬，喀西尼請假回國路過天津，順便拜訪李鴻章。李趁此機會乞請俄國干涉。喀西尼出於對俄國自身利益的考慮，對此事表現出異乎尋常的熱心。他對日本出兵的野心猜測不足，認為只要俄國出面，不難讓日本撤兵。這樣，可以加強俄國在朝鮮和遠東的地位，是符合俄國利益的。他對李鴻章的請求欣然表示同意，並發電向國內報告：

中國絕不應錯過目前中國要求我們擔任調停者的機會，況且此事對於我方既無任何犧牲，又能大大增加中國在朝鮮以及整個遠東的勢力，並足以消除在朝鮮發生不可避免而對我方甚為不利的武裝衝突之可能。[010]

---

[010]　《中國近代史資料叢刊中日戰爭》，第 7 冊，第 230 頁。

第四節　醉心調停

俄外交部覆電表示同意，並令喀西尼暫留天津，以便與李鴻章保持聯絡。同時電令駐東京的公使希特羅渥，勸告日本政府從朝鮮撤兵。

希特羅渥　俄國駐日公使。與喀西尼的主張不同，他對外交部的指示頗不贊成。他認為，英國正在等待機會，一旦俄國「以任何方式表示援助中國時，英國很可能站在日本一邊」。更有甚者，在此前後，希特羅渥與陸奧宗光多有接觸，他對陸奧的花言巧語往往信之不疑，還幾乎成為陸奧的傳話筒。試看他呈給外交部的報告：

> 看來誰也不要戰爭，即使沒有第三方面的調停，戰爭或者也可避免。另一方面，根據很多跡象來觀測，若干其他強國倒很樂於見到我們牽連到遠東問題中去。[011]

最後這句話，剛好是俄國政府最擔心的，不能不謹慎從事。

吉爾斯　（Nikolay Girs）俄國外交大臣。他開始傾向喀西尼的意見，準備對日本採取干涉政策，並上報沙皇亞歷山大三世（Aleksandr III）批准。但他在接到希特羅渥的報告後，不免覺得猶豫，深怕捲入中日糾紛的漩渦，產生對俄國不利的影響。隨即又向亞歷山大三世報告，取消前此之計畫，建議正式調停只能在中日雙方都同意時才可能進行。就是說，經過全面權衡得失，決定對日本僅限於「忠告」而已。

於是，吉爾斯一面命亞洲司司長克卜尼斯特（Dmitry Kapnist）會見日本駐俄公使西德二郎，提出：鑒於朝鮮政府希望撤出一切軍隊，俄國認為這是「最好的辦法」；否則，「如果某些國家由於他們的行動而製造出朝鮮問題，或甚至挑起衝突，則他們應負嚴重的責任」。一面訓令希特羅渥向日本外務省發出照會，要求日本政府接受朝鮮政府的撤兵請求，並致「忠告」：「如日本或清國對同時撤退駐紮朝鮮軍隊事加以妨礙時，

---

[011]　《中國近代史資料叢刊中日戰爭》，第 7 冊，第 233 頁。

第一章　戰端初啟

應負重大責任。」

雖說俄國提出的僅是「忠告」，但葫蘆裡究竟賣的什麼藥，陸奧宗光一時還摸不清楚，而日本挑戰之心已定，不容退縮，因此心中頗費躊躇。他徹夜苦思，並與伊藤博文商定，決定令駐英公使青木周藏將消息暗地透露給英國外交部，以慫恿英國出面牽制俄國。這一手打中了俄國的要害，果然奏效。陸奧心裡有了底，便復照希特羅渥稱：

查帝國政府向該國派遣軍隊，對目前形勢實屬不得已之舉，絕無侵略領土之意。若至該國內亂完全平定、禍亂已無再起之危險時，當然即將軍隊撤回，此則可與貴公使明言者也。[012]

日方用外交辭令拒絕了俄國政府的「忠告」。

喀西尼獲悉此事後，立即致電吉爾斯重申積極干涉的意見，其理由有三：（一）日本所作的「和平的保證」是虛偽的，因為「它的行動清楚說明它企圖排除俄國與中國，從而擅自左右朝鮮的命運」。（二）日本有「惹事企圖的政策」，它「無疑是我們在大陸上的怨鄰」。（三）中國「目前所以不訴諸戰爭行動，無非因為對我們所做努力的成功尚懷有希望之故」。吉爾斯回電說：

我們完全珍視李鴻章對我們的信任，然而我們認為不便直接干涉朝鮮的改革，因為在這建議的背後，顯然隱藏著一個願望，即把我們捲入朝鮮糾紛，從而取得我們的幫助。[013]

至此，李鴻章乞請俄國干涉的計畫終於落空。

俄國政府之所以從準備干涉轉為採取不干涉政策，其原因主要有三：

---

[012]　陸奧宗光：《蹇蹇錄》，第39頁。
[013]　《中國近代史資料叢刊中日戰爭》，第7冊，第245頁。

第四節　醉心調停

第一，從軍事上看。採取干涉政策必須以軍事實力為後盾，當時西伯利亞鐵路尚未修成，俄國的軍備、尤其是海軍力量皆未備齊。

第二，從外交上看。俄國一方面擔心英國會有所動作，於己不利；另一方面越來越覺得喀西尼過於相信李鴻章，很容易被這位「狡猾的直隸總督」所利用，成為日本直接面對的敵人。

第三，從戰略上看。俄國想要向南擴張，重劃東部邊界，中國是它首要的侵奪目標，所以它不可能真正幫助中國，以免產生增強中國力量的結果。俄國參謀總長奧布魯乞夫（Nikolai Obruchev）有一句非常直白的話：「中國變得愈弱，對俄國就愈有利。」道出了其中的底蘊。

邀英斡旋　李鴻章早在乞請俄國干涉之前，先找過英國駐華公使歐格訥，請英國出面斡旋，勸告日本從朝鮮撤軍。歐格訥起初態度並不正面，遲遲不作回覆；後見李鴻章頻與喀西尼接觸，始恐俄國先占一著，對英國在遠東的利益有損，才覺得插手中日交涉實有必要。於是，命駐天津領事寶士德（Henry Barnes Bristow）持函往訪李鴻章，以探聽虛實。寶士德問：「俄廷出為排解，有諸？」李答：「有之。」既而藉機激之曰：

> 英水師雄天下……應請歐（格訥）轉電外部，速令水師提督帶十餘鐵快船徑赴橫濱，與駐使同赴倭外署，責其以重兵壓韓無理，擾亂東方商務，與英大有關係，勒令撤兵，再議善後，諒倭必遵，而英與中倭交情尤顯。此好機會，勿任俄著先鞭。[014]

歐格訥接寶士德電後，雖覺得李鴻章的提議絕不可行，但其「勿任俄著先鞭」一句話卻正與自己的想法不謀而合。

當時，英國以防俄為第一要務，並不希望中日之間發生戰爭，以免讓俄國有南下的可乘之機。所以，英國雖想迫使中國作出讓步，以滿足

---

[014]　《清光緒朝中日交涉史料》，卷十三，第30頁。

第一章　戰端初啟

日本的侵略欲望，卻又擔心弄不好把朝鮮局勢弄亂，致使俄國從中渾水摸魚。為此，英國外交大臣金伯利（Kimberley）深感束手無策。在他看來，防俄與防中日關係破裂同等重要，而二者又是互不相容的。他多次接見日本駐英公使青木周藏，有些話也似乎講得很重：

> 我必須提醒，日本因同中國衝突而可能會遇到危險。英國政府擔心日本在似乎妥協的態度的掩護下，突然向中國軍隊開火。中日戰爭帶來的問題不僅影響到朝鮮，而且影響到整個東亞的局勢，對中日雙方都不利。同時，還會干擾通商口岸的貿易往來。歐洲列強經濟受到影響，自然不會無動於衷。[015]

陸奧宗光接到青木周藏的電報，認為是對日本的警告，因為把「不會無動於衷」這句話理解為「英國不能袖手旁觀」了，感到頗為棘手。但是，青木確信英國不會真的干涉日本的行動，隨後又電陸奧：「應當相信英國外交大臣，他早就傾向於你。」陸奧這才放下心來，讓巴健特轉告金伯利：「日本政府會盡一切努力友好地解決這個問題，並無任何交戰的意圖。」幾句輕描淡寫的謊言，就把英國政府的勸告應付過去了。

五強調停　此事是因喀西尼三國會議之說而起的。俄國政府決定放棄干涉政策後，喀西尼並不甘心，又向李鴻章提出建議：中、日、俄三國各派大員到天津會議，以商談朝鮮善後問題。對李鴻章來說，這當然是求之不得的。但此事卻引起了英國的警惕。金伯利認為，與其讓俄國聯絡各國，使英國陷於孤立，毋寧英國出面主導，以打亂俄國的計畫。這時，歐格訥建議，由英國倡議「五強聯合調停」，以取代俄國三國會議之說，正合金伯利的心意。所謂「五強」，除英國外，還有俄、法、德、美四國。

---

[015]　《英國外交檔》上，第 29 號。

第四節　醉心調停

俄國　俄國看清英國此舉是牽制自己的一種方式，所以對英國的倡議遲遲不作答覆。7月4日是俄國外交部接見外國使團日，平時外交副大臣基斯敬（Pyotr Ivanovich Kiselev）和亞洲司司長克卜尼斯特必定出面接見，英國駐俄大使拉塞爾斯（Frank Cavendish Lascelles）想趁此機會前去聽取回話，不料卻沒看到二人蹤影。拉塞爾斯聯想到過去的情況，不禁感嘆說：「遇到棘手議題時，他們兩位尤其是基斯敬先生，總不在外交部，怕是遇到不便回答的問題吧！」6天後好不容易見到克卜尼斯特，這位司長告訴拉塞爾斯：「英國建議已經呈送沙皇，可是沙皇正在芬蘭，一時恐難得到批覆。」拉塞爾斯明知俄國外交部是用搪塞來迴避答覆，卻也無可奈何。這不難理解，因為俄國看穿了英國的計謀，所以寧可暫時觀望，保持獨立行動的自由，等合適的時機到來再撈取利益。

法國　法國一開始對英國倡議採取迴避的態度。7月8日，英國駐法大使杜佛黎（Dufferin）拜會法國外交部長阿諾托（Gabriel Hanotaux），談到英國倡議時，阿諾托裝出一無所知的樣子，但答應必找出英國建議進行研究。事實上，當時法國有傾向日本之意，對調停不感興趣。據陸奧宗光稱，法國駐日公使阿爾曼（Jules Harmand）曾私下對他說：「將來有以日法同盟維持東亞大局和平之必要。」正由於此，法國外交部最後正式照會杜佛黎：「如果其他各國都聯合行動，一旦需要時，法國將跟隨其後。」所說「其他各國」主要是指俄國，因有俄法同盟之故，法國當然不會拋開俄國而另做一套了。

德國　當時德國雖公開表示希望中日兩國爭議和平解決，但暗地裡是支持日本的。德國駐日公使哥特斯米德（Felix Freiherr von Gutschmid）曾向陸奧宗光表示：「為使中國從過去的迷夢中覺醒過來，還是非有人給以當頭一棒不可。」日本挑起戰爭後，德皇威廉二世（Wilhelm II）借皇后

在皇室劇場觀劇，發現中國公使許景澄沒有出場，便祕密召見新任日本駐德公使青木周藏，緊握其手說：「朕以滿腔之喜悅吐露，祝日本海陸軍之大捷！」所以，德國是不可能參與調停的。最後，德國外交部通知英國駐德大使馬來特（Edward Baldwin Malet）：「本部已命駐北京公使紳珂（Gustav zu Schweinsberg），對其他國家駐北京代表『可能採取的任何措施』提供幫助。」用幾句含糊其詞的外交辭令拒絕了英國的邀請。

美國　美國的態度非常明朗，對英國政府的答覆也很乾脆：「美國也已敦促日本透過仲裁解決中日爭端。」實際上是不願意參加英國所建議的聯合調停。

這樣，由於其他歐美強國不肯回應英國的建議，英國成為孤家寡人，其五強聯合調停計畫也只能胎死腹中。

清政府醉心調停的教訓是深刻的，其後果也是極其嚴重的。當政者不知依靠本身的努力和發揮自身潛在的優勢，卻一味地依靠列強的調停，和既無決斷，戰又無決心，遷延時日，以致最終入日人彀中，走上步步被動挨打的地步，欲求不敗是不可能的。

第二章
豐島之變

第二章　豐島之變

第一節　不宣而戰

豐島之役是甲午中日戰爭的第一戰，拉開了歷時 8 個多月的甲午戰爭的序幕。這次海戰雖然規模很小，但對以後戰爭的發展卻影響至大。此役也留下了重重疑雲，有待於逐一廓清。

誰先開炮？ 說到豐島海戰，首先需要弄清楚的是，究竟是誰先開的第一炮，向對方發起了攻擊。海戰發生後，日本外務大臣陸奧宗光向歐美國家駐東京公使發送照會，聲稱中國軍艦在豐島海域轟擊日艦，企圖恩將仇報將責任推給中國，以掩蓋其挑起戰爭的真相。日本文獻記載和官方著作更是繪聲繪色，把挑起戰爭的禍首說成是受害的自衛者。茲舉一例：

清艦對我將旗不僅不發禮炮，反而作戰鬥準備。7 點 52 分，彼我相距 3,000 公尺左右距離時，濟遠首先向我發炮。旗艦吉野立即應戰，以左舷炮向濟遠轟擊。接著，秋津洲在 55 分，浪速在 56 分，亦以左舷炮向濟遠猛射。

這條記載來自日本海軍軍令部編纂的《二十七八年海戰史》，代表日本政府對豐島海戰責任問題的最後定調。

但是，此類日本官方記載疑點頗多，包括中日兩國歷史學者在內的國際學術界很少有人採信。早在 1930 年代，日本田保橋潔教授就對此提出異議：

濟遠管帶方伯謙不獨並未如日本海軍方面所言整頓戰鬥準備，且對於數倍於自己之優勢的敵艦隊而謂為具有戰意，亦屬難以憑信。

發炮時間孰先？亦不成重要問題，開戰的責任在於日本艦隊。當時日本國政府稱濟遠首先發炮而開戰端，努力將開戰責任轉嫁於清國政府

第一節　不宣而戰

者，大概欲努力將「日本國起於被動的」之概念傳布於各國之故歟？[016]

田保的看法是有道理的，但也只是一種推斷。

後來，隨著研究的不斷深入和新資料的發現，人們對此問題才有了進一步的理解。先是在西元 1894 年 7 月 20 日，日本大本營接到北洋艦隊將赴朝鮮牙山的情報。當天，日本軍令部部長、海軍中將樺山資紀便帶著參謀總長有棲川宮熾仁親王的密令乘船離開橫須賀。22 日下午，樺山抵達日本聯合艦隊聚泊的軍港佐世保，向其司令長官、海軍中將伊東祐亨傳達速到朝鮮西海岸襲擊北洋艦隊的命令。23 日傍晚，聯合艦隊啟碇。離港時，樺山座艦高掛信號旗「發揚帝國海軍榮譽」，以向全艦隊官兵打氣。24 日傍晚，聯合艦隊繞過朝鮮半島的西南端，抵達里山島時，伊東命令先鋒隊司令官、海軍少將坪井航三率吉野、秋津洲、浪速三艦，繼續前進偵察。25 日上午 7 點 20 分，日艦在豐島海面發現了中國軍艦濟遠和廣乙，坪井因奉有伊東內命，遂下達攻擊命令。據此，日本藤村道生教授寫道：

25 日凌晨，由「吉野」號、「秋津洲」號、「浪速」號所組成的日本艦隊，已經對清國艦隊發射了揭開日清戰爭的第一炮。[017]

明確指出日本艦隊不宣而戰，海盜式的突然襲擊中國軍艦。

何時開戰？ 日本聯合艦隊發射了甲午戰爭的第一炮，已經不容置疑。但日艦何時發射的第一炮，仍是個問題。對此，論者大致有三種答案：

第一種，模糊處理。 即對開戰時間不作確切的記述。西方學者大都採取這種辦法。他們在談到開戰時間時，或稱「25 日上午 7 點」，或稱

---

[016]　田保橋潔：《甲午戰前日本挑戰史》，南京書店 1932 年版，第 188 頁。
[017]　藤村道生：《日清戰爭》，上海譯文出版社 1981 年版，第 88～89 頁。

第二章　豐島之變

「25 日早晨」，有的甚至對開戰時間避而不談，將此問題置而存疑。

第二種，7 點 52 分。持此論者雖然認為是日艦首先開炮，卻又為日本海軍軍令部的說法所誤導，所以就採取簡單的辦法，將日本軍方所說「濟遠 7 點 52 分開炮」改為「吉野 7 點 52 分開炮」。如前面提到的藤村道生教授就是這樣做的。有一些中國學者也採取同樣的做法。應該說，認同日艦發射了海戰第一炮是對的，但在毫無佐證的情況下將日本軍方所說濟遠開炮時間變為吉野開炮時間，不僅不夠妥當，也恐難令人信服。

第三種，7 點 55 分。主張此說者是根據日本浪速艦長、海軍大佐東鄉平八郎當天的日記：

上午 7 點 20 分，在豐島海上遠遠望見清國軍艦「濟遠」號和「廣乙」號，即時下戰鬥命令。7 點 55 分開戰。5 分多鐘後，因被炮煙掩蓋，只能間斷看見敵艦，加以炮擊而已。

但是否據此就能夠認定海戰是 7 點 55 分打響的？顯然並不一定。為什麼這樣說呢？

首先，表述不清。「7 點 55 分開戰」這句話非常不明確，是指海戰開始時間還是浪速發炮時間，令人不知所云。按普通的理解，這是浪速艦長的作戰日記，所記時間應該是指浪速發炮時間，而不會是指海戰開始的時間。

其次，相互矛盾。東鄉的日記說 7 點 55 分開戰，而《二十七八年海戰史》說秋津洲 7 點 55 分發炮，浪速 7 點 56 分發炮，二者是相互矛盾的。即使對此置而不論，不管 7 點 55 分是浪速發炮還是秋津洲發炮，都不表明這是海戰開始的時間。

再次，迴避要害。《二十七八年海戰史》也好，東鄉的日記也好，都對吉野的發炮時間諱莫如深，而這剛好是問題的要害所在。試看《二十七八

年海戰史》所記諸艦的發炮時間：濟遠7點52分首先發炮，吉野立即應戰；接著，秋津洲、浪速分別在55分和56分發炮。對其他各艦的發炮時間都寫得很實際很清楚，唯獨對吉野的發炮時間卻含糊了事。東鄉的日記更乾脆，對吉野提都不提。這種情況，既不正常，也不合理。因為吉野是日艦先鋒隊的旗艦，乃司令官座艦，為全隊各艦所注目，只有它所發的第一炮才是全隊攻擊的開始。所以，忽略或不提吉野的發炮時間，絕不是偶然的疏忽，而是要隱瞞關係重大的戰爭責任問題。

其實，在日艦先鋒隊三艦中，吉野發炮應該早於秋津洲、浪速二艦。這是日艦先鋒隊的航行順序所決定的。據東鄉的日記所述，日艦先鋒隊早在從佐世保港出海的前一天，即7月22日，便確定全隊航行的順序：旗艦吉野在前，秋津洲繼之，浪速殿後。《二十七八年海戰史》也承認吉野最先「應戰」，接著才是秋津洲和浪速發炮。這樣看來，無論7點55分發炮的是秋津洲還是浪速，吉野的發炮時間必在7點55分之前，這是毫無疑問的。

中方記述 對照一下中方參戰人員的記述，問題便逐漸明朗了。

濟遠艦幫帶大副何廣成撰有《冤海述聞》一書，也提到豐島雙方開戰的情況：

7點半將出漢江，望見倭船三艘，一吉野，一浪速，一不知名，旋轉取勢而來。知其有異，遂號令廣乙嚴奮備戰。駛近1萬碼左右，忽聽倭督船（吉野）先發號炮一聲，倭三船遂船聲並起，均向濟遠轟發。

何廣成親歷戰鬥，而且當時正在駕駛臺執勤，觀望雙方開戰情況最為真切，其所言吉野發炮是在7點半以後，應該是可靠的。由此便可得知，吉野發炮的時間是7點半與55分之間。但對其實際時間的確定，還需要找到參戰軍艦的〈航海日誌〉才行。

第二章　豐島之變

航海日誌　當時中外軍艦都有〈航海日誌〉，記錄該艦每天所從事的主要活動。我們知道，濟遠艦於西元1895年2月為日本所獲，不久之後日方便公布其〈航海日誌〉的某些片段。其中，剛好就有7月25日這天的紀錄：

7點，見三艘倭船前來。一刻，站炮位，預備禦敵。43分半，倭督船放一空炮，……45分，倭三艘同放真彈子，轟擊我船。

由此可知，吉野發炮的時間是在7點45分，這才是海戰開始的時間。弄清楚吉野發炮的時間，便可以將豐島之役中日參戰之主要軍艦的發炮時間逐一排列：7點45分，吉野首先開炮，向濟遠轟擊；7點52分，濟遠發炮還擊；7點55分，秋津洲向濟遠猛射；7點56分，浪速亦向濟遠發炮。

乍看之下，吉野的發炮時間似乎是一個小問題，其實不然。如果這只是一個小問題，日方何必要千方百計地迴避它呢？這個問題剛好是判斷豐島海戰性質的關鍵所在，一旦把這個謎團解開，誰是戰爭的責任者也就一清二楚了。

第二節　濟遠應敵

西元1894年7月25日上午7點45分，日本艦隊在豐島海面襲擊中國軍艦的炮聲響起了。

先是在22日早晨，北洋艦隊提督丁汝昌命濟遠、廣乙、威遠三艦由威海出發，以濟遠管帶、副將方伯謙為隊長，護衛愛仁、飛鯨等運兵船到朝鮮牙山。23日，方伯謙見朝鮮形勢已趨於緊張，據報日本艦隊明日

第二節　濟遠應敵

要來，擔心本是木質練船的威遠輪難以承受炮火，命其先行起航回國。到 25 日凌晨 4 點，濟遠、廣乙二艦啟碇，魚貫出口，依山而行，當艦行至豐島附近海面時，終遭日艦先鋒隊三艦的截擊，由其旗艦「吉野」號於 7 點 45 分發射出豐島海戰的第一炮。

軍力對比　豐島是朝鮮牙山灣外群島中的一個島嶼，地當牙山灣之衝要。島北水深，可航巨輪，為進出牙山灣的必經之路。當時，雙方軍力對比十分懸殊：日本三艦總噸位為 1.1 萬噸，中國二艦總噸位才 3,300 噸；日艦的主要火器有新式速射炮 22 門及大、中口徑克虜伯炮 8 門，中國軍艦沒有新式速射炮，僅有各種口徑的克虜伯炮 6 門；日艦的平均航速為 20 節，其中吉野達到 22.5 節，中國二艦則皆為 15 節。顯而易見，日本方面占有壓倒的優勢。

濟遠苦戰　在日艦先鋒隊三艦集中炮火的猛轟下，濟遠官兵陷於苦戰之中，堅決發炮回擊。8 點 20 分，濟遠發出的砲彈正擊中吉野右舷之側，貫穿鋼甲而墜入機器間，只是由於砲彈品質差，雖擊中而未爆炸，致使該艦僥倖免於沉沒。

在敵強我弱力量對比極為懸殊的情況下，濟遠許多官兵臨危不懼，拚死搏戰。其中不少人表現十分突出，如：

沈壽昌　字清和，上海人。曾考入上海出洋總局，因成績優異，被選派出洋學習。西元 1881 年，清政府初創海軍，急需海軍人才，下令召回出洋學生。他奉調回國後，即上威遠艦見習，不久升為該艦二副。後積功升署北洋海軍右營都司，派為濟遠幫帶大副。在這場激烈的炮火交鋒中，他一直在艦前屹立司舵，指揮炮手擊敵，多次命中吉野，並將浪速艦尾擊傷，毀其海圖室。正在激戰之際，日艦發射的一發砲彈擊中濟遠望臺，立即爆炸，其中一塊彈皮擊中沈壽昌頭部，隨即仆地不起。

第二章　豐島之變

柯建章　福建人。本是一名船生，因在工作中刻苦學習，技藝日進，被提拔為戰官。又積功升署北洋海軍中軍左營守備，派為濟遠槍炮二副。他見幫帶大副沈壽昌壯烈犧牲，在此緊急關頭毫不遲疑，繼續指揮發炮擊敵。不料敵彈叢集，柯建章胸部中彈，當即陣亡。

黃承勛　字棟臣，湖北京山人。西元1886年，考入天津水師學堂駕駛班。1890年畢業後，被派上濟遠艦實習。此次奉命赴援牙山，慷慨就道。行前，囑託其摯友說：「他日骸骨得歸，唯君是賴！」已抱定為國犧牲的決心。他見大副、二副先後陣亡，自告奮勇登臺指揮，召集炮手裝彈猛擊敵艦。正指揮間，也被敵彈擊中，臂斷倒地，流血不止。有兩名水手要把他抬進艙內急救，他搖頭說：「爾等自有事，勿我顧也！」遂閉目而死。

此外，還有軍功王錫山、管旗頭目劉鶡等中炮陣亡。全艦官兵共有30人犧牲，27人受傷。真是前仆後繼，視死如歸，表現了氣壯山河的英雄氣概！

廣乙擱淺　當濟遠遭到日本三艦聚攻之際，廣乙趕到作戰海域，立即投入戰鬥。當它駛近秋津洲時，向其艦尾逼近，遭秋津洲猛烈回擊，先是桅樓中彈全毀，後艙又中榴霰彈，以致死傷多人，連舵手也中彈犧牲了。接著，浪速亦來，與秋津洲合擊廣乙。日本二艦皆為3,700噸，而廣乙只是1,000噸的小艦，強弱對比極為懸殊。在敵艦的連續打擊下，廣乙受傷甚重，官兵傷亡70多人，難以支撐，便向右轉舵走避。浪速隨後尾追，廣乙回擊一炮，彈穿其左舷之側，由內部穿透後甲板，將錨機擊碎。浪速遂停止追擊。廣乙脫險後，駛至朝鮮西海岸擱淺。管帶林國祥下令鑿破艦上鍋爐，率殘部登岸，並遺火於彈藥倉任其自焚。

第二節　濟遠應敵

擱淺自焚的廣乙艦

尾炮擊敵　海戰打到 8 點 30 分，濟遠獨立支撐，勢難抵禦，便伺機以全速向西駛避。日艦吉野、浪速尾追不捨。8 點 53 分，浪速先逼近濟遠，濟遠乃懸白旗，然仍向前疾駛。浪速追到相距 3,000 公尺時，以艦首 26 公分口徑大炮猛轟。濟遠又在白旗之下加懸一面日本海軍旗。這時，浪速一面掛出訊號：「立即停輪，否則炮擊！」一面向旗艦吉野報告：「敵艦降服，已發出命令停輪之訊號，準備與彼接近。」

正在這時，中國所僱用的英國商船「高陞」號從浪速右舷通過，向東駛去。浪速命令高陞停駛，又要追擊以全速西駛的濟遠，難以兼顧。於是，坪井航三命令浪速監視高陞，由吉野追擊濟遠。到 12 點 38 分，吉野追至距濟遠 2,000 公尺處，以右舷炮猛擊，共發 6 枚砲彈。此刻，濟遠後主炮之炮手，或陣亡，或重傷，已無法發炮回擊吉野。在此緊要關頭，一些水手激於義憤，挺身而出，奔向尾炮，裝彈反擊敵艦。其中表現最突出的是水手王國成。

王國成　山東文登人。少時務農。成年後投北洋海軍練勇營，後派上濟遠艦當水手。他平時工作積極，留意學習艦上各種技藝，人稱「好

第二章　豐島之變

把式」，為水手們所敬重。他奔向艦後炮位時，另一水手李仕茂也來協助，還有些水手幫助運送彈藥，用 15 公分口徑尾炮對準吉野連開四炮：第一炮中其舵樓、第二炮中其船頭、第三炮走線，未中、第四炮中其艦身要害處。12 點 43 分，吉野多處受傷，不敢停留，轉頭向來路駛逃。濟遠遂駛向威海衛，於翌日晨安全抵港下錨。

豐島海戰後，提督丁汝昌嘉獎濟遠擊傷吉野有功人員，向李鴻章報稱：

> 查卻敵保船，全恃此炮水手李仕茂、王國成為功魁，餘幫放送藥送彈之人亦稱奮勇，昌已傳令為首李、王賞 1,000 兩，餘眾共 1,000 兩，告諭全軍，以為鼓勵。[018]

此次獎賞，王國成得銀 500 兩。戰後，他返回故里，娶妻購田，想務農為生，無奈天災人禍接踵而至，生計難以維持，乃去旅順謀事，終因生活無著客死異鄉。時年僅 34 歲。

濟遠功過　豐島海戰只是一次規模很小的海戰，但它是中日海軍的第一次炮火相見，故濟遠艦在海戰中的表現仍為人們所關注，對其評價不一，聚訟至今。大致有四種看法：

第一，見敵即逃。從 1950 年代起，有學者認為濟遠「見敵艦開炮」，即「向旅順飛逃」。又有論者因該艦在日艦浪速逼近時，曾「豎白旗，繼又豎日本（海軍）旗」，更覺不齒，視為無恥的行為。現在，這次海戰的整個經過已經很清楚了，究竟打了多長時間，可以有兩種計算方法：一是從 7 點 45 分吉野炮擊濟遠算起，到 8 點 53 分濟遠在浪速逼近時懸白旗歷時 1 小時 8 分鐘；一是從 7 點 45 分算起，到 12 點 43 分吉野受傷停止追擊，歷時 4 小時 58 分。無論用哪種方法計算海戰過程，都說明濟遠

---

[018]　《李鴻章全集》電稿二，上海人民出版社 1986 年版，第 825 頁。

第二節　濟遠應敵

不是見敵即逃，而是英勇戰鬥過的。

　　至於濟遠西駛時懸掛白旗和日本海軍旗的問題，也要根據海戰的實踐來作出評判。試看濟遠在 8 點 53 分浪速逼近時先懸白旗，但仍向前疾駛；及浪速發炮猛擊，濟遠又懸日本海軍旗，浪速於是一面掛信號令濟遠停輪，一面向旗艦報告說濟遠降服。事實上，濟遠並不理睬浪速的訊號，繼續向西疾駛，到吉野追近時已是 12 點 38 分了。就這樣，濟遠贏得了 3 小時 45 分鐘的西駛時間，為它安全返航創造一定的條件。所以，濟遠雖懸掛白旗和日本海軍旗，然並未停駛，不能視為投降的行為，況且兵不厭詐，不應該過於苛求前人。

　　第二，戰略退卻。持此論者認為，濟遠在海戰中，「戰敗逃避，保船保留實力，以便繼續抵抗」，是「戰略退卻」。當時，濟遠在日本三艦的猛攻下，能夠在英勇抵抗後脫圍西駛，這本身就是一個奇蹟，不能否定。但是，也沒有必要把它上升到戰略的層面來看。按普通的理解，凡是戰略行動，都是關係戰爭全局的，而且是有計畫地進行的，因此，即便是處於弱勢的地位，也不是完全喪失主動權，而是能夠隨時隨地採取對敵人的進攻戰。濟遠大致上是孤艦奮戰，既無法與北洋艦隊聯絡，又談不上有計畫的後續行動，不可能做到這一點，稱之為戰略退卻，顯然是不適當的。

　　第三，先敗後勝。提出此說的理由是，濟遠雖戰敗西駛，卻「深重打擊日方最強之鉅艦吉野、浪速」，所以「立功頗大」。濟遠在海戰中先後擊傷日艦吉野和浪速，這是不容諱言的事實。至於說「沉重打擊」，則完全談不上。吉野和浪速雖受傷，卻並無大礙。試看浪速在追擊濟遠之後，回頭便擊沉了中國所僱的運兵船「高陞」號；吉野作為旗艦，仍在繼續指揮浪速和秋津洲，一個多月後又參加黃海海戰，成為日本艦隊主力

第二章　豐島之變

中的翹楚。至於濟遠在西駛過程中再傷吉野，也只是為擺脫敵艦的糾纏而安全返航提供可能性，既稱不上敗敵，當然也稱不上勝利。評價歷史要實事求是，應該力求做到合理公允，不能拔高和溢美。

第四，以弱禦強。對濟遠來說，豐島之戰完全是一場以弱禦強的戰鬥。面對處於絕對優勢的日本三艦，中國的兩艘弱艦，尤其是濟遠奮勇拚戰，取得一定的戰果，這已經是很不容易了。對此，義大利學者武爾披齊（F. Z. Volpicelli）《中日戰爭數據彙編》一書有一段評論說：

> 濟遠和廣乙同日本三艘軍艦的戰鬥，的確是一件很了不起的有膽量的事情。因為日本三艘軍艦中的任何一艘，都要遠遠超過濟遠和廣乙兩艘軍艦加在一起的戰鬥能力。在這次戰鬥中，真是一次大膽的行動。

這是非常客觀的歷史評價。歷史地看問題，能夠做到這一點，就足以對濟遠在豐島之戰中的表現作出正面評價。

失利原因　從豐島之役的結局看，中國的確是失利的一方。究其原因，表面上看是由於弱不敵強所造成的，實際上卻是北洋艦隊改變護航計畫所帶來的直接後果。

本來，當愛仁、飛鯨等運兵船赴援朝鮮牙山時，丁汝昌作好了率艦隊主力定遠等八艦護航的計畫。7月22日，李鴻章對這個計畫也表示同意：「汝統大隊船往牙山一帶海面巡護，如倭先開炮，我不得不應。祈相機酌辦。」根據「相機酌辦」的指示，丁汝昌考慮到兩點：（一）「大隊到彼，倭必開仗」，所以必須採取主動，「倘倭船來勢凶猛，即行痛擊」。（二）牙山深縮在漢江口、即江華灣內，水域狹窄，夜間易遭偷襲，因此說「白日唯有力拚；倘夜間暗，猝不及防，只聽天意」。不料丁的覆電大拂李之意，認為丁悲觀膽怯，訓斥說：

> 大隊到彼，倭未必即開仗。夜間若不酣睡，彼未必即能暗算，所謂

第二節　濟遠應敵

人有七分怕鬼也。暫用不著汝大隊去。將來俄擬派兵船，屆時或令汝隨同觀戰，稍壯膽氣。[019]

丁汝昌感到委屈，不知自己的頂頭上司何故要改變大隊護航的計畫，但又不能不執行帥令，只能在致友人信中發點牢騷：

> 海軍進止，帥意日一變遷，殊令在下莫計所從也。昨者之電，意在令昌親帶大隊赴牙（山）；今日之電，復又遙庭。[020]

其實，在7月22日李鴻章電令海軍大隊出海的當天，發生了兩件事：一是俄國公使喀西尼派參贊巴福祿（Aleksandr Tranovich Pavlov）來訪，告以：日兵在漢城築炮臺並守城門，俄駐朝鮮公使韋貝（C. Waeber）「已電請國家派兵驅逐」，喀西尼本人也要「電本國酌辦」；一是駐英公使龔照瑗來電，說英國已向日本政府提出警告：「如必執己見，以後有開戰事，倭國一肩擔當。」李鴻章認為，既然俄國會出兵干涉，英國也要問罪日本，日本絕不敢悍然挑起戰端。這才是他要改變護航計畫的最主要原因。

李鴻章改變護航計畫的後果是嚴重的。如果不是改變護航計畫，不但不會造成豐島之役的失利，反而必會重創日艦先鋒隊。有時人指出：

> 該時濟遠正與倭三船鏖戰，更得大隊船掩其後，倭船必全沒，不特後至之操江、高陞兩船可保無恙，而倭船經此大挫，海疆必不至如今日之蕩搖矣。[021]

豐島失利後，丁汝昌成為代罪羔羊，受到各方面的指責，小說《孽海花》裡也藉此對丁汝昌大加嘲諷，皆是不了解其中內情的緣故。

---

[019]　《李鴻章全集》電稿二，上海人民出版社1986年版，第805頁。
[020]　《丁汝昌集》，第209頁。
[021]　何廣成：《冤海述聞》。

第二章　豐島之變

▍第三節　高陞事件

當豐島海上正在激戰之際，中國所僱用的運兵船「高陞」號也駛近附近海域，正從日艦浪速的右舷通過，向東駛去。浪速艦長東鄉平八郎斷定船內裝有清兵，便掛出訊號：「下錨停駛！」震驚世界的高陞事件就要發生了。

高陞赴朝　「高陞」號是一艘英國籍商輪，噸位為 1,355 噸，屬於倫敦印度支那輪船航海公司，在中國的代理商是上海怡和洋行。該船是由李鴻章手下的羅豐祿經手，租來運兵和裝載餉械的。據檔案記載，當時高陞上面裝載餉銀 2.5 萬兩，還有大砲 12 門和各類步槍 500 支，但裝載了多少清軍，則缺少準確記載，仍然是一個疑團。

關於高陞裝載的清軍兵數，曾有 1,500 人、1,220 人、1,100 人和 950 人四種說法。其中，以 1,100 人比較接近事實。經反覆核查，實有官兵共 1,116 人。統帶官為仁字軍營務處幫辦高善繼，通永練軍左營營官駱佩德、義勝前營營官吳炳文也隨船而行。

先是 7 月 7 日，羅豐祿與怡和洋行在上海簽訂了租用高陞的合約，規定租金為每月 9,000 墨西哥元（約合白銀 7,200 兩）。高陞於 20 日抵達大沽，23 日早晨起航出海。25 日上午 8 點 30 分，當高陞駛近豐島時，英國船長高惠悌（Thomas Ryder Galsworthy）發現前方情況有異，但他倚仗是英國船，又懸掛英國旗，相信足以保護自己免受一切敵對行動，因此決定仍按原航線徐徐前進。

日艦浪速命令高陞下錨停航是在上午 9 點 15 分。高惠悌見浪速來勢凶猛，便將船停下來。9 點 30 分，浪速又掛出第二次訊號：「原地不動，否則承擔一切後果！」隨後，它便駛到距高陞 400 的海面上停下，將艦

第三節　高陞事件

上所有大砲都露出來，並用右舷炮對準高陞船身。

寧死不屈　上午 10 點，浪速放下一艘小艇，向高陞開來。小艇靠上高陞後，幾名全副武裝的日本海軍軍官登船，要求檢查商船執照。高惠悌出示後，請登船的日軍軍官注意高陞是在倫敦註冊的英國籍商船。日本軍官置之不理，要求高陞跟浪速走。高惠悌在威脅下屈服，說：「如果命令跟著走，我沒有別的辦法，只有在抗議下服從。」這幾名日本軍官回艦後，浪速又掛出第三次訊號：「立即斬斷繩纜，或者起錨，隨我前進！」

直到這時，高陞上的清軍官兵才弄清日本軍官與船長交涉的結果，並且還發現高惠悌正準備隨浪速行駛，無不激憤萬分，頓時全船騷動，人聲鼎沸。高善繼見日軍用武力迫降，情況十分危急，對官兵們說：「我輩同舟共命，不可為日兵辱！」隨後又奔向高惠悌，拔刀怒目曰：「敢有降日本者，當汙我刀！」高惠悌因言語不通，完全聽不懂高善繼的意思，便讓臨時搭乘高陞的德國人漢納根擔任翻譯。於是，在幫帶高善繼與英國船長之間展開了一場激烈的爭論：

船長：「抵抗是無用的，因為一顆砲彈就能在短時間內使船沉沒。」

幫帶：「我們寧死不當俘虜！」

船長：「請再考慮，投降實為上策！」

幫帶：「除非日本人同意『高陞』號返航大沽口，否則拚死一戰，絕不投降！」

船長：「倘使你們決計要打，外國船員必須離船。」

他們在爭論中觀點的互相對立，完全展現了東西方生死觀的差異。

高善繼　字次浦，江西彭澤縣人。西元 1888 年中舉人，保舉五品銜知縣。1894 年春，高善繼見國家處於多事之秋，東鄰日本虎視眈眈，似

第二章　豐島之變

有不軌之圖，自思此正男兒挺身衛國之時，便去天津謁見李鴻章，願投筆從戎，為國效命。因話不投機，憤然辭去，轉投直隸通永鎮總兵吳育仁幕下，留為仁字軍營務處幫辦。後北洋決定增援牙山，高善繼見為國報效之時已到，便慷慨陳詞，請赴前敵。吳育仁十分感動，便命其帶隊前往。

時人池仲祐《海軍實紀》記高善繼在豐島遇敵時寧死不降之壯舉

此時，高善繼見英國船長不肯配合，便下令看管全船所有吊艇，不准任何人離船。高惠悌要求用訊號請日艦再次派人談判。漢納根先對日本軍官說：

船長已失去自由，不能服從你們的命令，船上的士兵不許他這樣做，軍官和士兵堅持讓他們回原出發的海口去。

高惠悌經過與高善繼的一番爭辯，也覺得幫帶的話不無道理，遂向日本軍官提出：

第三節　高陞事件

請帶信給艦長，說華人拒絕「高陞」號當作俘虜，堅持退回大沽口。考慮到我們出發尚在和平時期，即使已宣戰，這也是個公平合理的請求。[022]

日本軍官答應將意見帶給艦長。

這時已到中午 12 點半，交涉整整歷時 3 個小時。在這場交涉中，以高善繼為代表的愛國官兵，面對強敵，寧死不屈，挫敗了敵人的迫降企圖。東鄉平八郎惱羞成怒，又掛出訊號：「歐洲人立刻離船！」表示要開炮之意。在此危險時刻，清軍官兵「慷慨忠憤，死志益堅，不許西人放舵尾之小船」。於是，高惠悌用訊號向浪速請求：「士兵不准我們離船，請再派一小船來。」浪速根本不理睬高惠悌的請求，反在檣頭上掛出一面紅旗。這是一個危險的警告。而高惠悌竟然俯首聽命，坐等高陞被擊。

隨後，只見浪速向前駛近，先是繞巡高陞一周，便停在距高陞 150 公尺處。此時為下午 1 點，浪速突然發射一枚魚雷，但未命中。浪速又用右舷 6 門大砲瞄準高陞，猛放排炮。東鄉平八郎在當天的日記裡寫道：

清兵有意與我為敵，決定進行炮擊破壞該船。經發射兩次右舷炮後，該船後部即開始傾斜，旋告沉沒。歷時共 30 分鐘。

在此危急關頭，高善繼鼓勵官兵說：「我輩自請殺敵而來，豈可貪生畏死？今日之事，有死而已！」駱佩德、吳炳文二營官皆表必死的決心：「公死，我輩豈可獨生？」士兵也毫無畏懼，手持步槍，勇敢向浪速還擊。即在高陞垂沉之際，全船清軍官兵依然視死如歸，奮力向敵射擊，一直堅持到船身沒入水中。時為下午 1 點 30 分。

高陞沉沒時，許多清軍士兵跳入海中，也有些放下 3 艘吊艇，試圖乘小艇登岸。但日艦為了報復，對落水的士兵絕不放過，或用艦上快炮

---

[022]　武爾披齊：《中日戰爭資料彙編》，附件。

第二章　豐島之變

轟翻小艇，或放下小艇用步槍向落水者掃射。德國人漢納根因水性好，竟游泳上岸。他逃到濟物浦（今韓國仁川）後，向英國領事館作了以下證言：

> 在這個時候，我們都跳下海去游水。在游水時，我見船沉下去，船尾先下。我看見一隻日本小船，滿載武裝士兵，我以為他們是來拯救我們的，但悲傷得很，我想錯了。他們向垂沉的船上的人射擊。我不明白他們的目的是什麼。[023]

死難人數　高陞船毀人亡，究竟有多少人遇難？對此說法不一，也都很籠統。主要有三種說法：（一）1,000 多人；（二）950 人；（三）700 多人。但這幾個數字之間相差甚遠，究竟哪個更接近事實，頗難確定。

其實，只要先弄清楚獲救人數有多少，問題便迎刃而解。經查總理衙門檔案，發現有當時外國軍艦搭救落水清軍官兵的詳細資料，從中獲知：法艦救起 42 人，德艦救起 112 人，英艦救起 87 人，合計 241 人。只有通永練軍左營 2 名士兵被日軍俘虜。另外，還有 2 名直隸籍士兵鳧水飄至孤島，「渴吸海水、飢食野草 40 餘日」，始遇過路船搭救。由此可知，高陞原載清軍官兵 1,116 人，其中有 245 人遇救獲生，其餘 871 名官兵全部壯烈殉國。

高陞遇難人數還應該包括該船船員在內。剛好從英國外交部檔案裡找到了高陞的船員名單，由此得知該船共有 79 名船員。其中，船長高惠悌、大副田潑林（Frederick William John Speer）等 7 名高級船員皆是英國人；舵手 4 名是菲律賓人；其餘的水手或服務人員 68 名都是中國人，籍貫為廣東、福建或浙江。高陞沉沒後，除船長、大副及舵手以下共 17 人得救外，剩下的 5 名英國船員，以及 1 名菲律賓舵手和 56 名中國水手等

---

[023]　武爾披齊：《中日戰爭資料彙編》，附件。

第三節　高陞事件

人員，共62人，皆葬身海底。

惡人告狀　日艦擊沉英國商船高陞後，英國駐日本臨時代理公使巴健特向日本外務省提出了嚴正交涉。陸奧宗光為此極為緊張，擔心此次意外事件會在日英之間引起一場重大糾紛。他憂心忡忡地寫信給伊藤博文說：「此事關係重大，其結果幾乎難以估量，不堪憂慮。」在他的內心深處，最擔心的是：萬一英國政府改變其所謂「局外中立」的立場，轉而採取干涉政策，無疑將會讓日本的戰爭計畫帶來嚴重的挫折。於是，便決定採取惡人先告狀的辦法，以擺脫日本的被動處境。

7月29日，日本聯合艦隊關於擊沉高陞的報告到海軍省，經研究覺得報告所述的事實經過對日本不利，便著手加以修改，並確定了兩項重要修改原則：（一）反咬一口，誣稱中國軍艦首先發動攻擊：「濟遠駛至距浪速300公尺以內，濟遠雖向浪速施放魚雷但未命中。於是，浪速向濟遠發炮，吉野亦隨之發炮。」（二）謊稱事後才知道擊沉的運輸船是英國商船：「運輸船船長投降，但船員、士兵拒絕並抵抗。於是，浪速終於將其擊沉。……事後判明，上述運輸船為印度支那航海公司所屬之英船，因載運士兵、軍用品為清政府所僱用者。」陸奧宗光對修改後的報告很滿意，便一面訓令駐英公使青木周藏，按此原則向英國外交部解釋清楚，一面按同樣內容答覆巴健特。

陸奧宗光害怕以上解釋不被英國政府接受，也是為了讓自己留下迴旋的餘地，又特加宣告：

關於此事詳細之報告尚未到達。待充分調查後，萬一日本國方面有何理屈之處，日本政府保證予以充分的滿足。[024]

其目的是先穩住英國政府，為其下一步施展詭計創造機會。

---

[024]　《英國外交檔》上，第175號。

第二章　豐島之變

索賠風波　日本軍艦擊沉英國商船高陞事件發生後，震驚中外，成為舉世矚目的國際重大事件。英國輿論大譁，各報紙連篇累牘地刊載評論文章，或謂日本海軍侮辱大不列顛帝國的國旗，應使日本政府道歉；或謂日本海軍的暴行是在戰爭開始以前，即使發生在和平時期，日本政府也應對船主及英國臣民的生命財產損失給予賠償。還有其他言論激烈以宣洩憤怒之情者，不一而足。英國司法局也研究高陞事件，函告外交大臣金伯利：「英國政府有權要求日本政府對沉船及由此帶來的英國公民的生命財產損失提供全部賠償。」後面簽名的是英國皇家法院的兩位法官里格比（George Rigby）和里德（James Reid）。

當時，英國在遠東因受到俄國南下擴張的壓力，不願意損害與日本的關係，故態度游移不決。就在此時，英國收到日本政府發來的高陞船長和大副的證詞，內稱：「（船長）想跟隨『浪速』號或離開『高陞』號時，都受到來自中國軍官的生命威脅。」日本政府本想藉此證詞把責任推給遇難的中國軍官，卻剛好戳穿了日本先前的報告所說事前不知為英國船的謊言。金伯利又將證詞轉給司法局徵詢意見，實際上是想以此來改變法官的態度。然而，仍由里格比、里德兩位法官簽名的答覆是：「我們認為，即使日本此番來電內容屬實，也不能改變日本政府對英國公民蒙受損失應負的責任。」

金伯利在社會輿論和皇家法院法官們的雙重壓力下，不能再猶豫下去。於是，照會日本公使青木周藏稱：

英國政府就來函所述與皇家法院的法官們進行了商討。最後認為，由於日本海軍的行為而使英國公民生命財產所遭受的一切損失，日本政府必須負全部責任。[025]

---

[025]　《英國外交檔》上，第 206 號。

第三節　高陞事件

這份照會的措辭貌似強硬，實則暗示日本政府這只是皇家法院法官們的決定，並不是英國政府的本意，為此後英國政府改變態度留下伏筆。陸奧宗光接到英國政府的照會後，不敢怠慢，立即進行詳細研究，從中覺察到照會的強硬措辭並不反映英國政府的真實態度。為了改變這種嚴峻的局面，也為了讓英國政府找一個臺階下，他一連採取了三種辦法：

第一，「**充分調查**」。陸奧宗光授意日本法制局長官末松謙澄對高陞事件提供調查報告。報告的主要內容有二：（一）浪速是在戰爭已經開始後才對高陞行使交戰國權利的。（二）高陞船籍雖屬英國，但在事變中途已被中國軍官強占。最後得出結論是：浪速「行為並無不當之處」。

第二，**賄買輿論**。為改變英國輿論一邊倒的反日態度，陸奧宗光指示青木周藏採取賄賂的辦法，也產生很大的作用。青木發給陸奧的祕密報告，便一面要求增加「特務經費」，一面告知：

《每日電訊報》、友好的《泰晤士報》和其他主要報紙，由於審慎地僱用，均就此事件改變了腔調。除路透社外，其他通訊社都保證了合作。英國權威人士韋斯特萊克（John Westlake）公開表示：根據國際法，浪速艦是對的。在德國，《科隆報》和友好的《大陸報》也因此受到影響。[026]

韋斯特萊克博士是英國劍橋大學教授和著名法學權威，此時甘心為虎作倀，連英國及歐洲的一些主要報紙都「改變了口徑」，齊聲為日本的侵略行徑辯護。

第三，**外交遊說**。日本公使館僱用歐洲人當說客，遊說英國外交部。日本說客的主要論點有三：（一）「是中國開了第一炮。中國軍艦發射了一枚魚雷，繼之以火炮擊中日本軍艦。」（二）「英國運輸船高陞成為敵對的中國遠征隊的一部分，失去其中立立場。」（三）「高陞被擊沉

---

[026]　《日本外交文書》，第27卷，第720號。

第二章　豐島之變

時並未處在英國船長和水手的掌握之下,中國人控制該船,從而使其帶上海盜的特徵。」日本說客鼓其如簧之舌,任意顛倒黑白,信口雌黃,竟使英國外交部出面接待的副大臣柏提(Francis Bertie)無言答對。

事實上,英國政府對高陞事件的態度已從根本上有了改變。金伯利一面指示柏提寫信給印度支那輪船航海公司,極力說服該公司向中國索賠,一面指示駐華公使歐格訥,由他正式向清政府提出索賠的要求。英國政府的這一決定,引起印度支那輪船航海公司董事會很大的不滿,回信說:「日本人在犯下如此野蠻的屠殺罪行,使如此眾多的無辜英國臣民喪生,並對英國國旗表示不敬之後,竟能完全逃脫懲罪,董事們深感失望!」歐格訥也不願意擔任這個不光彩的角色,覆電說:「英國遲遲不想限制日本,使自己背上了『親日』的重大嫌疑。一旦發現英國又想在中國身上撈取補償,將會大幅地傷害中國人的感情,並造成非常壞的影響。」這樣,高陞索賠問題便暫時擱置下來。

中國賠償　到了1900年,儘管事過境遷,高陞事件的是非曲直已經大白於世,但英國政府卻趁八國聯軍侵華之機,提出「不論理之曲直,只論款之賠否」,強逼清政府為高陞的沉沒賠款。在英國的強索下,清政府只能按英方要求賠了33,411英鎊,折合白銀312,922兩。這才了結這樁曠日持久的公案。

在強權政治橫行的世界裡,對於弱國來說,的確是沒有資格「論理之曲直」的。故時人為之慨嘆曰:「國際法云云,豈有定評哉!」

第四節　師期暗洩

> 十年來，（倭）孜孜偵探，其遣間諜至中國者，或察政務之設施，或考江山之形勝，無不瞭如指掌。迫至兵釁既開，彼又密遣間諜陰赴各處偵探，師期暗洩機要，遂致高陞被擊，船沒師熸。
>
> —— 佚名〈論行軍以間諜為先〉

此文認為高陞之所以遭日艦攔截擊沉，與日本間諜事先探知其出海日期相關，是符合歷史情況的。那麼，「師期」是如何洩密的呢？對此，歷來說法不一，迄今尚無定論。最流行的說法有兩種：一是電報洩密、一是書吏洩密。

電報洩密說　此說最早為姚錫光提出。他當時在山東巡撫李秉衡幕下，曾往來於山海關內外及膠東沿海觀察軍情，必有所聞，所以在《東方兵事紀略》一書中寫道：「倭人間諜時在天津，賄我電報學生某，得我師期。」一部描寫甲午戰爭的電影裡也採用這個情節，使此說成為家喻戶曉。

事實上，此說只是來自傳聞，並無史料以資證明，何況賄買電報學生的事情也是不可能發生的。因為按《寄報章程》規定，電報局只收發電碼，並不負責翻譯，「如係送來密碼，局中無從知道」。所以，從電報局內部無法獲取電報內容，用賄買電報學生的辦法是行不通的。此說只能是訛傳而已。

書吏洩密說　高陞被日艦擊沉後，天津破獲一樁日本間諜案，即被稱為甲午日諜第一案的石川伍一案。但是，石川伍一被查獲後，李鴻章卻隱匿不奏。後在言官的參奏下，李鴻章一個多月後才將審理結果電告總理衙門。因為石川是在天津軍械局書吏劉棻家裡抓到的，於是朝野皆

第二章　豐島之變

相信石川案與豐島日艦襲擊有直接關係，認為劉棻就是真正的洩密者。如戶科給事中洪良品即奏稱：

> 在其（劉棻）家內搜出私信一函，所有高陞輪船兵若干、帶兵官姓名，並所帶物件及青菜若干斤，均詳信內。其為與之暗通無疑。[027]

後來池仲祐撰《海軍實紀》一書，以此為論，指出：「天津軍械所有老書手者，為日軍間諜，以情輸日，高陞被擊，實彼通訊於日，故日軍得其準時。」這就進一步認同了書吏洩密說。

但是，從李鴻章報到總理衙門的〈石川伍一供詞〉看，並無片言隻語涉及高陞事件，也沒有從劉棻家中搜出「私信一函」的內容，這就無法證明書吏洩密說的可靠性。當然，這裡有兩種可能：一是日諜石川雖潛伏天津打探軍情，卻與高陞事件並無關係；一是確如洪良品所奏那樣，而李鴻章在報給總理衙門時卻隱瞞這一重要情節。無論是哪一種情況，都表明這還是一個需要進一步探討的疑案。

津門群諜　看來，我們需要把視野再擴大一點，不單是局限於石川伍一案本身，可能會有更多的發現。因為天津是北洋大臣衙門所在，也是當時中國海陸軍最高統帥的駐節之地，成為日本間諜機關注意的重點地區，派有大量日本間諜活動於此是必然的。其中，最值得注意的日本間諜是以下4人：

神尾光臣　長野縣人，步兵少佐。是日本陸軍部內的「中國通」之一。西元1882年，奉派到中國從事情報工作。從1892年4月開始，擔任日本駐北京公使館武官。此人神通廣大，曾買通軍機處某官，向他提供軍機處的機要情報。然後，神尾將這些情報用暗語電告駐上海的聯絡人、以茶葉商人身分為掩護的角田隆郎，由角田再改為新聞報導文字電

---

[027]　《清光緒朝中日交涉史料》，卷二十，第17頁。

第四節　師期暗洩

告大阪《每日新聞》社，轉報日本參謀本部。西元 1894 年 4 月，神尾又奉命駐天津，專門監視李鴻章的行動。

瀧川具和　東京人，海軍大尉。是日本海軍內屈指可數的「中國通」之一。西元 1884 年中法戰爭進行之際，他奉命乘清輝艦巡航中國近海，尋找適合大部隊登陸的地點或口岸。1892 年 11 月，他被調到海軍參謀部，奉派到中國承擔祕密使命。他來到天津，卻不具備公開的武官身分，只能在法租界裡棲身，或裝扮商人活躍於市井，或一身破衣爛衫混跡於苦力群中。1894 年 4 月，他從天津出發，由陸路前往山海關，沿途考察山川形勢，研究對華開戰的進軍路線和攻擊目標。另外，還重點偵察了旅順、威海要塞，以及南北洋艦隊和海軍衙門的內部機密，向日本報告。

宗方小太郎　熊本縣人。少時學習漢籍，最喜讀史書。西元 1884 年 10 月，宗方來到中國，入日本玄洋社所創辦的東洋學館進修中文，並研究中國問題。一年後東洋學館停辦，他又辮髮華裝，跋涉華北九省，進行各方面的調查。1886 年春，投入日人荒尾精在漢口所設的樂善堂間諜機構。1888 年，樂善堂設北京支部，派宗方為負責人。同時考慮到天津是北洋大臣兼直隸總督的常駐地，而時任此職的李鴻章又集軍事、外交大權於一身，從而使天津的地位更加重要，所以又加設天津支部，仍由宗方負責。當時的分工是：北京支部專門負責對清政府內部情形的偵察，天津支部則負責對直隸、山東、山西、東北各省乃至蒙古的調查事宜。1894 年 7 月，宗方奉日本海軍軍令部之命，調往煙臺，專門負責監視北洋艦隊的行蹤。

石川伍一　秋田縣人。少時攻讀漢籍，並學習漢語。西元 1884 年，他來到中國，在煙臺專心研究中國問題，並熟練漢語會話及應用，凡三

第二章 豐島之變

年之久。1887 年，投奔漢口樂善堂，從此開始在中國的間諜生涯。

西元 1891 年，石川被派到天津，擔任駐在武官關文炳海軍大尉的助手，遍歷山東、直隸及奉天省各地，從事各方面的調查。1893 年 5 月，又擔任武官井上敏夫海軍少佐的助手，乘帆船由煙臺出發，遊歷渤海海口各海島，並觀看旅順炮臺；回程又往旅順後路，以及朝鮮大同江和仁川口等處偵察，經威海衛返抵煙臺。同年 8 月，再次隨同神尾光臣等進入旅順、大連灣、威海衛等處，窺探各要塞形勢，從而掌握大量的重要情報。其後，石川回到天津，住在紫竹林松昌洋行，以該行職員的身分為掩護，專門蒐集軍事情報。

在以上所介紹的 4 名日本間諜中，除石川伍一外，其他 3 人都有可能與日艦的豐島襲擊有重大關係，也是不能夠忽視的。

石川落網　豐島海戰發生後，日本駐華使館人員下旗回國，瀧川具和要求留在天津潛伏，未被批准。由駐華公使小村壽太郎報告外務省，批准辮髮改裝的石川伍一繼續潛伏。但此時形勢吃緊，石川的行蹤已被天津城守營所注意。石川似有覺察，便準備搬到天津城裡的劉棻（又稱劉樹棻）家裡躲避。8 月 4 日，他剛走進劉棻家不久，就被城守營派人拿獲。

石川被獲後，美國駐華代理公使田夏禮（Charles Denby Jr.）出面搭救，命天津領事李德轉交一函致李鴻章稱：「據日本國聲稱，石川伍一並非奸細。本大臣應請中堂開放，送交駐津李（德）領事轉飭回國。」李鴻章覺得事關重大，不敢大意，便命津海關道盛宣懷代為駁辯：

本道查《中日修好條規》載明，兩國商民，均不准改換衣冠。是兩國和好，尚然有此禁例。現在兩國失和，忽然改裝易服，潛匿民家，四處窺探，其意何居？況日本領事出口之後，日本人在中國口岸者，已由貴國兼

第四節　師期暗洩

理，該犯石川儘可安寓租界洋行，何以假冒華人，私至城內居住？……至該犯被獲之時，形跡可疑之處，不一而足。其為奸細無疑！[028]

經派委員阮國楨與天津知縣李振鵬會審此案，石川伍一對其刺探軍情一事供認不諱。石川供稱，戰前他聯絡過劉棻兩次：第一次，劉給了開過炮械數目清單；第二次，劉又開過營兵數目清單。石川先後付劉謝金洋銀 80 元。後來，第三次託劉打聽中國派兵情形，劉回過幾次信，卻都不是準確的消息。9 月 17 日，將審結情況電告總理衙門，並附上〈石川伍一供詞〉。20 日，由李振鵬監刑，將二犯分別處決：劉棻即綁赴市曹正法；石川押赴教場，照公法槍決。

據此可知，石川伍一的確是探聽軍情的日本間諜，但與「師期暗洩」並無直接關係。有論者不相信這個結論，提出兩點反駁理由：（一）高陞載有餉銀和軍械，必須從天津軍械局裝運。身為該局的書吏，劉棻可以得到這個實際情況。這種斷語有悖於事實，因為高陞是在塘沽裝載人員及餉械後直航牙山的。（二）石川得到運兵情報後，完全可以用密電拍發出去。這也絕不可能，因為日本在華間諜發電報都是用明碼暗語，而不是密碼，而且發密電反而容易引起中國官方的注意，是不允許這樣做的。

如實地承認石川伍一沒有得到高陞運兵計畫，並不是說石川案的破獲毫無價值；剛好相反，石川案所引起的餘波，倒為我們提供破解這個謎團的有利條件。

真假供詞　石川伍一案雖告審結，然其餘波卻長期未能平息下來。此案在審理過程中存在種種疑點，令人難以參透，因而以此參奏李鴻章者大有人在。其中，最為奇特的是禮部侍郎志銳的奏摺，竟然斷言：「所

---

[028]　《清季中日韓關係史料》，第 2215 號，附件。

第二章　豐島之變

奏者，非實情也，乃偽供也。」而且，他為了證明李鴻章所報的〈石川伍一供詞〉是「偽供」，還附上了一份〈日本奸細石川伍一供單〉的抄件。如果當初〈日本奸細石川伍一供單〉送到了光緒皇帝手裡或者公開出去，一定會成為爆炸性的新聞。但是，軍機處的親王大臣們不知出於何故，卻未敢送呈御覽，壓了下來。就這樣，志銳的奏摺連同〈日本奸細石川伍一供單〉在軍機處的舊檔案堆裡沉睡了上百年。直到1980年代，我在準備為中華書局編輯《中國近代史數據叢刊續編》的〈中日戰爭〉卷時，才在故宮檔案裡發現，使之得以重見天日。

志銳說李鴻章報的〈石川伍一供詞〉是「偽供」，而他所奏呈的〈日本奸細石川伍一供單〉才是「奸細親供」，是否可信？好在〈日本奸細石川伍一供單〉文字不長，尚不足500字，既然至關重要，不妨抄錄如下，以資鑑別：

我係神大人差來坐探軍情的。自光緒九年，即在中國北京、天津等處往來。現在住在軍械所劉樹棻家中，或來或去。代日本探官事的人，有中堂簽押戴姓、劉姓、汪大人，還有中堂親近的人，我不認識。我認識劉樹棻，係張士珩西沽炮藥局委員李輔臣令汪小波引薦的，已有二三年了。劉樹棻已將各軍械營槍炮、刀矛、火藥、子彈數目清冊，又將軍械所東局、海光寺各局製造子藥每天多少、現存多少底冊，均於正月底照抄一份，交神大人帶回中國。張士珩四大人與神大人最好，因此將中國各營槍炮子藥並各局每日製造多少底細告知神大人。水師營務處羅豐祿大人的巡捕于子勤，還有北京人高順，在煙臺、威海、旅順探聽軍情。神大人同欽差、領事起身之時，約在六月二十八九。七月初二、三日，神大人半夜在裕太飯館請中堂親隨之人，並汪小波、于子勤、戴景春、戴姓、劉姓、汪大人、劉樹棻等商議密事，遇有要緊軍情，即行飛電。所說皆係實話，未見面的人不敢亂供姓名。我係日本忠臣，國主欽

第四節　師期暗洩

差遣探軍情，不得不辦。在中國探軍情的不止我一人，還有鍾崎，住在紫竹林院元堂藥店。又穆姓在張家口，現在均到北京。又有鍾姓一人，由京往山海關，皆穿中國衣服。又有日本和尚，現在北京，能念中國經，皆說中國話。打電報叫日本打高陞船官兵的信，是中堂衙裡送出來的；電是領事府打的。所供是實。

對比志銳所呈〈日本奸細石川伍一供單〉和李鴻章所報〈石川伍一供詞〉，明顯地看出二者的差別是很大的。〈石川伍一供詞〉只供認託劉棻開過炮械數目及營兵數目清單，而〈日本奸細石川伍一供單〉則供出了不少〈石川伍一供詞〉所沒有的內容及涉案的嫌疑人。現在的問題是，志銳所呈的〈日本奸細石川伍一供單〉是否就是石川伍一的「親供」呢？

〈日本奸細石川伍一供單〉稱：「所說皆係實話，未見面的人不敢亂供姓名。」這樣，便可從考察所供之人入手，了解其所供是否真實了。在所供的涉案人中，張士珩是李鴻章的親外甥，時任北洋海軍軍械局總辦。羅豐祿曾任清朝駐德、英等國使館翻譯，時為李鴻章的助手。李輔臣乃張士珩的親信，時為西沽炮務局委員。此外，還有4個有姓無名者頗值得注意：

戴姓　即戴士元。他曾參加神尾光臣在裕太飯館「商議密事」的聚會。後來也被查獲，供認勾結石川伍一，被處以斬刑。

汪大人　即汪忠貴。他也是神尾光臣在裕太飯館「商議密事」聚會的參加者。後雖被查獲，但堅不承認勾結日人，或有某種背景，以「不據實首告」罪，從輕發落，處以5年監禁。

鍾崎　即鍾崎三郎，日本福岡縣人。西元1891年來中國，進入上海日清貿易研究所學習。隨後化名李鍾三，潛伏蕪湖。1894年3月，奉日本海軍軍令部指示，徒步經淮安進入山東境，再東行考察半島及港灣形

勢。6月，他來到天津，做瀧川具和大尉的助手。日使下旗回國時，命其與石川伍一繼續潛伏下來，但因找不到安全的住處，便逃往山海關一帶活動。

穆姓 即穆十，是日本間諜所收買的漢奸。當時，他正隨日諜宗方小太郎到煙臺，屢次奉派到威海和旅順探聽情況。

由此可見，〈日本奸細石川伍一供單〉內容的真實性是無可懷疑的，因為其所供的這些有名有姓者或有姓無名者，大都可以一一查考清楚，想亂編是絕對編不出來的。〈日本奸細石川伍一供單〉供出了許多鮮為人知的日本間諜活動的內幕情況，具有很高的史料價值。那麼，李鴻章所報的〈石川伍一供詞〉是否就是「偽供」呢？也不能得出這樣的結論。但有一點可以確定的是：此案涉嫌者當中有許多李鴻章的親戚、親信及其衙門裡的員弁都沒有在〈石川伍一供詞〉中出現，可見志銳指責李鴻章必將其「大為改飾」，這應該是真實的。

真相大白 〈日本奸細石川伍一供單〉發現之後，可以說「師期暗洩」的真相大致上清楚了。原來，當時神尾光臣住在日本駐天津領事館裡，將李鴻章身邊的一些人收買，為其效勞。所以李鴻章的一舉一動皆在其掌握之中。李鴻章調船運送士兵或餉銀也好，派北洋艦隊護航也好，神尾都一清二楚。所以〈日本奸細石川伍一供單〉說：「打電報叫日本打高陞船官兵的信，是中堂衙裡送出來的；電是領事府打的。」此話是絕對可信的。

當然，日本間諜竊取中國運兵和護航的情報，也不會只有一個渠道。像瀧川具和這個人，平時就常裝成苦力，出入於塘沽碼頭區，與搬運工人們廝混在一起，想要了解高陞的裝載情況和開船時間是很容易的。據時人記載，當高陞等運兵船停泊塘沽碼頭時，碼頭區並無任何警

第四節　師期暗洩

戒，普通閒人皆可自由來往，並發現竟有日本人「來往不絕，凡我船開行，彼即細為查探，非但常在碼頭梭巡，竟有下船在旁手持鉛筆、洋簿，將所載物件逐一記數，竟無委員、巡丁驅逐」。日諜活動之猖狂，官員職守之不忠，此為最突出之一例。

德國商人滿德（Julius Mannich）的親身經歷也證實了這一點。他手下的職員向他報告，「有一倭人久住塘沽」、「才具甚大，華、英、德、法語言具能精通」，與他人談話時隨時記錄。照這位洋行職員所描述的情況來看，此人只能是瀧川具和，殆無疑義。滿德從塘沽乘火車返回天津時，在車廂裡也坐著一個日本人，他在一封信裡寫下了對此人的印象：

> 及滿德坐火車時，又有一倭人同載，則愛仁、飛鯨、高陞載若干兵、若干餉，何人護送，赴何口岸，該倭人無不了徹於胸也。既能了徹，安見不電知上海，由上海電知伊國也。不然，高陞船之罹災，何以若是之速也？[029]

不管滿德遇到的「倭人」是否是他手下職員看到的那個「倭人」，他的推測都是完全有道理的。

日本間諜不但緊盯塘沽的運兵情況，更重要的是要了解北洋艦隊派艦護航的情況。當時，日諜宗方小太郎就住在日本駐煙臺領事館內，專門監視北洋艦隊的行蹤。宗方的這段傳奇經歷，也是到1980年代才開始為人們所注意。原來，宗方勤於用筆，有寫日記的習慣，每天都要把自己的活動詳細記下來，所以他的日記便成為研究日本間諜在華活動的重要史料。但〈宗方小太郎日記〉的發現經過卻很曲折。1940年代，在日本「中國派遣軍」總司令岡村寧次手下任職的某位日本人士，正著手寫一部《宗方小太郎傳》，他便用宗方的日記手稿做基礎資料。1945年日本

---

[029]　《盛宣懷檔案資料選輯之三甲午中日戰爭》下，第103頁。

第二章　豐島之變

宣布無條件投降，在華日人都要被遣送回國。此人書還沒有寫完，所用資料又不便攜帶，只好交其要好的某華人代為保管。其後，不知為何這部日記手稿竟流散出去。1950年代，宗方的女婿從日本寫信給郭沫若先生，請幫忙尋找手稿，也無結果。其後，年子敏先生竟在蘇州的舊書攤上發現了宗方手稿，喜出望外，便花錢買下來。到1980年代，我編輯《中國近代史資料叢刊續編》的〈中日戰爭〉卷時，決定收入〈宗方小太郎日記〉，將其公之於世。

　　從宗方日記可以知道，當時宗方小太郎坐鎮煙臺，身邊還有華人偵探2人：一是穆十、一是〈日本奸細石川伍一供單〉上提到的高順。高順又稱高二或高兒，係宛平人，賣身投靠日本間諜機關，先在日本武官井上敏夫指揮下偵探軍情，如今又隨宗方來到煙臺。宗方曾幾次親自到威海港偵察。當他回煙臺期間，則派穆十和高順輪流在威海監視北洋艦隊的動靜。到7月19日，他便得到了北洋艦隊「已作準備，將於今日或明日相率赴朝鮮」的情報。此報告迅速從上海發電傳回日本，日本大本營隨即下令著手襲擊北洋艦隊和清軍運兵船的準備。日本海軍在豐島海上襲擊濟遠和擊沉高陞，看似僅是一種普通的軍事行動而已，人們怎能知道這裡面還隱藏著一段如此複雜曲折的背景故事！

第三章

平壤激戰

第三章　平壤激戰

▎第一節　初戰成歡

　　成歡之戰是甲午陸戰的第一戰。這次戰鬥發生得很奇特，當時日本一方固然是在千方百計地挑起戰端，而中國一方卻殫思極慮地要避戰，為何最終還是發生了呢？這還要從清軍赴援朝鮮說起。

　　清軍赴朝　先是在 6 月初，朝鮮政府決定請求清軍赴援時，陸奧宗光即認為這剛好是挑起釁端的絕好機會，便命其駐朝公使館密切注意此事，並伺機引誘中國上鉤。於是，日本駐朝代辦杉村濬等人幾次拜訪袁世凱，表示企盼中國迅速派兵入朝，並特地強調說：「我政府必無他意。」袁相信了日本的鬼話，認為日本頂多借保護使館為名，派一百多名兵來，不會發生什麼事的。李鴻章也認可袁的判斷，相信日使大鳥圭介「不喜多事」、「自無動兵意」。由於袁、李的輕信，清軍赴援之始便落入日方所設下的圈套。

　　清軍赴朝之初，李鴻章便定下兩條原則：一是中國派兵是專為協助朝鮮政府平息內亂而來、一是清軍入朝後要遠離漢城和各通商口岸。同時，他還將這個規定通知日本駐天津領事荒川已次，並且要荒川轉告日本政府，希望日本：「不必派兵，致人驚疑。如已派保護官商，斷不可多，且非韓請派，斷不可入內地，致華日兵相遇生釁。」日本的挑釁之心已定，絕不會就此罷休，對李的要求只能嗤之以鼻。

　　清軍先後分三批渡海入朝，共 2,400 多人，駐紮於朝鮮西海岸江華灣南岸的牙山。牙山深處江華灣內，由停船處改乘駁船進入內河，逆流而上，行 35 公里，才能到達。故此處雖近海濱，但運兵和接濟都十分困難，時人稱之為「絕地」。後增兵到來，總兵力才到達 3,800 人。牙山這支清軍，被稱為蘆榆防軍，由直隸提督葉志超擔任總統，太原鎮總兵聶

第一節　初戰成歡

士成為分統。

　　日本對派兵的規模早有定算。陸奧宗光曾與日本參謀本部次長川上操六專門討論過出兵朝鮮的計畫。他們一致認為，中國所派軍隊不會超過 5,000 人，而日本要居於必勝的地位，就需要派一支 6,000 到 7,000 人的部隊。最後決定由陸軍少將大島義昌率第九混成旅團入朝，兵力達到 7,600 多人。日軍從仁川登陸後，即派先遣部隊進入漢城，並占據漢城附近的要地。這樣，日軍在朝兵力已經占有絕對優勢。當時，聶士成有鑒於此，特派測繪學生前往漢城，察看地形，測其險要，繪成地圖。並致書袁世凱，提出派洋槍隊 400 人進入漢城，保護公署；另派 400 人駐紮漢城以南的水原，以為接應。袁世凱回電：「請勿輕動！」李鴻章與袁同見，他擔心移軍水原與日軍駐地相近，反而會提供日軍挑釁的藉口。認為：「倭兵已占先著。我多兵逼處，易生事；遠紮，則兵多少等耳。」按照這一奇怪的邏輯，他命令駐牙山的清軍必須「靜守勿動」。

　　其後，葉志超也感到局勢岌岌可危，再次提出統兵往漢城的建議。袁世凱不敢違背李鴻章的排程，覆電說：「我如一振，日必自衰。唯兵來意，在保局息事，殊無奈何！」李鴻章也電葉稱：「切不可移近韓都挑釁！」予以制止。

　　此事雖密，不知為何竟傳出去了。不久，漢城即風傳聶士成要率 2,000 人入京的消息。大鳥圭介非常驚慌，準備制止，甚至要以武力相拒。但陸奧宗光有所顧忌，回電說：「可進行勸告以制止其入京，但不可使用武力。」可見，當時清軍在軍事上力爭主動，並及時增兵入朝，不失為可行的辦法。但這樣的機會稍縱即逝，一旦錯過就再難挽回了。

　　進退失據　進入 7 月以後，朝鮮日趨危急，牙山清軍處境孤危，中國駐朝官兵和清軍將領皆認為，釁端一成，即無歸路。於是，為解救駐

第三章　平壤激戰

牙山清軍的困境，紛紛建言獻策，其中最主要的是以下三策：

第一策，移營北上。袁世凱認為，日本派大軍入朝，絕不肯空手而歸，欲挑起釁端，不愁找不到藉口，而葉志超一軍偏處牙山一隅，接濟頗難，因此建議速派船來全部裝船北上，或到鴨綠江下岸，或往平壤，以待大舉。否則，「釁端一成，即無歸路」。

第二策，撤隊班師。聶士成主張撤隊內渡，力請班師。他先將此策電稟李鴻章，隨後又懇葉志超發電力請。其建議稱：

> 我軍本奉命平韓亂，非與倭爭雄也。倭乘間以水陸大隊壓韓，據險尋釁，蓄謀已久。又敵眾我寡，地利人和，均落後著，與戰正墮彼術中。今匪亂已平，正可趁此接隊內渡，免資口實，此老子不為人先之謀，亦兵家避實擊虛之計。否則，倭將先發制我，釁端一啟，大局可危。[030]

他還專派幕友乘船內渡天津，面陳朝鮮形勢，請速派輪接隊，免啟邊釁。

第三策，南北會師。葉志超不反對撤隊班師，但認為這只是中策，而他的上策是：一方面，「速派水陸大軍由北來」；另一方面，由葉本人率所部以護商為名，「由此前進，擇要扼紮」，以期南北會合。否則，一旦決裂，必將「進兵無路」。

在以上三策中，葉志超的南北會師策名為上策，其實完全脫離實際。因為當時在朝鮮北部根本沒有駐紮清軍，現派清軍進入朝鮮北境也不是馬上可辦的事情。何況葉部北進只有兩條路：一條是以「護商」的名義進漢城，此舉必定牽動全局，而且以葉部區區 2,000 多人的兵力也難以有所作為，是很難行得通的；一條是繞道朝鮮東海岸北行，這條路長達 1,000 多公里，走起來十分危險，無異於脫圍逃跑。所以，李鴻章對

---

[030] 聶士成：《東征日記》。

第一節　初戰成歡

此策批四個字：「似須緩辦。」

聶士成的撤隊班師策與袁世凱的移營北上策，乍看之下十分相似，故李鴻章說是「同見」。其實，兩策僅是形似而已，其著眼點則有高下之分：袁策著眼於保全葉部，是權宜之計；聶策則著眼於大局，是一種積極的戰略退卻。聶策若被採納，不僅可以改變當時中國在軍事上的不利處境，而且在政治及外交方面也會贏得主動，對於日本發動這場侵華戰爭的計畫來說，必將是一個沉重的打擊，使其難以實現。而李鴻章卻認為此策「示弱」，不予採納，以致錯過這次實行戰略退卻的大好時機。後來，張謇指責李鴻章「敗和」，不是沒有道理的。

在此關鍵時刻，李鴻章多次電示葉志超，其要義就是四個字：「靜守勿動！」強調說：

日雖竭力預備戰守，我不先與開仗，彼諒不動手，此萬國公例。誰先開戰，誰即理詘（ㄑㄩ，同「屈」）。切記勿忘，汝勿性急！[031]

他相信萬國公例，一心依賴列強調停，既不敢進，又不肯退，這只能使葉志超所部陷於被動挨打的境地。

兵營藥商　清軍進駐牙山以後，即處在日人的監視之下。在一段時間裡，清軍兵營附近經常有一個商人打扮的人在走動。此人自稱是神戶華僑，做藥材生意，官兵們也都並不在意。這位藥材商究竟是誰？原來此人就是日本資深間諜山崎羔三郎。

山崎羔三郎　日本福岡縣人。西元1888年被玄洋社派到上海，隨後投奔漢口間諜機構樂善堂，研究中國問題。1889年初，他便辮髮華裝，化名常致誠，深入雲、貴兩省調查，歷時近一年。1890年初，又深入兩廣調查，歷時半年回到上海。他風塵僕僕地奔波於西南數省，就是要尋

---

[031]　《李鴻章全集》電稿二，上海人民出版社1986年版，第794頁。

第三章　平壤激戰

找一塊起事的據點。後因形勢變化，尋找起事據點的事暫停了。從1891年起，他先是在荒尾精創辦的上海日清貿易研究所擔任庶務，隨後又奉命回漢口潛伏。

西元1894年6月，山崎羔三郎由上海乘船到煙臺，偷爬上一艘中國運兵船來到朝鮮。他上岸後，先到漢城龍山見大島混成旅團的參謀長長岡外史少佐，接受了潛入牙山清軍營地偵察的任務。於是，他便以華僑藥材商的身分為掩護到清軍兵營內外走動，詳細了解清軍的兵力及番號、防禦工事的所在、附近河流的深淺等，一連活動了7天。最後，因所帶地圖及指南針被清兵發現，懷疑為日本奸細，將其逮捕。但在押解途中，山崎僥倖逃脫。他立即跑到龍山旅團司令部，將偵察情況向長岡參謀長作了匯報。根據山崎的偵察報告，大島混成旅團制定了進攻牙山清軍的作戰計畫。

沮澤伏擊　早在7月23日，即豐島海戰發生的前兩天，日本第九混成旅團旅團長大島義昌少將已接到大本營發來的進攻牙山清軍的電令，因為當時日軍正實施圍宮劫王的計畫，所以到25日才率旅團主力4,000多人從龍山出發，向牙山進犯。

7月25日，探報日軍由漢城南下，其前鋒已抵水原，將電話線破壞，致使清軍消息不通。26日，由於情況緊急，清軍不能困守牙山絕地，葉志超便決定分兵三路：由聶士成率2,800人移紮成歡驛，布置防禦；葉自率500人往駐公州，以為聶部後援；留500人駐守牙山，守護輜重。這樣一來，本來就不多的兵力更加單薄了。

7月28日，日軍旅團本部到達安城河北岸的素沙場，才發現只有小部分清軍駐守牙山，大部分已移營於成歡驛。於是便重新修改作戰方案，並決定於當天午夜發起攻擊。

第一節　初戰成歡

　　沮澤伏擊是成歡之戰的一次前哨戰。日軍欲進攻成歡驛，由素沙場南行，正好安城河橫亙於前，須過河才能到達。河之南北兩岸乃是沮澤之地，一片澤國水鄉，沼澤與水田交錯。唯中通驛道一線，為由漢城南下的必經之路。跨河有一橋，即安城渡。渡口南岸驛道東側，有村莊叫佳龍里，聚居農戶數十家。由此再往南行，就是成歡驛了。聶士成經過實地考察，知日軍進攻必經佳龍里，便命武備學生周憲章率士兵20多人埋伏於此；另命幫帶馮義和率騎兵300人藏在河旁松林間，以為策應。

　　日軍進攻部隊分左右兩翼：左翼為主力，由大島義昌少將親自率領，從東路主攻成歡驛清軍陣地；右翼為輔助，由武田秀山中佐率領，從西路接近敵陣，以為牽制。7月29日凌晨12點半，日軍右翼隊在夜幕的籠罩下前往安城渡。渡橋甚窄，且橋面有一半毀斷，大部隊通過速度甚慢。河水深過人肩，河床為陡坡，且爛泥很深，無法涉渡。所以，直到凌晨3點多，日軍右翼前衛才全部通過安城渡，隨後穿過水田到達佳龍里。突然，槍聲四起，清軍開始向日兵群裡猛射。當時，夜色黝黑，村路狹窄，日兵處境不利，只好退到村外沼澤地散開伏臥，與清軍展開對射。

　　這時，日軍右翼後繼部隊也陸續到達村外的沼澤地，在塘下散開，支援前衛。因清軍藏於暗處，又占據有利地形，頻頻狙擊日兵，使其寸步難進。日軍中尉時山龔造急於救援前衛，率先揮刀前進，其部下跟隨於後，誤陷沼澤之中，水深沒肩，兩腳深陷不能拔，與部下29人全部溺死。日軍大尉松崎直臣試圖擺脫困境，命令前衛全隊衝鋒。他揮刀從田埂上躍起，也連中數彈，倒地斃命。日軍士氣大挫，紛紛後退，擁向渡橋，無奈橋窄人多，擁擠落水溺死者甚眾。

　　當日軍右翼前衛瀕於瓦解之際，右翼大隊總算趕到，又繼續發起衝鋒。馮義和所率清軍騎兵隊雖出現於村邊，但四處都是水田和沼澤地，

第三章　平壤激戰

無法馳騁殺敵，又因目標過大而陷於被動，被迫後撤。周憲章等堅持抵抗，但敵我力量過於懸殊，又無後隊支援，在激烈的戰鬥中全部壯烈犧牲。凌晨4點，日軍右翼隊進占佳龍里。

成歡激戰　與日軍右翼隊通過安城渡和進攻佳龍里同時，大島義昌率領日軍左翼隊已從安城河上游涉渡，逼近成歡驛。凌晨4點，西方的槍聲歸於沉寂，大島斷定右翼隊進攻已經得手，便傳令全隊作好攻擊的準備。5點，他才下令對清軍陣地發動總攻。

成歡驛地處交通要衝，形勢十分險要。驛之東、西、南三面皆山，峰巒蜿蜒起伏，只有一條大道貫穿驛街。驛西為牛歇里山，驛東為月峰山，驛街即位於其西北山麓，地勢險要，易守難攻。聶士成移營此處後，連日構築防禦工事，共築壁壘6座，並就現有兵力進行部署，以待敵人來攻。

日軍的進攻是從炮擊開始的。日軍配備野炮8門，早已測準距離，瞄準月峰山東側清軍兩座壁壘，發炮每每命中。清軍壁壘乃倉促建構，皆築土為牆，只及胸高，一炮落下，牆土四散紛飛，黑煙騰起，士兵根本無法隱蔽，戰鬥異常艱苦。清軍雖堅持禦敵，無奈敵人炮火太猛，無法進行持久的抵抗，被迫撤出陣地。這兩座清軍壁壘終被日軍攻占。武田秀山聽到東邊炮聲大作，知道總攻已經打響，便率日軍右翼隊從佳龍里出發，向牛歇里山清軍陣地進逼。武田所部在左翼隊炮火的支援下發起猛攻，又先後攻占了清軍左翼的兩座壁壘。於是，日軍便左右夾攻，對清軍陣地採取鉗形攻勢。清軍誓死拚戰，但傷亡很重，不得已潰圍而出。7點半，日軍攻進了清軍的最後兩座壁壘。

此戰，日軍死37人，傷50人，合計87人。清軍傷亡較大，加上北撤途中因飢疫而死者，損失有200多人。這雖是一次規模很小的戰鬥，

卻很典型，故許多軍事史著作都把它作為戰例來研究，對其影響也絕不可小覷。此戰之後，日軍完全切斷從中國到朝鮮西海岸的航道，從此可專力北顧，為其後發動平壤戰役解除了後顧之憂。因此可以說，成歡之戰的結果，預告了平壤之役清軍的失敗。

失敗原因　清軍失敗的原因是多方面的，但主要有三：

第一，**消極防禦**。清軍慣於國內作戰，在戰法上墨守成規，重視一城一地之得失，故視陣地戰為不二法門。即使面對外來強敵，也不知變通。尤其是砲兵，乃日軍的強項，清軍根本無法與之相比。就陣地戰而言，無論攻的一方還是守的一方，都要靠強大砲火的支持，否則是不行的。清軍設陣地於成歡驛，擺出一副挨打的架勢，儘管所處地勢險要，在敵人猛烈炮火的打擊下也是難以長久支撐的。

第二，**兵力分散**。日軍進攻的兵力有4,000多人，清軍的總兵力近3,900人，大致上旗鼓相當。但就官兵的軍事技能和水準來說，清軍卻比日軍要差。所以，在實際的戰鬥中，清軍一定要在數量上居於優勢，才有可能取勝。清兵不足4,000人，反一分為三，參加戰鬥的才2,800多人，面對的又是訓練有素的強敵，其結果也就可想而知了。

第三，**部署失當**。由於敵情不明，未料到日軍會分兵兩支，其中一支主力繞道出東路，所以未能擊敵於半渡，或截敵於中途，致使其得以順利逼近清軍陣地東側，這是造成清軍失敗的主要原因。又由於拋不開陣地戰情結，清軍部署沮澤伏擊雖然是正確的，但布置的兵力過少，而騎兵隊又派不上用場，結果只能靠20多名步兵作戰，以致功敗垂成。這本是一場漂亮的伏擊戰，卻因部署失當而敗北，是十分令人惋惜的。

第三章　平壤激戰

▍第二節　平壤大戰（上）

平壤之役是中日兩國陸軍的一場大戰，雙方投入的兵力都在萬人之上。研究甲午戰史者皆稱「陸戰決於平壤」，從戰爭的結局看固然如此，但細究起來又不盡然，因為清軍在這次戰役中不一定是必敗的。此役清軍之所以走向失敗，是緣於四軍入朝後種種失誤而造成的。

四軍入朝　日本海軍在豐島不宣而戰後，清政府對當時的形勢作出了樂觀的猜測，認為：（一）日艦擊沉英國商船「高陞」號，顯然違犯國際公法，英國必不答應；（二）日軍在漢城圍宮劫政，各國當動公憤；（三）英國正聯絡各國合力逼日本從朝鮮退兵，日本不敢不從。據此，李鴻章相信國際形勢變得對中國有利，想藉此機會以戰促和，因此主張對日本作出決裂的態度。於是，他一面電商總理衙門撤回駐日公使，作宣戰的準備；一面嚴催清軍從朝鮮北路進兵，要搶先進入平壤，以遏制敵人的陰謀。

從北路先後進入朝鮮的援軍，是4支清軍部隊，號稱四大軍。他們是：

盛軍　原駐天津小站，是淮軍中最大的一支，由記名提督寧夏鎮總兵衛汝貴統率，總兵孫顯寅為分統。先後三批赴朝的盛軍，共13營6,000人。

毅軍　原駐旅順口，亦屬淮軍，四川提督宋慶統率。由總兵馬玉崑率毅軍一部赴援朝鮮，共4營2,000人。

奉軍　原分駐奉天各地，由淮軍舊將高州鎮總兵左寶貴統率，總兵聶桂林為分統。奉命赴援朝鮮者，原只馬步8營3,500人，後又奉命招募500人，成立炮隊1營。共計4,000人。

第二節　平壤大戰（上）

奉天盛軍　又稱奉天練軍盛字營，由副都統豐陞阿統帶。它是四大軍中最後入朝的一支，人數最少，除豐陞阿原統之盛字馬步4起外，又撥給吉林練軍馬步2起，共馬步6起1,500人。

四大軍的總兵力達到13,500人。其中，盛軍、毅軍、奉軍在當時堪稱清軍精銳，李鴻章頗寄予厚望，並抱有很大信心。他認為，有此三軍赴援，可保萬全。其致總理衙門電稱：

> 派赴平壤衛汝貴、馬玉崑、左寶貴各軍，皆係鴻舊部，練習西洋新式槍炮多年。屢飭該統將等和衷商辦。凡其力所能及者，當可無誤機宜。[032]

李鴻章所說倒近於實情。但是，有將無帥，各不相屬，能否做到「和衷商辦」，就很難說了。後來事實證明，問題就出在不能「和衷商辦」上。

至於豐陞阿所統帶的奉天盛軍，不僅紀律欠佳，也毫無戰鬥力可言。故時人戲稱為「鴨蛋兵」。清政府調派這樣的部隊入朝，是一個重大錯誤。

搶進平壤　7月下旬，當清軍先遣部隊進入朝鮮北境之初，平壤形勢已經十分嚴峻。成歡之戰後，大島義昌最怕清軍進入平壤，然後自平壤南下襲擊漢城，便命步兵中尉町口熊槌化裝為商人，潛至平壤伺機行事，並派騎兵隊隨後前進，以便策應。在當時的情勢下，誰先進入平壤誰就會占據有利地位。所以，平壤之得失，對其後戰局的發展關係甚大。

町口熊槌進入平壤城後，便住在早期潛伏日諜所開設的店中。7月30日，他探聽到清軍已渡過鴨綠江，並正向平壤行進，便立即奔向電報

---

[032]　《李鴻章全集》電稿二，上海人民出版社1986年版，第839頁。

第三章　平壤激戰

局發電向大島義昌報告。因其舉動怪異，引起當地民眾懷疑，町口連忙逃出城外。31日，他行至中和時，正與日本騎兵少尉竹內英男所率騎兵隊相遇，於是共同商定：趁清軍未到平壤之前，先破壞平壤電報局，切斷清軍的通訊，以引起混亂，乘機搶占平壤。

先是在7月29日，李鴻章接到義州電報局轉來的平壤急電，內稱日軍已抵大同江口，這才開始著急。他立即電令衛汝貴：「日兵已抵（大同）江口，恐先據平（壤），事更棘手，須與馬荊山（玉崑）合力圖之。」衛汝貴接電後，不敢怠慢，全隊開拔又行進遲緩，決定派哨官曲德成率親兵馬隊先行。曲德成兼程前進，於31日搶先一步進入平壤。

8月1日夜，町口熊槌與竹內英男率騎兵抵達大同江南岸船橋里，見岸邊小船皆被收至北岸，便派軍曹川崎伊勢雄泅水過江，因江流湍急而未能到達北岸。2日，日本一百多人仍然試圖渡江，以強行占領平壤。曲德成急率隊出南門截擊，連放排炮，將日兵驚退。3日，他更提高警惕，率隊晝夜守城，以防日兵偷襲。町口、竹內見清軍有備，不敢造次行事，只好放棄偷襲平壤的計畫。平壤終於轉危為安。

8月4日，衛汝貴和馬玉崑先抵平壤。6日，左寶貴趕到。9日，豐陞阿最後到達。至此，四大軍都集結於平壤了。清軍搶先進入平壤，有了立足之地，並且擁有了1萬多名兵力，這從戰略上說是十分有利的。問題是清軍未能充分利用這一有利條件，最後只能走向失敗了。

帥位久虛　從7月中旬清廷降旨派軍由北路入朝到四大軍抵平壤後的8月底，歷時一個半月，竟然沒有任命一位主帥統率前敵大軍，這真是戰爭史上罕見的怪事！為什麼會出現這種「有將無帥」的局面呢？原來這內中是有隱情的。其實，在此期間，朝廷內外也在忙於物色合適的前敵主帥，曾先後考慮過多個人選，其中主要有4位：

第二節　平壤大戰（上）

第一位，劉銘傳。淮軍宿將，是第一任臺灣巡撫。他曾在臺灣抗法戰爭，功績卓著，是比較合適的主帥人選。李鴻章本著淮將統淮軍的原則，最先提出任用劉銘傳。但劉以重病為由，不肯出山。李鴻章多次勸駕，也無效果。據傳劉深知即使目前對日開仗，不久即會主和，故有「知和議在即，我絕不出」之語。這才是他不肯出山的主要原因。

劉銘傳

第二位，劉錦棠。湘軍宿將，是第一任新疆巡撫。他曾隨左宗棠西征，在收復新疆之役中建立功勳。當時，帝黨主要成員翁同龢傾向於以湘將統淮軍，以平衡湘淮兩方面。既然劉銘傳不肯應召，便想到了劉錦棠。但李鴻章絕不同意以湘將統淮軍，但又不便明說，就採取婉拒的辦法，在覆電中把朝鮮戰局說得十分有把握，不另派主帥也不會誤事。事實上，劉錦棠當時業已病重，即使朝廷明詔任用，也不能命駕北上，不久就病故了。

第三位，李秉衡。時任山東巡撫，尚未赴任。有帝黨官員提出，請簡派李秉衡擔當此任。中法戰爭期間，李秉衡奉旨暫護廣西巡撫，並督辦廣西後路軍務兼會辦廣西前敵軍務。他雖是文官出身，但善於調和諸將，士氣大振，接連取得了鎮南關和諒山兩次大捷，以此名聲大噪。時人認為，他與馮子材「同得民心，亦同功最盛」。因有此前例，故帝黨頗

第三章　平壤激戰

想倚重於他。此時，李秉衡正來京陛見，翁同龢親自詢問有意與否，他深知駕馭淮軍甚難，以「軍事未諳」辭之。

第四位，宋慶。行伍出身，時為四川提督，但未赴任，統毅軍駐防旅順。宋慶雖非淮軍嫡系，但在北洋駐防有年，也可列入淮系了。故有淮軍官員向李鴻章建議：「目前資歷最深，戰功最著，首推宋祝三（慶）軍門。即可奏請特派督辦朝鮮事務，再以伯行（李經方）星使副之，則淮將無不連成一氣，如我傅相（李鴻章）親臨前敵無異，必成大功。」李經方，字伯行，是李鴻章的嗣子，曾任駐日本公使。因宋慶不是淮軍嫡系，故提出以李經方為副。李鴻章知道以宋慶為主帥，淮軍將領必不服氣，而李經方又素不知兵，且無威望，用他擔任副帥必遭非議，未敢採納這一建議。

其實，帥位久虛，終究是李鴻章的一塊心病，他何嘗不想早點任命主帥，無奈環顧帳下諸將，難有可當此任者。不料，8月23日，葉志超到平壤以後，事情卻發生了戲劇性的變化。本來成歡之戰，葉志超正駐紮公州，不但不設法支援聶士成軍，反率軍北上，一路數次謊報戰功，先是說「倭兵死一千數百名」，後又說「頃探實倭兵將死亡確有3,000內外」。清廷信以為真，傳旨嘉獎，並頒賞銀2萬兩。

葉志超冒功受獎，局外人怎知真相，皆認為葉以寡敵眾，堅忍卓絕，堪稱大將風範，實為主帥的不二人選。當時，李鴻章的主要助手盛宣懷有個三弟，名叫盛星懷，正在盛軍營務處當差，他在葉志超到達平壤當天即以密電稟報：

葉（志超）今日可到，士氣更壯。毅軍奮勇精煉，奉軍和衷協力，盛軍兵亦強悍，惜人心不固。看此情形，非有督辦不可。……弟無知，姑

第二節　平壤大戰（上）

妄言之，兄若顧全大局，務速密告中堂。[033]

這份密稟來得及時，也正合李鴻章的心思。兩天後，即 8 月 25 日，便有諭旨派葉志超為總統，命其「督率諸軍，相機進剿」。可是，聶士成所部最了解葉志超的總統是怎麼得來的，覺得實在不可思議，一軍皆驚。

清廷任命葉志超這樣既恇怯畏敵又慣於飾敗為勝的將領擔任總統，平壤之役的結局也就不問而知了。

戰守兩歧　四大軍既到平壤，又有了主帥，理應急籌戰守之策，在戰略上爭取主動。然而，剛好在此關鍵時刻，從朝廷到前敵，意見極為紛紜，難以取得統一。大致上，有三種意見，即進、守、退。

第一種：進。所謂進，就是揮師南下，進兵漢城。此種意見以光緒皇帝為代表。

早在 8 月初，光緒即電寄諭旨，命李鴻章迅速電催北路入朝各軍「星夜前進，直抵漢城，與葉志超合力夾擊」。四大軍齊集平壤後，又幾次電諭「迅速進兵」，並警告且勿遲緩，「若株守以待，未免坐失事機」。進入下旬以後，光緒見前敵各軍遷延不進，更電寄嚴旨催令進兵：

> 平壤前敵各軍，到者計及萬餘。倭人聞我進兵，亦屢有派兵北赴平壤之信。自應迅圖進剿，先發制人。況各軍到彼休息亦已旬餘，後路來到之兵亦應陸續全到，若遷延不進，坐失事機，致彼漢城之守益固，各處險隘布置益周，剿辦更為棘手。著李鴻章電飭各軍統將，剋期出發，直指漢城，倘敢退縮逗留，即以軍法從事。[034]

第二種，守。所謂守，就是「堅紮營壘」、「先定守局」，實即以守城

---

[033]　《盛宣懷檔案資料選輯之三甲午中日戰爭》上，第 103 ～ 104 頁。
[034]　《中國近代史資料叢刊中日戰爭》，第 3 冊，第 50 頁。

第三章　平壤激戰

為至計。此種意見以李鴻章為代表。

先是在葉志超到平壤之前，李鴻章即透過盛宣懷告誡衛汝貴：「現宜穩守平壤，勿輕敵深入！」所以，每當馬玉崑、左寶貴提出進兵時，衛汝貴總是竭力阻止。到葉志超抵達平壤的當天，盛宣懷又派人持專函告知與李鴻章「熟籌」之策：「目前我兵太單，只可先籌自守，未可躁進失機。各路援軍，總須十月間方能陸續到平（壤）。能遲至冬間進兵，自可操必勝之勢。」衛汝貴知盛函所述乃是李鴻章之意，也向盛宣懷表態說：「貴與曙老（葉志超）同袍誼重，自當竭盡愚鈍，以期共濟。此時東支西吾，萬不敢孟浪進兵。」盛軍是平壤諸軍中最大的一支，有了衛汝貴的表態，李鴻章心裡也就有了底，於是公然與朝廷唱起反調：

目前只能堅紮平壤，扼據形勝，俟各營到齊，後路布妥，始可相機進取。將來若近逼王京（漢城），必如諸將所請，添足三萬人，步步穩慎，乃可圖功。[035]

第三種：退。所謂退，就是退出平壤，回師國門之內。此種意見以葉志超為代表。

葉志超在成歡之戰時不戰而退，現在他的真實意思是仍想不戰而退出平壤，反正李鴻章有「遲至冬間進兵」的話，正可作為退兵的藉口。於是，他召集平壤諸將會商，提出自己退兵的意見：

敵人乘勝大至，鋒芒正銳，我軍彈藥不齊，地勢不熟，不如各整隊伍暫退靉州（遼東），養精蓄銳，以圖後舉。[036]

他沒有料到的是，左寶貴立即怒形於色，反駁道：「朝廷設機器，養軍兵，每歲靡金錢數十萬，正為今日耳。若不戰而退，何以對朝鮮而報

---

[035]　《中國近代史資料叢刊中日戰爭》，第 3 冊，第 44 頁。
[036]　欒述善：《楚囚軼事》。

第二節　平壤大戰（上）

國家哉？」葉志超深知此事非同小可，關係到自己的身家性命，不敢堅持己見，遂作罷論。

在以上三種意見中，李鴻章的守仍是消極防禦，葉志超的退簡直就是逃跑，只有光緒的進尚可算得上一個積極的方案。但是，積極的方案必須有相應的措施來加以貫徹。進的方案剛好忽視了這一點，因而出現了四誤：

其一，命帥非人。任命葉志超為平壤諸軍總統是一個致命的錯誤。曾有官員認為，四川提督宋慶所部毅軍「素精訓練」，建議朝廷責成宋慶赴朝，「相度機宜，剋期深入」。這是一個好的建議。宋慶是一位敢戰之將。毅軍後來成為遼東戰場的主力部隊，打了許多硬仗，也經歷了許多苦戰，其隊伍反而越打越大，就是最好的證明。如果當時清廷不用葉志超而用宋慶，必然會是另一番局面。可惜清廷對此建議未予考慮，以致鑄成大錯。

其二，南軍北撤。本來，按光緒的諭旨，朝鮮南路的蘆榆防軍與北路的四大軍，應「合力夾擊」，收復漢城。這樣，成歡之戰後，蘆榆防軍的動向便成為貫徹諭旨的關鍵。對此，當時官員們有兩種不同的主張：（一）北路四大軍「先行繞道前去，擇地駐紮，相機而動」；南路蘆榆防軍「分投並進，相為犄角」；海軍則游弋「牙山口外一帶，阻其糧道，並聲東擊西，以牽其勢」。（二）「全隊東行，且戰且走，繞歸北路，方是死中求活法。」前者本是正確的主張，而朝廷卻未採納。後者，對蘆榆防軍自身來說，固然是「死中求活法」；對戰爭全局來說，卻是一步死棋。後來的事實便證明了這一點。這又是一大錯。

其三，依軍不行。當四大軍進入平壤後，黑龍江將軍依克唐阿自請親率馬步8營由吉林進入朝鮮咸鏡道，相機進剿。朝廷當即批准依克唐

第三章　平壤激戰

阿的請求。當時，平壤清軍官兵聽到依軍赴朝的消息，深感鼓舞。此議若果能付諸實施，依軍從東路進入朝鮮，與盛、毅等軍遙相呼應，既可切斷從元山到平壤的通路，又可作為游擊之軍分散敵人的兵力，將會有力地配合和支援盛、毅等軍及時採取攻勢，這在戰略上是十分有利的。然朝廷主意不定，朝令夕改，又以奉天防務緊要為名，改諭依克唐阿前赴瀋陽。此諭令前敵將士大失所望，嚴重地影響士氣。

直到9月18日，即平壤大戰後的第三天，依克唐阿又兩獻「暗出奇兵」之計。第一計是趁日軍主力北趨平壤而漢城空虛之際，親率山中獵戶萬人，由吉林直入朝鮮咸鏡道內，「相機繞衍漢城之背，兩面夾攻，掣敵之肘，出其不意而攻其不備」。第二計是從陸路分三路進攻：淮軍近萬人為一路，奉天各軍近萬人為一路；依軍則由吉林「相機暗進，以攻敵之所必就」，並分一隊獵戶「不穿號衣，不張旗幟，各帶乾糧軍械，穿山而進，為聲東擊西之計」。這樣三路「首尾環攻」、「倭人必接應之不暇，敗之必矣」。此計若被採納，必使清軍在戰略上變被動為主動，打亂日軍既定的作戰計畫，是有利於戰局發展的。而清廷卻見不及此，將建議再次擱置。

其四，海軍失策。當時，北洋海軍的進止頗為朝野所關注。日本為順利完成朝鮮境內的作戰，或散布要在直隸登陸的謠言，或派一兩艘艦隻擾襲威海衛，以吸引北洋艦隊遠離朝鮮西海岸。北洋艦隊疲於奔命，卻一無所得，完全陷於被動的境地。曾有官員提出「海軍戰船進攻仁川口敵艦」的建議，也未被朝廷重視。其實，北洋艦隊在此期間完全可以做到這一點，因為當時日本艦隊在此處僅有少數艦隻往來，且多是弱艦，對其發動突然襲擊，必可沉重打擊敵人。如果趁大島混成旅團進攻成歡，而漢城空虛之際再護運10幾營登陸仁川，進襲漢城，也當可唾

手而得。所以，對於北洋海軍來說，關鍵的問題在於能夠制定正確的作戰計畫，掌握戰爭的主動權，這樣必可使朝鮮的戰局為之改觀。可惜的是，中樞的決策者也好，李鴻章也好，都看不到這一點。李鴻章採取「保船制敵」之策，到頭來敵人沒制伏，船也沒保住。

由於上述四誤，光緒皇帝「進」的方案很難貫徹下去，最後還是只能採取李鴻章「先定守局」的辦法了。

第三節　平壤大戰（下）

先是葉志超被委任為諸軍總統，知道此番不是兒戲，便電請盛宣懷轉稟李鴻章，說自己忽得「目眩心跳之症，每日犯數次、十數次不等，眩迷不能自主」，病得很厲害，請准予「開缺回津就醫調養」。盛宣懷回電稱：「朝廷倚托甚重，豈能言退！」

株守待敵　進入9月以後，各方面的消息傳來，知日軍已分路進逼平壤。先前朝廷屢次電催平壤清軍南進，李鴻章都以兵力不足回奏；今見情勢緊迫，這才開始著急，急電葉志超「預備進擊」。葉志超回電卻說：「現平壤不過萬人。陸軍勞費萬端，必有四萬多人，厚集兵力，分布前敵後路，庶可無虞。請籌調添募。」他想的不是如何勝敵，而是如何保護自己。大敵當前，即使「籌調添募」也來不及，豈非望梅止渴？光緒皇帝看了葉志超的電報，深感詫異：「葉志超前在牙山，兵少敵眾，而詞氣頗壯；今歸大軍後，一切進止，反似有窒礙為難之象」，前後判若兩人。他萬萬沒想到，前者只是葉志超的假象，後者才暴露出他懦夫的真面目。

第三章　平壤激戰

葉志超見日軍已向平壤逼近，既不敢主動攻擊，又不敢向北後退，處於躊躇無計之中。到 9 月 12 日，各路日軍已進至平壤近郊，情況萬分吃緊，葉志超召集諸將會議，討論如何部署兵力，加強防禦。最後確定的防禦原則是：劃區防守，相互支援。

這時進入平壤的四大軍，除奉天盛軍已大部調往後路外，盛軍有 4 營，奉軍和毅軍各有 1 營，也都調去防守後路，只剩下 9,500 人。成歡之戰後北撤的蘆榆防軍有 3,500 人。這樣，駐守平壤的清軍尚有 1.3 萬人。當時，葉志超分配給各軍的防守任務是：城南之船橋里一帶，由毅軍及盛軍防守；城北之牡丹臺及玄武門一帶，由奉軍防守；城西七星門一帶，由蘆榆防軍防守。

至此，部署總算就緒，諸將皆按各自的防區駐守，葉志超本人則駐城中排程。實際上，他是推掉指揮的責任，讓諸將各自為戰，株守待敵。

分進合擊　當平壤清軍籌備戰守未妥之際，日軍便採取分進合擊戰術，對平壤發動進攻。日軍進攻部隊包括第五師團全部和第三師團之一部，共 1.6 萬多人。其中，有第五師團本部 5,400 人，由師團長野津道貫中將率領，繞攻平壤城西；第五師團第九混成旅團 3,600 人，由旅團長大島義昌少將率領，攻擊平壤城南；第五師團第十旅團一部，又稱朔寧支隊 2,400 人，由旅團長立見尚文少將率領，進攻平壤城北；第三師團第五旅團一部，又稱元山支隊 4,700 人，由聯隊長佐藤正大佐率領，與朔寧支隊合擊平壤城北。

按照野津道貫預定的進兵計畫，各路日軍於 9 月 14 日皆到達平壤外圍，於 15 日凌晨向平壤發動總攻擊。

船橋挫敵　日軍對平壤的總攻擊，是從城南船橋里開始的。平壤有

第三節　平壤大戰（下）

六門，其南門稱朱雀門。出朱雀門到大同江東岸，有一船橋相連，故習慣上稱東岸為船橋里。沿江迤南，築堡壘3座；其外圍也築堡壘2座。有毅軍1營和盛軍3營在此駐守。

15日凌晨4點，戰鬥開始打響。日軍先用炮火摧毀外圍2座堡壘，然後集中兵力進攻沿江的3座堡壘。這樣，日軍便可透過船橋進抵城下，再轟開朱雀門，平壤城必提前陷落。所以，對於清軍來說，守住三壘就是勝利。於是，雙方展開一場爭奪三壘的激烈戰鬥。這場戰鬥經歷三個階段：

第一階段，堅守三壘。日軍集中兵力進攻船橋里沿江三壘，一面從正面進攻，一面分兵從右側繞攻。這樣，三壘便處於敵人的兩面夾擊之中。與此同時，日軍炮隊還向三壘猛轟，大小火炮不間斷地發射。在日軍的猛烈進攻下，守軍毅、盛兩軍4營雖處於困難的境地，但在馬玉崑和衛汝貴的指揮下頑強搏戰，毫無畏懼之色。

馬玉崑　字景山，原籍安徽蒙城，後遷居渦陽。西元1864年，投宋慶毅軍，充親軍營管帶。後統毅軍4營，兼管全軍營務處。1874年，率軍出嘉峪關，隨左宗棠抗擊阿古柏和沙俄的侵略。左贊其「勇略冠諸軍，倚為靖邊之助」。1889年，經李鴻章奏調北洋，派至旅順駐防。

西元1894年，補授太原鎮總兵。不久，奉調赴平壤，在入朝四大軍中表現最為突出。

面對敵人的強大攻勢，馬玉崑指揮守軍絕不退讓，堅守三壘。這時，江北岸的盛軍也連連發炮支援，軍勢大振。雙方展開了激烈的炮戰。據日方記載：

大小砲彈連發如雨，炮聲隆隆震天撼地，硝煙如雲湧起，遮於面前。原以為敵兵會立即潰散。然而，我軍前進一步，敵軍亦前進一步，

第三章　平壤激戰

彼此步步相互接近。此時，除使炮擊更加猛烈外，亦別無他顧。戰爭愈來愈激烈，乾坤似將為之崩裂。[037]

守軍抵抗之堅決，在日軍將領的意料之外。他們久聞馬玉崑以「剽悍」著稱，今日始知名不虛傳。

這時，天將破曉，東方稍露白色。衛汝貴從北岸瞭望南岸，知敵營所在未占地利，宜乘機而攻之。於是，他當機立斷，親率盛軍兩哨過江作戰。儘管這支生力軍人數不多，卻大幅地鼓舞清軍士氣，聲勢益振。

衛汝貴　字達三，安徽合肥人。早年參加淮軍，隸於劉銘傳，與太平軍和捻軍作戰。捻軍既敗，授甘肅河州鎮總兵。李鴻章對衛汝貴頗為器重，稱其「樸誠忠勇」，留防北洋。歷授山西大同鎮總兵、甘肅寧夏鎮總兵，均未赴任，在北洋統防軍如故。西元1894年8月，衛汝貴率盛軍6,000人進入平壤，成為入朝四大軍中最大的一支。

激戰繼續進行。直到太陽升於東山頂上，雙方陣地形勢更是明顯可見。日軍因缺乏可供隱蔽的良好地物，在強行逼近三壘時暴露目標過大，因此傷亡甚眾。日軍預備隊兩個中隊，由町田實義大尉和林久實大尉分別率領，實行突擊，企圖奪取三壘。壘高一丈二尺，周圍有壕溝繞之，難以靠近。在突擊中，林久實及兩名中尉隊副當場被擊斃。町田實義業已受傷，其隨從扶之，又一彈飛來，兩人皆死。兩中隊日兵始不敢向前，紛紛退回原陣地。

第二階段，絕地搏敵。大島義昌見三壘久攻不下，情況緊急，非常焦慮，繼續激勵部下前去救援。先有日軍一小隊靠近堡壘，守軍斷其後路，又從側面射擊，立即有4名日兵仆地不起。若月曾一郎大尉率隊進援，經過激烈戰鬥終於突進一壘。此壘甚大，中間壘有隔壁，將堡壘一

---

[037]　《日清戰爭實記》，第8編，第6頁。

第三節　平壤大戰（下）

分為二，日軍奪得其一。這時，守軍陷於絕地，無路可退，只能與敵人展開生死搏戰。日方記載當時情況：

> 兩陣相對，銃擊最烈。俄而，清國大軍來襲，（若月）大尉以眾寡不敵，棄壘而退。更又勵眾再三突擊之，死傷甚多，大尉亦被傷。其他將校多死傷，曹長亦乏。兵隊分散於各陣中，士官無一人者。[038]

這時，江北岸清軍透過船橋不斷為南岸守軍運送彈藥，而日軍則彈藥殆竭，士氣更為低落。

日軍見突擊清軍三壘不成，反而死傷累累，又因兩軍處於近距離交戰之中，砲兵無法發炮轟擊，便將砲兵陣地移向右翼，企圖從側面炮擊清軍三壘。守軍見日軍將砲兵陣地移近，突放排炮，彈如飛蝗，日軍大隊長田上覺大尉等3名尉官當即中彈斃死。

第三階段，陣地反攻。 趁日軍陷於混亂之際，馬玉崑和衛汝貴下令發起陣地反攻。日方記其事頗詳，略謂：

> 當是時，清軍善拒善戰，日兵決死當之。部隊甚決心，奮戰甚力。清兵據橋頭堡高處，俯瞰射日兵，堡壘以七連發銃愈加射擊。日兵以單發銃抗之，彈藥缺乏。會清兵一彈來，摩大島義昌肋而過，益張感勢，繞出中央隊左側，將絕日軍後路。義昌憤然蹶然呼曰：「以一死報皇恩，唯在此時而已！」士氣大振。中央隊共右翼隊奮鬥，以當清兵。預備隊亦來合。防戰良久，死傷頗多。於是，聯隊長下無護兵，且其從旅團長者，合旅團將校及從卒，僅十餘人而已。[039]

儘管字裡行間多有美化大島之處，但還是可以從中看出毅、盛兩軍打得多麼英勇頑強，具有何等的英雄氣概！而對於日軍損失之慘重、處境之狼狽，則雖欲蓋而彌彰。

---

[038]　橋本海關：《清日戰爭實記》，卷四，第166頁。
[039]　橋本海關：《清日戰爭實記》，卷四，第167～168頁。

第三章　平壤激戰

時間已過中午，清軍的陣地反攻戰仍在進行之中。雙方都拚命向前，戰鬥越來越趨於激烈，陷於苦戰之中。有位參戰的盛軍官員的記述，正可與日方記述相印證：

分守江東之毅軍與盛軍三營，合力奮威，捨命進擊。敵兵掘溝三條，持槍伏擊。我軍應彈而上，奪溝二條。彼此相距十餘步，捨死不退，擊斃者不知其數，中傷者絡繹不絕。血戰終日，敵兵大敗而逃。[040]

這時已是下午2點半。大島義昌知道部隊全日都未進餐，而且彈藥已快打光，實在無力再進行戰鬥，便下令停止射擊，倉皇撤離戰場。不巧此時驟降大雨，日兵渾身淋透，雨水和傷兵的鮮血混在一起流淌，滿地皆紅。日軍營地到處呈現出一片悽慘的景象。一位親臨戰場的日本隨軍記者不禁發出哀嘆：「此役不克旗下死，嗚呼苦戰船橋里！」

被戰火破壞的船橋里

在這場戰鬥中，清軍以寡敵眾，拚死搏戰，取得了重大戰果。船橋里之戰，是甲午陸戰中清軍打得最好的一次戰鬥，堪稱典範戰例。此

[040]　欒述善：《楚囚軼事》。

第三節　平壤大戰（下）

役，日軍將校以下死 140 多名、傷 290 多名。有兩個中隊，全部的軍官非死即傷；還有一個中隊，除 1 名少尉外，其他軍官也是或死或傷。由此可知當時戰鬥之慘烈，日軍所受打擊之沉重。

上將星沉　平壤城北是平壤之役的另一個主戰場。此時，日軍集中進攻平壤總兵力的近一半，包括朔寧、元山兩個支隊，共達 7,100 人。按預定計劃，兩個支隊於 9 月 15 日拂曉分東西兩路行進，對玄武門外的奉軍堡壘發動鉗形攻勢。

玄武門是平壤的北門，其東北高地曰牡丹臺，據此可俯瞰全城，為城北險要之處。左寶貴率奉軍 3 營駐守玄武門至牡丹臺一線。臺上築堡壘 1 座，臺之東北江岸處築堡壘 1 座，臺之迤西玄武門外又築堡壘 3 座，5 座堡壘互成犄角，共扼城北之谷地。奉軍僅 3 營 1,500 人，面對強敵，既要防守從牡丹臺到玄武門的陣地，又要防守城外的堡壘，這對左寶貴來說，的確是一次極為嚴峻的考驗。

左寶貴　字冠亭，回族。原籍山東齊河縣，其先祖遷至費縣地方集（今平邑縣地方鎮）落戶。自幼家貧，靠皮匠工作為生。西元 1856 年，投身軍旅。歷任守備、游擊、副將。1875 年，奉調駐防奉天。

西元 1889 年，補授廣東高州鎮總兵，仍留奉天統領練軍。1894 年 7 月下旬，奉命率所部奉軍拔隊援朝。8 月下旬，葉志超至平壤，有怯戰之意，想不敵而退出平壤。諸將也有隨聲附和者。左寶貴怒斥道：「若輩惜死，可自去，此城為吾塚矣！」葉志超終未敢擅退。今見大敵當前，情況危急，他已抱必死決心，激勵將士說：

吾輩安食厚祿重餉數十年，今敵失約背盟，恃強侵犯，正好憤忠義，掃盡邊氛，上紓九重東顧之憂，下救萬民西奔之苦。社稷安危，兆

第三章　平壤激戰

在斯時！進則定有異常之賞，退則加以不測之罰。我身當前，爾等繼之，富貴功名，彼此共之。[041]

將士們無不感奮，應聲爭進。

清晨 5 點，元山支隊打響了進攻平壤城北的第一炮。日軍的作戰計畫是分三步進行：第一步，奪取城北的四座堡壘；第二步，強攻牡丹臺地高壘；第三步，進攻平壤城最北的玄武門。

第一步，奪取四壘。元山支隊發起攻擊後，先對奉軍左翼的西壘開始猛攻。左寶貴見此情形，急派一個營上前迎擊，猛放排槍，壘內也頻頻發炮支援。日軍勢將不支，又將兩個中隊投入戰鬥。奉軍奮力搏戰，擊斃一名日軍大尉中隊長及士兵多人。日軍初攻受挫，仗著人多勢眾，繼續猛攻不已。這時，日軍連連發射殺傷力非常強的榴霰彈，都在清軍陣地爆裂，在防禦方面造成非常大的困難。奉軍士兵無法應付從遠處高地發射過來的榴霰彈，只能匍匐在地，或另尋角落躲避。日軍趁此機會，以三個中隊猛攻，接連奪取了奉軍左翼的兩座堡壘。

當元山支隊進攻奉軍左翼堡壘之際，朔寧支隊也向奉軍右翼的東壘發起猛攻。日軍以一個大隊進攻外重東壘，一個大隊進攻內重東壘。左寶貴派出一個小隊進行攔截，並從玄武門上發炮支援。日軍中尉以下 20 多人中彈斃命。但清軍小隊也陷於日軍包圍之中，雖奮勇拚戰，終於寡不敵眾，全部壯烈犧牲。日軍又向外重東壘發起衝鋒。奉軍官兵誓死以戰，跳出堡壘與敵人展開肉搏，50 多名官兵全都戰死在陣地。隨後，日軍又以山炮齊擊內重東壘，其榴霰彈在清軍陣地和堡壘上爆炸開花，奉軍守壘官兵傷亡殆盡，日軍才衝進了城外的最後一座堡壘。

第二步，強攻高壘。上午 8 點，平壤城北的四座奉軍堡壘，全部落

---

[041]　欒述善：《楚囚軼事》。

第三節　平壤大戰（下）

入日軍之手。於是，立見尚文便將朔寧、元山兩個支隊合併，重新部署兵力，分為三隊：以一個大隊的兵力進攻牡丹臺外城；以一個大隊的兵力進攻城後的高地；以兩個大隊出牡丹臺東側繞攻其護牆背後。然後，三支隊伍從三個方向合擊牡丹臺地高壘。牡丹臺東臨大同江，臺高5丈（約16.67公尺），屹立於平壤城之北角，號稱「天設險塹」。臺上守軍配備野炮3門以及速射炮和七連發步槍，火力很強，日軍傷亡甚重，難以接近臺前。8點30分，立見命令日軍兩支炮隊連向牡丹臺轟擊，終將壘壁轟塌。於是，日軍趁勢蟻附而上，攻占牡丹臺。

第三步，進攻北門。日軍攻占牡丹臺後，便將山炮隊移於牡丹臺上，對玄武門及全城都造成很大的威脅。左寶貴正在玄武門上督戰，見牡丹臺陷落，知勢不可挽，志在必死。往日，他每次作戰，總是穿士兵服裝，身先犯陣，如今卻一反常態，穿戴御賜衣冠，站在城上督戰。部下勸他下城暫避，被其斥退。左寶貴已受槍傷，裹創繼續指揮，誓死抵禦。奉軍官兵見狀感奮，無不英勇搏敵。日軍又以大隊在炮火掩護下向玄武門衝擊，接連發起3次衝鋒，奉軍則堅守北門，拚死防戰，巋然不動。「日兵三突之，清兵三退之。」

牡丹臺上的日軍炮隊瞰視此狀，連發山炮，霰彈聚於玄武門城樓，將城門轟毀，日兵遂奪門而入。左寶貴已先中兩槍，仍在城上往來指揮，此刻左胸又被炮擊中，登時仆地不起，將一腔鮮血灑在玄武門城頭。時年58歲。光緒皇帝聽說左寶貴壯烈殉國，親作〈御製祭文〉以表痛悼之情：

方當轉戰無前，大軍雲集；
何意出師未捷，上將星沉？
喑嗚之壯氣不消，倉猝而雄軀遽殉！

第三章　平壤激戰

時人張錫鑾也有詩弔之曰：

屹屹孤城獨守難，祖邦西望客軍單。

大同江上中秋月，長照英雄白骨寒！

詩人既崇敬他孤軍抗敵的愛國精神，又為他抱恨犧牲而屍骨難尋痛惜不已。

平壤城北之戰，奉軍失利原因有三：

其一，兵力懸殊。奉軍在左寶貴的指揮下雖英勇敢戰，但僅有3營1,500人，而日軍的朔寧、元山兩個支隊卻有7,100人，是奉軍的近5倍。雙方兵力過於懸殊，奉軍想要取勝是很困難的。

其二，被動守禦。奉軍與日軍打的是一場陣地防禦戰，只是被動地分兵守禦。而進攻的日軍卻採取機動靈活的作戰方法，每攻一處都是以絕對的優勢壓向奉軍，打一場殲滅戰。所以，在堡壘爭奪戰中，奉軍守壘官兵往往全部戰死，陣地最後才落入敵手。

其三，炮火不敵。使用砲兵是日軍之所長。元山支隊有一個砲兵大隊，配備山炮12門；朔寧支隊有一個砲兵中隊，配備山炮6門。奉軍雖有炮隊一營，配備7.5公分口徑克虜伯炮12門，但炮手則係臨時招募，隨營練習，難成熟手。相形之下，奉軍見絀多矣。尤其是日軍炮隊配有榴霰彈，每到戰鬥的關鍵時刻，必用此彈解決戰鬥。這也是奉軍難以與敵久持的重要原因。

雨夜潰奔　日軍朔寧、元山兩個支隊，雖攻占牡丹臺和玄武門，但仍阻於內城之外，並且付出了傷亡285人的代價。此時，城北雙方繼續處於對峙狀態。對守軍來說，平壤南、西兩個戰場的形勢很好，日軍的進攻連連受挫。尤其是日軍所攜帶的口糧及彈藥即將告罄，而且皆在城外冒雨露宿，處境極其艱難。如果清軍決心堅守，戰事尚有可為。

第三節　平壤大戰（下）

但是，葉志超故態復萌，召集各統領商酌，重申退兵之意，暫棄平壤。諸將中唯馬玉崑一人提出異議：「豈臨敵退縮自貽罪戾哉？」葉志超決心已定，無可挽回，下令一面在城北、城西幾個城門上豎起白旗，一面密傳各營，輕裝持械，連夜退兵。日軍覺察到清軍可能趁雷雨之夜，實施棄城北逃之計，便在城外北行大道兩旁進行埋伏，以便截擊。

當天晚上 8 點後，大雨傾盆，清兵冒雨結隊成群，從城西的七星門和靜海門蜂擁而出，或攀越城牆而下；然後走海岸或取大道而行，向北狂奔。怎知日軍早有埋伏，槍炮排擊，清兵為避敵彈，團集愈緊，死亡愈重。一位親歷此役的盛軍官員用筆記下了當時的悽慘情境：

兵勇冒雨西行，恍似驚弓之鳥，不問路徑，結隊直衝。前軍遇敵擊，只好回頭向後；而後兵欲逃身命，只顧奔前。進退往來，頗形擁擠。黑夜昏暗，南北不分。如是，彼來兵，不問前面是敵人抑是己軍，放槍持刀，混亂相殺，深可憐憫！前行士兵，既遭敵槍，又中己炮，自相踐踏，冤屈誰知？當此之時，尋父覓子，呼兄喚弟，鬼哭神號，震動田野。驚懼無措，非投水自溺，則引刃自戕，甚至覓石碣碰頭，入樹林懸頸。死屍遍地，血水成渠，慘目傷心，不堪言狀！[042]

清軍棄城而走，日軍無須再戰便進入平壤。其後果極其嚴重：

其一，從兵力損失來看。據統計，僅一夜之間，清軍死於潰逃路上的達 1,500 多人，另有 683 人被俘。葉志超一聲令下，白白地損失近 5 個營。

其二，從輜重損失來看。平壤本是計畫中清軍進攻漢城的基地，軍儲甚厚。日軍進入平壤後，繳獲的戰利品有：各類大小口徑大砲 48 門，步騎連發槍、後膛單發槍及其他槍支 1,165 支，砲彈 840 發，槍彈 56 萬

---

[042]　欒述善：《楚囚軼事》。

第三章　平壤激戰

發，稻米 4,600 石，乘馬及馱馬 368 匹，以及其他各種軍用物資無數；金磚及金錠 95 公斤，銀錠 540 公斤，以及日本紙幣和通貨等。計其價值，折合庫平銀當在 1,000 萬兩以上。

其三，從軍隊士氣來看。本來，入朝各軍除豐陞阿一軍外，還是有一定戰鬥力的。但自平壤潰敗後，清軍倉皇北逃，狂奔 500 里，直到過鴨綠江始止。逃回江北後，各軍驚恐未消，餘悸猶存，避敵唯恐不及，已無禦敵的勇氣。故有時人指出：「瘡痍未復，整頓非易。……斷難冀其協力同仇。」從此，清軍元氣大傷，一蹶不振，而日軍的侵略氣焰更加囂張。

懲處逃將　平壤潰敗後，葉志超重演謊報軍情之故技，上奏朝廷「苦戰五晝夜」、「子盡糧絕，退出平壤」。朝廷竟信以為真，免其議處。後有言官揭發他捏造戰功，朝廷始下令查辦，經刑部鞫實，定為斬監候。但他並未被處決，於 1900 年獲釋回里。葉志超受到懲處，固其應得之咎，但朝廷用人不察，以致平壤潰敗，卻是無法挽回的。

最奇特的事情，莫過於衛汝貴連帶受池魚之殃，也被拿交刑部治罪。據刑部上報，衛汝貴的罪狀有三：(一)「臨敵退縮，以致全軍潰散」；(二)「剋扣軍餉」；(三)「縱兵搶掠」。經宋慶查實，前兩條皆是莫須有的罪名。至於最後一條，謂其軍紀不嚴，事誠有之，卻不能說「縱兵搶掠」。結果刑部還是從嚴懲辦，判決斬刑，當天即押赴菜市口斬決。據目擊者稱，衛汝貴臨刑時大呼冤枉，還不知自己究竟身犯何罪。

平心而論，平壤清軍諸將中，除左寶貴已經犧牲外，以馬玉崑和衛汝貴戰功最大。馬玉崑有三功：(一)在船橋里之戰中，成功擊退日軍第九混成旅團的進攻；(二)反對葉志超棄守平壤；(三)是各軍潰退時唯一保持部隊完整無損者。衛汝貴也有三功：(一)搶先進入平壤，避免平壤

提前陷落；(二) 船橋里之戰的前三天，日軍試圖從船橋里西側過江，突襲平壤，衛汝貴指揮果決粉碎其冒險進攻計畫；(三) 在船橋里之戰中，又親自率隊過江支援毅軍，才使此戰之獲勝成為可能。當然，他也有一過，就是贊同葉志超放棄平壤的決定。但整體來看，衛汝貴還是功大於過的。

清廷功罪不辨，對馬玉崑這樣建大功者未見有賞，對衛汝貴這樣功大於過者，卻草率成案，罰不當罪，處以極刑。而寸功未立乃至畏敵怯戰之輩，卻依然得以安享其位。這是多麼不公！怪不得衛汝貴臨刑時口呼冤枉不止，讀史者也不免為之掩卷嘆息了。

第四節　敗績反思

　　平壤大戰是甲午陸戰中最重要的戰役之一，所以平壤清軍敗績的影響是巨大的。一百多年來，論者多有評說，似乎並無多少歧見。但若進一步探討的話，仍可發現有的問題需要重新考慮：平壤清軍敗績是不是必然的不可避免的結局？

　　第一，敗是必然？ 在這次戰役中，中日雙方各有其有利的因素和不利的因素。整體來看，日方在力量上居於優勢，這是沒有問題的。但是，力量在戰爭過程中也有變化其原來形態的可能。船橋里之戰就是最好的例證。當時，日軍主要有三不利：

　　其一，傾巢北犯，後路空虛。 日軍在第三師團主力尚未到達的情況下，主要以第五師團進行平壤作戰。師團主力離開漢城北犯，幾乎傾巢而出，留在漢城及仁川一線的兵力才1,500人，大致上沒有多大的防禦能

第三章　平壤激戰

力。如果清軍堅決貫徹清廷收復漢城的作戰方針，趁此漢城空虛之際，以五六營至十營兵力，在北洋艦隊全力護衛下登陸仁川，突襲漢城，必可成功。日軍北犯部隊後路既被切斷，後援不繼，勢難堅持下去。

其二，冒險進軍，兵家之忌。日軍北犯部隊是分路行進的。在長達半個月的行軍過程中，各支部隊都是單獨行動，身為師團長的野津道貫根本不可能及時掌握各支部隊的情況。由於道路險阻，行軍極為困難。例如：朔寧支隊渡流綠河（大同江支流）時，僅搶到2艘渡船，經過16個小時才全部渡到對岸；師團主力從十二浦渡大同江，一連三晝夜也未全部渡完；元山支隊一路上要經幾道險峻的山嶺，加上風雨如注，或橋絕人馬阻行、或崖崩壓殺兵卒、或馬病倒斃於途。如果按最初的相機迎擊方針，集中兵力擊破敵人，或伏擊於半渡，或截擊於絕嶺，殲其一支或兩支，那麼日軍就會有完全失敗的危險。

其三，口糧匱乏，補給困難。對於北犯日軍來說，最大的問題是糧食匱乏，補給困難。由於朝鮮人民對日軍侵略的抵制，日軍在當地徵集糧食是非常困難的。越到後來越苦於缺糧，大隊長以下只能用稀飯療飢，甚至連旅團長大島義昌本人也多日吃不上米飯。所以，有日本歷史學者認為：

> 這種作戰是極其冒險的。師團主力完全沒有帶常備食物，只有夠吃兩天的乾飯糰和少量彈藥。如果連續激戰兩天以上，那麼彈藥和糧食同時失去補給，只有放棄圍攻，實行退卻。[043]

日軍以上的三個不利因素，表明它發動這次平壤戰役，帶有一定程度的冒險性質。如果清軍能夠執行既定的正確作戰方針，這次戰役是有可能打好的。那麼，為什麼最後以失敗而告終呢？這剛好是需要繼續探

---

[043]　藤村道生：《日清戰爭》，上海譯文出版社1981年版，第116頁。

第四節　敗績反思

討的問題。

第二，何以敗績？主要的問題在於：清軍雖具有使戰爭向勝利轉變的條件，卻沒有掌握，反而出現了一系列重大的失誤，從而導致影響全局的失敗。其最主要的失誤有四：

其一，有將無帥，諸將並立。四大軍入朝後，清廷長期沒有任命有威望的統帥，以致形成了有將無帥、諸將並立的局面。這種情況引起許多有識之士的憂慮。當時，各方面都寄希望於曾在臺灣帶領抗法戰爭的劉銘傳，認為他是最合適的人選，堪任會辦北洋督辦朝鮮事務一職。儘管勸駕者很多，但劉銘傳始終不為所動。他之所以不肯出山，身體有病固然是一個原因，但最主要的原因是他知道朝廷並無與敵久戰的決心，仗一定打不下去，故以病作為推託的藉口。另一個頗為重要的原因是，劉銘傳是一個頗有性格的人，認為朝廷並不真正重視他，所以採取「不降明詔」的方式。據說，他曾對人言：「吾任封疆，即退處，固大臣也。今廷寄等之列將，豈朝廷所以待大臣之義哉？」其不滿之情溢於言表。這也說明清廷任用劉銘傳的態度並不是十分堅決。由於長期有將無帥，缺乏有力的統一首領，諸將各懷意見，未能團結相處，以致耽誤近一個月的時間，未能及時籌備戰守。後清廷委派葉志超為諸軍總統，但他也是徒有總統之名而無其實。在這種情況下，平壤戰役的結局也就不難料定了。

其二，消極防禦，處處被動。消極防禦觀念使清軍深受其害。日軍主將野津道貫料到：「蓋彼極短於野戰，窺其所長，唯有守城之一法耳。」的確如此。本來，四大軍入朝後，有兩次採取攻勢的機會：一是初抵平壤之時；一是日軍分兵進犯平壤而後路空虛之時。對於清軍來說，此時最好的方案是，捕捉戰機，迅速增派大軍，以敢戰之將統之，力爭主

第三章　平壤激戰

動，與敵決戰。退一步說，即使暫不與敵決戰，仍可採取主動，或避實擊虛，攻敵之所必救，或拒敵一支，對敵之另一支轉取攻勢，以各個擊破。若能如此，則日軍進攻平壤的困難將會增加數倍，此役的結局也將會是另一個樣子。而不幸的是，清軍既不敢主動進攻，又頗顧慮後路，以致處處被動，只有堅匿平壤不出，不敢稍離消極防禦的老路。

其三，敵情不明，布防不當。清軍在布防上問題甚多。險要處不置兵嚴守，全軍株守平壤待敵，將戰爭的主動權完全讓與敵人。此其一。將全部兵力的大約四分之一用來保護後路，其中有2,000多人駐於距平壤85公里的安州，從此地到平壤需2天的路程。在兵力不太充足的情況下，抽調如此多的兵力來保護退路，只能削弱平壤的防守力量。此其二。不明敵情，錯誤地猜測日軍的主攻方向，因此專注於城南的防守，而對城北的防守重視不夠。此處的守兵既少，增援部隊又未能及時趕到，是玄武門失守的重要原因之一。此其三。城北所築堡壘既少且近，其北面之高地皆未構築堡壘，致使日軍得以憑據該處有利地形，從容設置砲兵陣地。在敵人炮火的猛轟下，城北的幾座堡壘是很難守住的。此其四。可知日軍在城南受挫，卻在城北得勢，是絕非偶然的。

其四，失敗主義，導致師熸。清軍主將的失敗主義觀念直接導致平壤師熸。葉志超身為諸軍總統，卻畏敵怯戰，毫無抗敵的決心。他幾次請求開缺治病，清廷多方慰勉，諭其安心調養，仍統率全軍合力進剿。他本應義無反顧，激勵將士奮勇搏戰。果能如此，戰事尚有轉機。因為當時經過一天的激戰，日軍只是突破玄武門的外門，一時尚難進城。日軍皆一日未曾進餐，又餓又累，疲憊萬分，已不堪任戰。加上風雨交加，城外露宿，更不利於日軍繼續作戰。若葉志超下定決心拚戰，調集兵力反擊，不僅可將敵兵趕出玄武門，奪回牡丹臺也不是不可能。但

第四節　敗績反思

是,他在此關鍵時刻卻下令撤退,使清軍遭受到極其慘重的損失。對此,身為主帥的葉志超是難辭其咎的。

第三章　平壤激戰

第四章

黃海決戰

第四章　黃海決戰

第一節　戰前態勢

　　黃海海戰是一場大規模的海上鏖兵，也是中日兩國海軍的一次主力決戰。想要全面了解這次海戰，得先從戰前的兩軍態勢說起。

　　日本海軍　日本之有軍艦，始於 1850 年代。當時，日本幕府決定效法歐洲海軍，設廠仿造西式船隻。這是近代日本發展海軍之肇端。

　　西元 1868 年，明治天皇睦仁登基伊始，即聲稱要「開萬里之波濤，布國威於四方」。並諭令軍務官：「海軍為當今第一要務，務必從速建立基礎。」從此開始以發展海軍為中心的擴軍備戰活動。到西元 1874 年，日本有了一支不大的艦隊，蠢蠢欲動，實行軍事冒險，悍然發兵入侵臺灣。後因處境不利，不得不撤軍回國。這次出兵的失敗，使明治政府深感艦船之不足，更進一步抓緊海軍的建設。

　　西元 1884 年，明治政府開始了以 10 年為期的大陸作戰準備活動，一方面大力提高自造艦船的能力、一方面從英、法兩國購進新式大型軍艦。為解決擴充海軍的經費困難，睦仁還曾幾次降諭節省宮廷開銷，每年撥內帑 30 萬元作為造艦費，並令文武官員也各獻其薪俸的十分之一為補充造艦之費。到甲午戰爭前夕，日本海軍已擁有大小艦船 33 艘，總噸位達到 6.4 萬噸。睦仁還先後批准了《戰時大本營條例》和《海軍軍令部條例》，表明日本已經完成大陸作戰的準備，為發動一場大規模的侵華戰爭而躍躍欲試。

　　中國海軍　在中國，倡建海軍的時間並不比日本晚。早在西元 1840 年，林則徐便開始仿造西式兵船。他認為，船堅炮利乃西洋「長技」，我欲防之，必須建立一支「船炮水軍」。但他的建議並未受到朝廷的重視。直到 1860 年代中期，江南製造總局分廠造船，開始創設福州船政局，並

第一節　戰前態勢

同時興建船政學堂，才算是海軍萌芽之始。

其後，海軍分四洋（福建、北洋、南洋、廣東）各自發展，其中唯北洋一枝獨秀，到西元1888年正式成軍，擁有各種艦艇25艘，總噸位達到了3.8萬噸。按《北洋海軍章程》規定，現有「戰艦猶嫌太少」、「似尚未足雲成軍」，還準備陸續添置各種艦隻。北洋海軍成軍之初，號稱「遠東第一」（西方國家海軍除外），其實力是超過日本艦隊的。

北洋海軍提督衙門

然而，好景不長，北洋海軍添置艦隻的計畫並未付諸實施。因為北洋海軍成軍之日，剛好是慈禧太后大修頤和園工程之時。據不完全統計，迄於甲午戰爭，清廷用於頤和園工程的花費為庫平銀1,100萬兩，其中挪用的海防經費為860萬兩。另外，三海工程又挪用海軍經費440萬兩。兩項園工花費合計1,300萬兩。當時，北洋海軍的主要戰艦有7艘，共花銀778萬兩，若將園工花費全部用於購置新艦，再增加一支原有規模的北洋海軍還綽綽有餘，甲午海戰的結局也就會完全不同了。

西元1888年後的6年間，北洋海軍不再添置一艘軍艦，而日本卻平均每年添置新艦2艘，其實力反倒躍居於北洋海軍之上。僅僅6年之後，

第四章　黃海決戰

這支龐大的北洋艦隊竟然折戟沉沙，檣櫓灰飛煙滅，也就不足為奇了。

爭奪海權　在甲午中日海戰中，作戰雙方都在力爭主動，以奪取制海權。所謂制海權，就是艦隊在海上行動的自由權。誰掌握制海權，誰就具有戰略優勢，使對方的海上主動權受到限制。

對於中日兩國來說，在很長的時間內對海權重要性的了解都很匱乏。在中國，海權觀念的萌芽倒是甚早。1840年代，魏源就提出內守與外攻結合的海防戰略，「必使中國水師可以駛樓船於海外，可以戰洋夷於海中」。其後，鄭觀應主張海軍應爭雄於域外，馬建忠則呼籲把中國海防第一線推向外海，化外海為門戶，是海權觀念的進一步發展。但可惜的是，他們的這些構想只是書生議論，並未被決策者所採用。在整個甲午戰爭中，北洋艦隊始終未放棄消極的守口戰略，所以完全不可能爭得海上主動權。

從日本方面看，雖傾國家之力發展海軍，但海權觀念卻十分薄弱。當時，在日本軍界，大都是「陸軍萬能」論者，相信「但有陸軍，已足言戰」。對此，海軍省主事、海軍大佐山本權兵衛提出質疑：「其無能掌握海權者，斯不克制敵以操勝算，此古今東西莫易之義，史乘往例，乃其雄辯明證也。」山本的意見受到日本軍事首領的高度重視，並制定了以奪取制海權為中心的作戰方針。

所以，儘管戰爭尚未開打，但從中日雙方海權觀及海軍戰略的制定看，其優劣高下業已判若天淵了。

海上角逐　豐島海戰後，中日兩國海軍尚未經過決戰，從理論上說，雙方都未掌握制海權，但日本海軍為爭得海上運動的主動權，採取了以下三種方式：

其一，冒掛他國軍艦旗幟。當時有報告稱，日艦在海上往來，經常

掛他國艦旗，但時刻不定。是否的確如此，曾成為一個疑案。戰後，日本海軍軍令部編纂了一部《二十七八年海戰祕史》（以下簡稱《祕史》），卻未刊行，其原稿一直保存在日本防衛研究所圖書館裡。

1994年，即甲午戰爭100週年時，《祕史》被發現，終於揭開這個謎底。《祕史》承認：「為不使敵人覺察我們的偵察行動，特懸掛外國軍艦旗幟。」至此，疑案始成為鐵案。靠冒掛第三國艦旗的手段逃避北洋艦隊的攔截，雖不是光彩的行為，卻使日艦能夠渾水摸魚，毫無顧忌地來往於黃海海域。

其二，擾襲北洋海軍基地。在戰爭初期，日本海軍雖在某些方面占有一定的優勢，但並不意味著就具有戰略優勢，其海上主動權的發揮是受到一定限制的。因此，密切監視北洋艦隊的行蹤並打亂其部署，便成為日本海軍此時的首要任務。為此，日本海軍當局特派日諜宗方小太郎潛伏煙臺，隨時掌握北洋艦隊的動向。另外，命游擊隊諸艦不時游弋於渤海口內外，見北洋艦隊出海時，即擾襲威海衛。這時，清廷怕海軍基地有失，必降旨命北洋艦隊速回。這樣一來，北洋艦隊反而處處被日本牽著鼻子走，海上行動的主動權當然就落入了日本手中。

其三，製造直隸登岸假象。在擾襲威海衛的同時，日本一面派軍艦游弋於渤海，一面散布在直隸海岸登陸的謠言，以示人以假象。清廷也好，李鴻章也好，一時難辨真假，便一下子命令北洋艦隊「盡力剿洗，清洋面為要」，一下子又命令北洋艦隊「速赴山海關一帶，遇賊截擊」，甚至嚴厲告誡：「若再遲回觀望，致令敵艦肆擾畿疆，定必重治其罪！」日方施出一個小小的手段，就使得北洋艦隊疲於奔命，東尋西找而一無所獲，完全處於被動的境地。

日本的上述方式屢屢奏效，使北洋艦隊陷於被動，這也與清朝決策

第四章　黃海決戰

者不能知己知彼，從而不能制定正確的戰略戰術有很大關係。

軍力對比　在甲午海戰中，中日海軍力量究竟孰強孰弱？對此，見仁見智，很難得出統一的答案。通常認為，雙方是在伯仲之間。這是把問題簡單化了。

應該說，北洋艦隊的存在，對日本的確是一個巨大的威懾力量。日本在挑起戰端之前，對這場海上較量究竟鹿死誰手，並無絕對的勝算。因此，在日本海軍內部，出現了「守勢運動」論與「積極主戰」論之爭。兩派的主張都是在比較中日兩國海軍力量的基礎上提出來的，為什麼會出現截然相反的理解呢？不是別的，是比較方法不同，其結論當然就迥然相異了。有兩種比較方法：

其一，艦隊與艦隊比。即日本聯合艦隊與北洋艦隊單獨比較。這是「積極主戰」論者使用的比較方法。按這種比較方法，2,000噸級以上戰艦日本有12艘，北洋艦隊有8艘；1,000噸級艦船日本有9艘，北洋艦隊有5艘。日本占有明顯的優勢。

不僅如此，北洋艦隊除定遠、鎮遠兩艘重型鐵甲艦外，在艦數、總噸位、艦齡、航速等方面比日本皆有遜色，而速射炮一項尤為日方所獨長。故英國遠東艦隊司令斐利曼特（Edward Fremantle）中將評論說：「是役也，無論噸位、員兵、艦速，或速射炮、新式艦，實以日本艦隊為優。」這是實事求是之論。

其二，海軍與海軍比。即總體比較日本海軍與中國的北洋、南洋、福建、廣東四支海軍。按這種比較方法，2,000噸級以上戰艦日本是12艘，中國則有13艘；1,000噸級艦船日本是9艘，中國則有18艘。中國就稍占優勢了。

當時，日本海軍當局之所以對海戰勝負尚感難以預卜，其主要顧慮

有二：第一，對定遠、鎮遠二艦存有畏懼之心；第二，也是最主要的，害怕中國四支艦隊統一編隊，共同對敵。也的確有不少官員建議李鴻章，認為北洋艦隊太勢單力薄，在海上四面受敵，應急調南洋兵輪北來。如果真能及時將南洋 5 艘 2,000 噸級戰艦北調，並抽調南洋、福建大部分 1,000 噸級艦船及廣東 10 幾艘魚雷艇北上的話，那麼，北洋不僅守口有餘，且可分出數隊游弋黃海，甚至進控朝鮮西海岸，從而掌握黃海的制海權。這樣，海戰的結局就會完全不同。

但是，這一正確的建議並未被當局重視和採用。這樣，北洋艦隊只能與日本聯合艦隊獨力作戰。李鴻章後來有一句話：「以北洋一隅之力搏倭全國之師，自知不逮。」雖有推卸責任之嫌，然而說的卻是實情。

尋機決戰　豐島海戰之後，日本海軍一直在作與北洋艦隊決戰的準備。它的準備工作主要分三步進行：

第一，重新改編聯合艦隊。日本海軍當局多次改編聯合艦隊，將所有艦隻改編為四個編隊，即本隊 6 艦、第一游擊隊 4 艦、第二游擊隊 6 艦和第三游擊隊 5 艦。其改編的原則是：（一）加強艦隊的作戰能力。將主力戰艦集中編入本隊和第一游擊隊，以適應與北洋艦隊決戰的需求。（二）有助於牽制北洋艦隊。第二游擊隊 6 艦，多是 1,000 噸級的舊式巡洋艦，根本不堪任戰，而用於牽制還是有用的。

（三）可用於守衛臨時據點。第三游擊隊 5 艦，除 1 艘是 1,000 噸級的木質巡洋艦，其餘都是 600 噸的砲艦，完全不能出海作戰，只能聊備守禦臨時據點，並張揚聲勢而已。

第二，確定臨時的據點。日本聯合艦隊司令官伊東祐亨中將認為，為配合陸軍進攻平壤，發揮海軍的輔助作用，聯合艦隊有必要從朝鮮西海岸一帶前進，並將臨時據點逐步北移。最後確定以大同江口南側之漁

第四章　黃海決戰

隱洞為臨時據點，此處一來正當平壤的出海口，二來靠近預料中的與北洋艦隊決戰的海域。迄於日軍攻占旅順時為止，日本聯合艦隊一直以此為臨時的據點。

第三，尋找北洋艦隊主力。進入9月中旬以後，日本聯合艦隊一面配合陸軍進攻平壤的行動，一面全力尋找北洋艦隊主力之所在。然而經過多日的偵察，始終沒有發現其行蹤。16日，伊東祐亨決定暫時放棄尋找北洋艦隊主力的計畫，率艦隊深入渤海游弋，以向清政府示威。艦隊即將出發前，伊東接到第五師團參謀福島安正的一封急電，使情況有了新的變化。

福島安正　陸軍中佐。他在日本是一個傳奇人物，後升陸軍大將。早在西元1882年，他就被派到中國從事偵察活動。曾任日本駐華公使館武官，於1885年向參謀本部提出一份有關「征清」的〈軍事意見書〉。後調任日本駐德公使館武官。1892年奉調回國時，單騎由彼得堡出發，經蒙古、赤塔、滿洲里等處到達海參崴（符拉迪沃斯托克），歷時484天，跋涉1.4萬公里。1894年被派到朝鮮，任日本侵朝軍第五師團參謀。平壤之戰的前幾天，日軍在大同江上攔截一艘中國木船，搜出一封帶給平壤清軍某官的家書，內有「近日隨營到大東溝登岸」等語。福島認為這是一條十分重要的情報，立即致電向伊東祐亨報告：「刻下敵艦正集中於大孤島港外的大鹿島附近，從事警戒。」

伊東祐亨看到電報大喜，決定改變巡航渤海灣的計畫，立即率本隊6艘、第一游擊隊4艦，以及赤城和西京丸2艦，向黃海北部的海洋島航進。17日傍晌，日艦終於在鴨綠江口外大東溝附近海面發現北洋艦隊。

第二節　海戰始末

9月17日，北洋艦隊與日本聯合艦隊在鴨綠江口外相遇，雙方展開一場生死決戰。這次海上鏖兵，其規模之巨大、戰鬥之激烈、時間之持久，在世界海戰史上也是罕見的。

海戰序幕—— 兩軍相接　先是李鴻章怕平壤清軍後路為日軍所斷，電令北洋海軍提督丁汝昌速率艦隊北上，擔任護運銘軍的任務。16日凌晨，丁汝昌率大小艦艇18艘，護送分乘5艘運兵船的銘軍10營4,000人，向大東溝出發。當天中午，北洋艦隊護衛運兵船抵大東溝口外。因登岸處距江口甚遠，輜重甚多，卸船費時，故延至第二天上午，10營銘軍及炮械、馬匹、糧秣等始全部上岸。

丁汝昌

17日6上午11點多，北洋艦隊發現了日艦。丁汝昌遙見西南方向海面上有黑煙簇簇，斷定必是日本艦隊來襲，於是下令各艦升火，實彈以待，準備戰鬥。此時，丁汝昌、右翼總兵定遠管帶劉步蟾及總教習德籍洋員漢納根，都登上旗艦定遠的飛橋，一面密切注視日艦的動向，一面商議對策。丁汝昌先向停泊在大東溝口外的10艘戰艦傳令，以定遠艦（督船）、鎮遠艦為第一小隊，致遠艦、靖遠艦為第二小隊，來遠艦、經

第四章　黃海決戰

遠艦為第三小隊，濟遠艦、廣甲艦為第四小隊，超勇艦、揚威艦為第五小隊，排成夾縫魚貫小隊陣駛向敵艦。這種陣勢是以小隊為單位，每隊兩艦，位於前者為隊長，其僚艦位於其後方45度線上，相距400碼；各小隊先後魚貫排列，其間距為533碼。

定遠艦

鎮遠艦

致遠艦

第二節　海戰始末

　　須臾之間，從定遠艦上已經能夠看清駛來的日艦共 12 艘。丁汝昌見其來勢凶猛，不敢掉以輕心。為了發揮各艦艦首重炮的威力，他下令改夾縫魚貫小隊陣為夾縫雁行小隊陣。此陣的基本要求是：每小隊位於前者為隊長，僚艦位於其後方 45 度線上，相距 400 碼；各小隊橫向排列，其間距為 533 碼。使用這種陣式，各小隊的排列次序可以有多種變化。丁汝昌所改的夾縫雁行小隊陣，是以第一小隊居中，其餘各小隊則依次按左右交替排成。

　　與此同時，丁汝昌還向各艦管帶發出以下訓令：

　　（一）艦型同一諸艦，須協同動作，互相援助。（二）始終以艦首向敵，並保持其位置而為基本戰術。（三）諸艦務於可能的範圍之內，隨同旗艦運動之。

　　其中，第一條之「艦型同一諸艦」係指姊妹艦而言。在北洋艦隊的 5 個小隊中，除第四小隊的濟遠艦、廣甲艦外，其餘 4 個小隊都是艦型相同的姊妹艦。故此條是要求每小隊兩艦要保持規定的距離，配合作戰。第二條是夾縫雁行小隊陣的基本要求，其特點是前後之艦「彌縫互承」。這樣排列的好處是，前後「皆可轟擊敵船，不至為本軍船隻所蔽也」。因為北洋艦隊各艦的重炮皆設於艦首，舷側又不像日艦那樣裝備有新式的速射炮，所以強調「始終以艦首向敵」，以發揮重炮的威力。第三條是強調全隊集中，進行整體作戰，各艦都不得隨意單獨行動，必須隨旗艦之所向而進擊。

　　北洋艦隊變陣一開始，旗艦定遠先以每小時 7 海里的航速前進，其後各艦都以同一航速繼之。由於後繼諸艦不是做直線運動，而是做斜線甚至弧形運動，故要在同一時間內達到規定的位置，必須完成更大的航程。本來，變陣就需要一定的時間，而當時情況緊急，定遠、鎮遠兩艘

第四章　黃海決戰

鐵甲艦須率先接敵，又不能減速以待後續諸艦，這樣要完成變陣必須花更多的時間。於是，整個艦隊到接近敵艦時，便形成類似「人」字的形狀。參加戰鬥的老水手的回憶，也都證實當時北洋艦隊是以「人」字陣迎戰敵艦的。

變陣後的北洋艦隊 10 艘軍艦，呈「人」字形陣式，破浪前進，就像一把巨大的利刃，插向敵艦群。一場規模空前的海上鏖兵就這樣開始了。

海戰第一回合：勇衝敵陣　海戰的第一回合，從 12 點 50 分到下午 2 點半，歷時 100 分鐘。

中日雙方艦隊相互接近，都想力爭主動。日本聯合艦隊以第一游擊隊的吉野、高千穗、秋津洲、浪速 4 艦在前，本隊的松島（旗艦）、千代田、嚴島、橋立、比睿、扶桑 6 艦繼之，西京丸艦和赤城艦位於本隊左側，直衝北洋艦隊而來，佯作攻擊中堅之勢。雙方逐漸接近後，日艦第一游擊隊突然向左轉變，直奔北洋艦隊右翼而來。12 點 50 分，當雙方相距 5,000 公尺時，定遠發出了黃海海戰的第一炮。3 分鐘後，日艦也開始發炮。於是，雙方艦隊大小各炮，連環轟發，不稍間斷，「嚕吒如鐘聲不絕，海波亦為之沸騰不止」。

右翼被折　當時日艦吉野進至距北洋艦隊右翼之超勇艦、揚威艦 3,000 公尺處，開始炮擊。高千穗艦、秋津洲艦、浪速艦也隨之發炮轟擊。超勇艦管帶黃建勳和揚威艦管帶林履中，指揮兩艦官兵奮勇抵抗，表現出高昂的鬥志。

黃建勳　字菊人，福建永福縣（今永泰縣）人。西元 1867 年，入福州船政學堂駕駛班學習。1876 年，船政學堂派第一批學生出洋，黃建勳入選。1880 年學成回國後，在船政學堂任駕駛教習。旋調至北洋。

第二節　海戰始末

　　西元1887年，升任超勇艦管帶。他平時「為人慷慨，尚狹義，性沉毅，出言憨直，不作世俗周旋之態，而在軍奮勵，往往出人頭地」。在他的激勵下，全艦官兵無不誓死拚戰。

　　林履中　字少谷，福建侯官（今福州）人。西元1871年，入福州船政學堂第三屆駕駛班，學習航海駕駛。1881年，調至北洋。曾赴德國協駕定遠等鐵甲艦，以資學習。1887年，升任揚威艦管帶。他工作認真不苟，而「性情和易」、「藹然可親」，故部屬都很尊敬他。尤為可貴的是，他「勤慎儉樸，能與士卒同艱苦」，士兵視之如父兄，戰時無不拚死效命。

　　超勇艦、揚威艦乃是北洋艦隊10艦中最弱之艦，艦齡已在13年以上，速力遲緩，火力與防禦能力皆差，但仍堅持抵禦，不肯稍退，讓日艦第一游擊隊諸艦造成一定殺傷。據日方記載：一顆砲彈擊中吉野艦，穿透鐵板在甲板上爆炸，打死海軍少尉淺尾重行及水兵1名，傷9名，並引起火災。高千穗艦也中數炮，擊穿火藥庫附近的軍官室，彈片四處飛揚，斃傷多人，並點燃了木板等物。艦上既要處理死者，包紮傷號，又要救火，一時忙亂不堪。秋津洲艦第5號炮座中炮，海軍大尉永田廉平以下5名被擊斃，傷9名。

　　超勇艦、揚威艦雖竭力抗擊，終究敵不過號稱「帝國精銳」的日本第一游擊隊4艦。交火半小時後，超勇艦已中彈甚多，尤其是一顆敵彈擊穿其艙內，引起大火。到下午2點23分，超勇艦漸難支撐，右舷傾斜，海水淹沒甲板，黃建勳隨之墜水。這時，北洋艦隊的左一魚雷艇駛近相救，拋長繩以援之，黃建勳不就而沉於海。時年43歲。

　　揚威艦先已起火，又受傷多處，林履中仍親率千總三副曾宗鞏等奮勇抵抗，發炮擊敵。無奈日本第一游擊隊各艦輪番轟擊，揚威艦傷勢過

第四章　黃海決戰

重，首尾各炮已不能動，而敵炮紛至，艦身漸沉，只能駛離施救，終於擱淺。林履中登臺一望，憤然蹈海，隨波而沒。時年亦43歲。

督船奮威　當日艦第一游擊隊繞攻北洋艦隊右翼之際，日本旗艦松島駛至距定遠艦3,500公尺處，與督艦定遠展開激烈的炮攻。松島一炮擊中定遠艦之桅，桅頂瞭樓與桅桿同墜於海。丁汝昌正在飛橋上督戰，因艦體猛顛而被拋落艙面，身受重傷。但他不肯進艙，繼續坐在甲板上激勵將士奮力抗敵。劉步蟾代為督戰，指揮進退，表現出色。在激烈的炮戰中，松島艦唯一的一門32公分口徑大炮之炮塔被擊中，旋轉設備毀壞，已無法施放。隨後第7號炮位又被擊毀，傷斃多人。松島艦畏懼定遠艦、鎮遠艦的強大砲火，不敢繼續對峙交鋒，便急轉舵向左，駛向定遠艦的右前方。日艦本隊後繼之比睿等艦，因速力遲緩，落後於前方諸艦，遂被北洋艦隊「人」字陣之尖端所隔斷。這樣一來，日艦本隊便被攔腰截為兩段，形勢大為不利。

比睿逃陣　北洋艦隊抓住這一有利時機，向敵艦發起猛攻。此時，比睿艦已經落在本隊的最後，而定遠艦正向它駛來，進逼至距700公尺處。比睿艦見處境危險，不得已向右急轉彎，企圖從定遠艦與靖遠艦的間隙闖過，以與本隊會合，卻受到左右兩面的夾擊，有數名兵曹及炮手斃命。定遠艦從比睿艦右後方發炮猛擊，所放出的30公分半巨彈擊中其下甲板後部，三宅貞造大軍醫以下19人喪生。「俄頃之間，該艦後部艙面，已起火災，噴出濃煙，甚烈甚高，艙內喧囂不息。」直到下午2點，比睿艦才僥倖脫出北洋艦隊的火力網，但已無力戰鬥，只能掛出「本艦火災退出戰列」訊號，向南駛逃。

赤城喪將　赤城艦本是一艘砲艦，速力更為遲緩，不能隨本隊而行，越落越遠，陷於孤立無援的境地。本來，赤城艦還位於比睿艦的左

第二節　海戰始末

後方，當比睿艦脫圍後，北洋艦隊左翼諸艦便向它逼近，發炮猛擊。赤城艦中彈累累，死傷甚眾。尤其是定遠艦後主炮發出的 15 公分口徑砲彈，正中赤城艦橋右側速射炮之炮楯，打死 2 名炮手，其彈片擊穿艦長坂元八郎太少佐的頭部，鮮血及腦漿濺在海圖臺上，染紅了羅盤針。此時，赤城艦死傷已達 28 人，「艦上軍官幾乎非死即傷」，於是轉舵南逃。來遠艦從後追擊，連連發炮，先擊毀其大檣，繼又中其艦橋，擊傷代理艦長佐藤鐵太郎大尉。直到下午 2 點半，赤城艦才逃出作戰海域。

在海戰第一回合中，定遠艦先發制人，打響黃海海戰第一炮。雙方展開激烈的炮戰。北洋艦隊右翼的超勇艦、揚威艦以弱敵強，連傷敵艦，終因力量懸殊，中彈起火，或沉或毀。而北洋艦隊亦將敵陣衝斷，重創敵艦比睿、赤城，使其無力再戰而逃出戰列。

海戰第二回合：背腹受敵　海戰第二回合，從下午 2 點半到 3 點 20 分，歷時 50 分鐘。

遁西京丸　先是比睿艦、赤城艦將逃之際，日本海軍軍令部部長樺山資紀中將乘坐的西京丸艦發出訊號：「比睿艦、赤城艦危險！」其實，西京丸艦本身的情況也不太妙。它先已多次中炮，因其位於本隊之左側，距北洋艦隊較遠，故受傷不重。西京丸艦隨本隊向右轉彎時，其右舷正暴露在北洋艦隊前方。定遠艦、鎮遠艦趁機開炮，一顆砲彈將其氣壓計、航海表、測量儀器等全部擊毀；砲彈還穿過上部甲板，將通往舵輪機的蒸汽管打斷，蒸汽舵輪機因之不能使用。於是，西京丸艦發出「我艦故障」的訊號。由於舵機損壞，它只能使用人力舵，勉強航行。

下午 2 點 55 分，又有一顆砲彈飛來，擊中西京丸艦右舷後部水線，使其出現裂縫，滲進海水。當時，大東溝口外的魚雷艇「福龍」號，見西京丸艦受傷，便駛近攻擊。當駛至距西京丸艦 400 公尺時，福龍先發一

第四章　黃海決戰

枚魚雷，未中。接著又對直西京丸艦左舷發出第二枚魚雷。

此時，西京丸艦已來不及駛避，樺山資紀見之，驚呼：「我事畢矣！」其身邊的將校也都相對默然，目視魚雷襲來。但因目標相距過近，魚雷從艦底深水處通過而未能觸發。這樣，西京丸艦才僥倖地避免艦毀人亡，連忙向南逃逸。

定遠火災　此時，日本艦隊已繞過北洋艦隊的右翼而到達背後，與從右翼回航到北洋艦隊前方的日艦第一游擊隊，形成夾擊之勢。北洋艦隊陷於背腹受敵的境地，情勢十分不利。在此危急時刻，北洋艦隊許多官兵皆懷同仇敵愾之心，繼續與敵搏戰。提督丁汝昌因傷不能站立，而置個人生命危險於不顧，拒絕部下要他進艙養息的規勸，裹傷後始終坐在甲板上激勵將士。「各將士效死用命，愈戰愈奮，始終不懈。」然由於開戰之初，定遠艦的訊號設備被敵艦排炮摧毀，指揮不靈，因此除定遠、鎮遠兩艘姊妹艦還能始終保持相互依持的距離外，其餘諸艦只能各自為戰，伴隨敵艦之迴旋而戰鬥。

戰至下午3點多，定遠艦忽中一炮，「擊穿艦腹起火，火焰從砲彈炸開處噴出，洞口宛如一個噴火口，火勢極為猛烈」。定遠艦上正全力撲滅火災，攻勢頓弱，而火勢益猛，暫時沒有撲滅的跡象。這時，日艦第一游擊隊不失時機地向定遠艦撲來，炮擊愈頻，使定遠艦處在危險之中。在此千鈞一髮之際，鎮遠艦管帶林泰曾命幫帶大副楊用霖駕艦急駛，上前掩護。致遠艦管帶鄧世昌見此情景，為了保護督船，也命幫帶大副陳金揆開足輪機，駛向定遠艦前面，迎戰來敵。於是，定遠艦的火災終被撲滅，得以轉危為安，而鄧世昌乘坐的致遠艦卻因此而受重傷。

壯節殉國　在黃海海戰中，鄧世昌死事最為壯烈，朝野為之震撼。光緒皇帝親賜輓聯曰：「此日漫揮天下淚，有公足壯海軍威。」並諡為「壯

第二節　海戰始末

節」。故鄭觀應有〈憶大東溝戰事感作〉詩云：

東溝海戰天如墨，炮震煙迷船掀側。
致遠鼓枻衝重圍，萬火叢中呼殺賊。
勇哉壯節首捐軀，無愧同袍誇膽識！

鄧世昌　字正卿，廣東番禺（今廣州）人。西元 1867 年，入福州船政學堂駕駛班學習。1880 年，李鴻章聞其「熟悉管駕事宜，為水師中不易得之才」，遂調至北洋差遣。同年，隨丁汝昌赴英接在英國訂造的超勇、揚威二艦。1887 年，再次赴英接致遠等艦回國。每次赴歐，他都利用機會考察西方海軍發展情況，並潛心研究海戰之術。平時精於訓練，治事精勤。經常「在軍激揚風義，甄拔士卒，有古烈士氣。遇忠孝節烈事，極口表揚，悽愴激楚使人零涕」。曾對人言：「人誰不死，但願死得其所耳！」豐島海戰後，他即憤欲進兵，在戰略上爭取主動。並激勵全艦官兵說：「設有不測，誓與日艦同沉！」以表露其與敵決一死戰的決心。

鄧世昌

陳金揆　字度臣，江蘇寶山縣（今屬上海）人。西元 1875 年，考入上海出洋肄業總局，身為官學生被派赴美國學習。回國後，留北洋歷練。歷任揚威艦二副和大副。1887 年，因隨鄧世昌赴英接船有功，調任

第四章　黃海決戰

致遠艦大副。1889年，升任致遠艦幫帶，兼領大副，成為鄧世昌的主要助手。

此番戰於黃海，鄧世昌見督船定遠情況危急，高呼：「吾輩從軍衛國，早置生死於度外，今日之事，有死而已！」於是，致遠艦猛衝向前截住敵艦。在激烈的炮戰中，致遠受傷很重。此時，日艦吉野適至致遠前方。鄧世昌見吉野艦橫行無忌，早已義憤填膺，準備與之同歸於盡，以保證全軍的勝利，便對陳金揆說：「倭艦專恃吉野，苟沉是船，則我軍可以集事！」陳金揆深為感動，開足馬力，直衝吉野艦而來。日艦第一游擊隊見致遠艦奮然挺進，向前衝鋒，便以群炮瞄準致遠艦，連連轟擊，使致遠艦陷於苦戰之中。

下午3點20分，幾顆敵彈幾乎同時擊中致遠艦水線，致使其舷旁魚雷發射管內一枚魚雷爆炸，右舷傾斜。鎮遠艦上目睹致遠艦沉沒情形的美籍洋員馬吉芬（Philo Norton McGiffin）記其事道：

最以勇敢著稱之鄧世昌，早經覺悟已迫於最期，能破敵一艦，斯可以潔此生，故毅然決然殺身成仁之舉。敵彈所發巨砲彈有如雨霰，加之自艦傾斜已甚，致功業垂成之際遽爾顛覆，艦首先行下沉，推進器直現於空中，猶在旋轉不已。惜哉，壯哉！[044]

鄧世昌落海後，其隨從劉忠前來相救，以救生圈付之，拒絕受。左一魚雷艇也及時趕來，高呼：「鄧大人，快上扎桿！」鄧世昌用手示意，不肯獨生。此刻，鄧世昌所養愛犬游到身邊，銜住他的手臂，他將其推開，不料愛犬又回過頭來咬住他的髮辮。鄧世昌誓與致遠共存亡，毅然用力按愛犬入水溺死，自己隨之沒入波濤之中。時年46歲。陳金揆亦同時沉海。時年31歲。艦上管理機務的英籍洋員余錫爾先受重傷，與艦同

---

[044]　馬吉芬：《黃海海戰述評》。

第二節　海戰始末

沉。全艦 200 多名官兵，除 27 人遇救生還外，其餘皆葬身海底。

濟、甲之遁　致遠艦沉沒後，北洋艦隊左翼陣腳之濟遠、廣甲二艦遠離本隊，處境孤危。開戰後，濟遠艦已中敵炮，二副守備楊建洛以下 7 人陣亡，10 多人受傷。濟遠艦管帶方伯謙掛出「本艦已受重傷」之旗。及見致遠艦沉沒，遂轉舵西駛，於下半夜 2 點多遁回旅順。廣甲艦管帶吳敬榮見濟遠西駛，也隨之而逃。夜半時，駛至大連灣三山島外，因慌不擇路而開上石堆，觸礁進水，不能駛出。吳敬榮縱火艦艙，棄艦登岸。兩天後，日艦駛近，開炮將其轟毀。海戰之後，李鴻章參奏逃將稱：

> 致遠沉後，該管駕方伯謙即先逃走，實屬臨陣退縮，應請旨將該副將即行正法，以肅軍紀。廣甲管駕澄海營守備吳敬榮亦隨濟遠逃，至中途擱淺，咎有應得，唯人尚明白可造，可否革職留營，以觀後效。[045]

9 月 23 日，軍機處電寄李鴻章諭旨：方伯謙軍前正法，吳敬榮革職留任。翌日天未明，方伯謙被押至旅順黃金山下塢西之刑場上處斬。

少保捐軀　濟遠艦、廣甲艦逃離作戰海域之時，日艦第一游擊隊曾隨後追擊，因相距已遠而折回，轉而圍攻經遠艦。經遠艦被劃出陣外，勢孤力單，中彈甚多。管帶林永升奮勇督戰，幫帶大副陳榮從旁助之，指揮全艦官兵奮力搏敵，有進無退，「發炮以攻敵，激水以救火，依然井然有序」。

林永升　字鍾卿，福建侯官（今福州）人。因他在此次海戰中「爭先猛進，死事最烈」，清廷照提督例從優議恤，追贈太子少保，故或以「林少保」稱之。西元 1867 年，入福州船政學堂駕駛班學習。1876 年，與劉步蟾、林泰曾、嚴宗光（嚴復）等留學英國，學習海軍。1888 年，林永升赴德國接帶經遠艦回國，升任經遠艦管帶。他為人淳厚善良，在軍中

---

[045]　《清光緒朝中日交涉史料》，卷二十一，第 12 頁。

第四章　黃海決戰

反對肉刑，認為當長官者應以身作則，言傳身帶，因他「待士卒有恩，未嘗於眾前斥辱人，故其部曲感之逾深，咸樂為之死也」。

陳榮　字兆麟，號玉書，廣東番禺（今廣州）人。西元 1873 年，入福州船政學堂第四屆駕駛班，學習航海駕駛。歷任威遠練船二副、康濟練船二副等職。1888 年，幫同林永升赴德駕船回國，以接船有功升任經遠艦幫帶大副。在此次海戰中，他協助林永升督戰，「身先士卒，已受重傷，猶堅立指揮，不少懈」。

戰鬥繼續激烈地進行。吉野等 4 艘日艦死死咬住經遠艦不放，環攻不已。經遠艦以一敵四，毫不畏懼，拒戰良久。日艦第一游擊隊依仗勢眾炮快，以群炮聚於經遠艦。林永升突中敵彈，腦裂仆地，為國捐軀。時年 42 歲。陳榮也中炮陣亡。時年 36 歲。

經遠艦處在「船行無主」的情況下，士兵仍堅守職位，絕不後退一步。此時，經遠艦與日艦第一游擊隊相距不到 2,000 公尺，遭到敵艦的近距離炮火猛轟，尤其是受到吉野艦 6 英寸口徑速射炮的打擊，遂在熊熊烈焰中沉沒。艦身在逐漸下沉，炮手們仍然視死如歸，繼續開炮擊敵，一直堅持到最後。全艦 200 多人中，僅有 16 人遇救生還。

在海戰第二回合中，致遠艦、經遠艦沉，濟遠艦、廣甲艦逃，只剩下定遠、鎮遠、靖遠、來遠 4 艦還在堅持戰鬥，而日艦本隊尚餘松島、千代田、嚴島、橋立、扶桑 5 艦，加上第一游擊隊 4 艦，共有 9 艘戰艦。雙方戰艦的數量對比是 4 比 9。尤其是日本聯合艦隊少了比睿、赤城、西京丸 3 艘弱艦，無疑解除了後顧之憂，更可肆行無忌地放手進攻。所以，在這個回合中，日本聯合艦隊已躍居絕對優勢，而北洋艦隊則大為失利，處境更加困難。

海戰第三回合：力挽危局　海戰第三回合，從下午 3 點 20 分到 4 點

10 分，歷時 50 分鐘。

敵我相持 北洋艦隊雖然居於劣勢，處境極為不利，但定遠、鎮遠、靖遠、來遠 4 艦將士拚死戰鬥，力挽危局，誓與敵人打拚到底。因此，戰場上出現了敵我相持的局面。

葉祖珪 字桐侯，福建侯官（今福州）人。西元 1867 年，入福州船政學堂駕駛班，學習航海駕駛。1876 年，船政派第一屆學生赴歐，葉祖珪入選。翌年春，進英國海軍學校就讀，後又上英國兵船實習，「於行軍布陣及一切戰守之法無不諳練」。1880 年，留學 3 年期滿回國，任炮船管帶。1888 年，赴英國接帶靖遠艦來華，後委帶該艦。

邱寶仁 福建侯官（今福州）人。西元 1867 年，入福州船政學堂駕駛班，學習航海駕駛。1879 年，在英國訂購的鎮東艦等 4 艘砲艦到華，邱寶仁任鎮東艦管帶。1887 年，北洋在英、德訂造的致遠、靖遠、經遠、來遠 4 艦竣工，奏派邱寶仁與鄧世昌、葉祖珪、林永升出洋接帶。

西元 1888 年，4 艦安抵大沽，邱寶仁委帶來遠艦。

下午 3 點 20 分以後，雙方艦隊開始分為兩群同時進行戰鬥：日艦本隊 5 艦纏住定遠艦和鎮遠艦；第一游擊隊 4 艦則專力進攻靖遠艦和來遠艦。伊東祐亨的企圖是：將北洋 4 艦分割為二，先擊沉較弱的靖遠、來遠 2 艦，然後以全艦隊之力合圍定遠艦和鎮遠艦，以期勝利結束戰鬥。因此，進入這一回合後，對於北洋艦隊來說，形勢更為險惡。日本聯合艦隊仗其艦多勢眾，對中國 4 艦又是環攻，又是猛逼，恨不得一下子將其吃掉，早奏凱歌。然而，中國 4 艦巍然屹立，英勇搏戰，使伊東徒喚奈何。

靖、來協同 面對日本第一游擊隊的猛攻，靖遠艦、來遠艦將士打得十分勇敢頑強。這兩艘戰艦儘管艦型不同，而且不是同一個小隊，但

第四章　黃海決戰

葉祖珪和邱寶仁覺察到敵人的險惡用心，深知處境危殆之極，便臨時結成姊妹艦，協同作戰，彼此互相依持，堅持戰鬥到底。

靖遠艦、來遠艦以寡敵眾，苦戰多時，均受重傷。來遠艦中彈200多顆，引起猛烈大火，延燒房艙數十間。駕駛二副謝葆璋等帶領水手們奮力救火。艦上烈焰騰空，被猛火包圍，炮手們依然發射不停。敵炮又將後炮擊毀，僅有首炮繼續應戰。「戰後，來遠艦駛歸旅順，中外人士目睹其損傷如此嚴重，尚能抵港，皆為之驚嘆不置。」靖遠艦也中彈100多顆，尤其是水線為敵彈所傷，進水甚多，情況危急。

在此緊要關頭，撲滅烈火和修補漏洞實為兩艦的當務之急。於是，靖遠艦向來遠艦發出「西駛」的訊號。來遠艦先行西駛，靖遠艦緊隨其後，衝出日艦第一游擊隊的包圍，駛近大鹿島占據有利地勢，終於贏得滅火補漏的時間，這才化險為夷。

中流砥柱　這時，在原先的作戰海域，定遠艦和鎮遠艦還在與日艦本隊5艦進行激烈戰鬥。二艦雖處在5艘日艦的包圍之中，砲彈狂飛，不離左右，但全體官兵毫不畏懼，果敢沉著，堅決抗擊。在敵炮的猛烈轟擊下，「各將弁誓死抵禦，不稍退避，敵彈霰集，每船致傷千餘處，火焚數次，一面救火，一面抵敵」。連日方記載也承認這樣的事實：

> 定遠、鎮遠二艦頑強不屈，奮力與我抗爭，一步亦不稍退。……我本隊捨其他各艦不顧，舉全部五艦之力合圍兩艦，在榴霰彈的傾注下，再三引起火災。定遠甲板部起火，烈焰洶騰，幾乎延燒全艦。鎮遠前甲板幾乎形成絕命大火，將領集合士兵救火，雖彈丸如雨，仍欣然從事，在九死一生中毅然將火撲滅，終於避免了一場危難。[046]

在這場你死我活的搏戰中，儘管戰鬥環境險惡叢生，定遠、鎮遠二

---

[046]　川崎三郎：《日清戰史》，第7編上，第3章，第70～71頁。

第二節　海戰始末

艦將士始終懷著必勝的信心。其中，表現最突出的是定遠艦管帶劉步蟾及鎮遠艦管帶林泰曾、幫帶大副楊用霖。

劉步蟾　字子香，福建侯官（今福州）人。西元1867年，入福州船政學堂駕駛班，學習航海駕駛，勤勉力學，畢業考試第一名。1875年，隨船政正監督法員日意格（Prosper Marie Giquel）赴歐，研習槍炮、水雷技術。翌年冬，船政派遣第一批學生出洋學習，劉步蟾入選。美國遠東艦隊司令斐利曼特對他有兩句評語：「涉獵西學，功深伏案。」曾與林泰曾上〈西洋兵船炮臺操法大略〉條陳於李鴻章，主張加強海軍，採取積極防禦方針，認為「最上之策，非擁鐵甲等船自成數軍決勝海上，不足臻以戰為守之妙」。西元1885年，劉步蟾赴德國督帶定遠等艦回國，任定遠艦管帶。

西元1888年，北洋海軍成軍，授右翼總兵兼定遠艦管帶。

林泰曾　字凱仕，福建侯官（今福州）人。西元1867年，入福州船政學堂駕駛班，學習航海駕駛。1876年，與劉步蟾等同赴英國學習海軍。沈葆楨稱其「深通西學，性行忠謹」。1888年，北洋海軍成軍，授左翼總兵兼鎮遠艦管帶。日本發動甲午侵華戰爭後，他主張採取攻勢戰略，「舉全艦遏止仁川港」，與日本聯合艦隊「一決勝負於海上」。其為人「性沉毅」，而「待下仁恕，故臨事恆得人之死力」。

楊用霖　字雨臣，福建閩縣（今福州）人。西元1871年，投身海軍，上藝新砲艦為船生，從管帶許壽山學習英語及駕駛、槍炮技術。他刻苦好學，用心專一，在工作實踐中成長為一位優秀將領。總教習英籍洋員琅威理（William Metculfe Lang）稱讚他「有文武才，進而不止者，則亞洲之納爾遜（Horatio Nelson）也」。海戰中，他顧左右說：「時至矣。吾將以死報國！」眾皆感動，稱：「公死，吾輩何以生為？赴湯蹈火，唯公

第四章　黃海決戰

所命！」他協助林泰曾指揮，彈火飛騰，血肉狼藉，而神色不動。

在日艦本隊 5 艦的圍攻下，定遠艦與鎮遠艦緊密配合，共同對敵，戰績卓越。定遠艦英籍洋員戴樂爾（William Ferdinand Tyler）目睹全艦官兵的英勇表現，在回憶錄中寫道：

> 炮手及水兵皆激奮異常，毫無畏懼之容。我見一名炮手身負重傷，同伴勸他進艙養息。當我再回到露炮塔時，見他業已因傷致殘，僅包紮一下傷處，依然工作如常。[047]

艦上的洋員也表現得十分勇敢。總管輪法籍洋員阿壁成兩耳震聾，仍然毫不畏避，奮力救火。管理炮務英籍洋員尼格路士（William Negus）見艙面火起，捨生救火，中炮身亡。鎮遠艦對定遠艦的掩護，也功不可沒。據日方記載稱：「定遠艦與鎮遠艦的配置及間隔，始終不變位置，用巧妙的航行和射擊，時時掩護定遠艦，奮勇當我諸艦，援助定遠艦且戰且進。」在炮火紛飛中，鎮遠艦幫辦管帶、美籍洋員馬吉芬和管理炮務、德籍洋員哈富門（Hafmann），都力戰受傷。二艦之所以能夠成為中流砥柱，與日本 5 艦相搏而久持，始終堅不可摧，鎮遠艦的許多官兵作出不少貢獻。

定遠艦與鎮遠艦一靠配合默契，二靠勇敢無畏，終於頂住日艦本隊的猛烈進攻。馬吉芬說：「我目睹之兩鐵甲艦，雖常為敵彈所掠，但兩艦水兵迄未屈撓，奮鬥到底。」斐利曼特也指出：「（日艦）不能全掃乎華軍者，則以有巍巍鐵甲船兩大艘也。」

重創松島　戰至下午 3 點半，當定遠艦與松島艦相距大約 2,000 公尺時，由艦首重炮發出的 30 公分半砲彈擊中松島艦右舷下甲板，造成這艘日本旗艦重大的損傷。據日本隨軍記者寫道：

---

[047]　戴樂爾：《中國事記》，第 55 頁。

第二節　海戰始末

（砲彈）轟然爆炸，擊毀第四號速射炮，其左舷炮架全部破壞，並引起堆積在甲板上的彈藥爆炸。剎那間，如百電千雷崩裂，發生悽慘絕寰巨響。俄而，劇烈震盪，艦體傾斜，烈火焰焰焦天，白煙茫茫蔽海。死傷達 84 人，隊長志摩（清直）大尉、分隊長伊東（滿嘉記）少尉死之。死屍紛紛，或飛墜海底，或散亂甲板，骨碎血溢，異臭撲鼻，其慘淡殆不可言狀。須臾，烈火吞沒艦體，濃煙蔽空，狀至危急。雖全艦盡力滅火，輕重傷者皆躍起搶救，但海風甚猛，火勢不衰，宛然一大火海。[048]

伊東祐亨一面親自指揮滅火，一面命軍樂隊等人補炮手之缺。

到下午 4 點 10 分，松島艦的大火才勉強撲滅，但艦上的設施被摧毀殆盡，唯一的 32 公分半口徑重炮發生故障而不能放，已經喪失戰鬥的能力。於是，松島艦發出「各艦隨意運動」的訊號。隨即竭力擺脫定遠、鎮遠二艦，與其他 4 艘日艦向東南逃逸。

在海戰第三回合中，定遠艦和鎮遠艦在戰局急轉直下的危急時刻，仍能巍然屹立，勇搏強敵，力挽危局，重創敵之旗艦，終於化被動為主動，使日艦本隊不敢久戰而南遁。

海戰第四回合：轉敗為功　海戰的第四回合，從下午 4 點 10 分到 5 點半，歷時 80 分鐘。

松島復戰　日本艦本隊轉舵向東南逃去後，定遠艦和鎮遠艦尾追進逼，使其不得已而回頭復戰。雙方再次打響激烈的海戰。據馬吉芬說：「炮戰之猛烈，當以此時為最。然而，鎮遠射出 6 英寸彈 148 發，彈藥告竭；僅餘 12 英寸炮鋼鐵彈 25 發，而榴彈已無一彈矣。定遠艦亦陷於同一困境。」

與此同時，日本本隊受傷極為嚴重。松島艦不但艙面所有設施蕩然

---

[048]　川崎三郎：《日清戰史》，第 7 編上，第 4 章，第 157 頁。

第四章　黃海決戰

無存，護炮之鐵甲皆被擊碎，一時無法修理，而且炮手及其他人員傷亡甚眾。還有艦體水線以下也連中數彈，只是僥倖未進水沉沒。至於其他各艦，都不同程度地遭到傷損，無一瓦全，已經難以繼續戰鬥。

靖遠升旗　下午5點多，靖遠艦水線進水部位已堵塞妥當，來遠艦大火撲救得力，雖艙面皆已斷裂，但全船之機器及炮械皆尚可用，便一起駛回歸隊。葉祖珪知督船訊號設備已毀，便代替督船升起收隊旗，召大東溝港內諸艦艇歸隊，出港助戰。於是，靖遠艦在前，來遠、平遠、廣丙等艦及福龍、左一兩魚雷艇隨之，尚在港內的鎮南、鎮中兩砲艦及右二、右三兩魚雷艇也出港會合。北洋艦隊的聲勢因之復振。此時已是下午5點半。伊東祐亨見北洋艦隊集合各艦，愈戰愈奮，又怕魚雷艇襲擊，遂掛出「停止戰鬥」訊號，不等第一游擊隊前來會合，便率日艦本隊向南逃去。

在海戰第四回合中，日艦本隊在定遠艦、鎮遠艦的尾追進逼下，不得已回頭復戰，企圖挽回頹勢，但未達到目的。北洋艦隊雖蒙受重大損失，然終於以寡敵眾，轉敗為功，迫使日本聯合艦隊不敢戀戰，向南遁逃。

歷時4小時40分鐘的中日黃海鏖兵，至此乃告結束。

勝負之爭　黃海之戰，舉世矚目，中外輿論評說紛紛。對於這次海戰的勝負，大致有三種說法：

其一，**中國敗績**。戰後，李鴻章接倫敦來電，內稱：「在鴨綠江口開仗，中艦沉毀者四，餘艦均受重傷，兵勇死傷枕藉，日艦得保凱旋。」

其二，**中國小勝**。某在華洋員認為：「（中日雙方）雖互有損傷，而倭船傷重先退，我軍可謂小捷。」說北洋艦隊成功地抵禦日本的進攻，逼使其率先遁逃，固然不錯，但又說雙方「互有損傷」，並特地強調「倭船傷重」，卻不提中國損艦情況，是很不全面的。

第二節　海戰始末

　　其三，勝負未決。美國著名海軍史專家和海軍戰略理論家馬漢（Alfred Thayer Mahan）認為：「考慮一下戰鬥結果，可以說，此次海戰尚處於勝負未決之間。……無論從其結果來看，或者作為一次海戰來考慮，要說日本勝利還為時過早。」僅就這一次海戰來說，這樣講當然有一定的道理，但從戰爭的全局看，這樣講未免太簡單化了。

　　必須看到，黃海一戰，北洋艦隊的損失嚴重，喪失大量有生力量，從此難以出海作戰了。

　　第一，艦隻損失。此戰北洋艦隊損失5艦，即致遠、經遠、超勇、揚威和廣甲，而日本艦隊一艦未失。中日雙方艦隻損失完全不成比例。

　　第二，艦員損失。據漢納根猜測，北洋艦隊官兵死傷有1,450人，其中死1,220人、傷230人。漢納根在黃海海戰後，即離開了北洋海軍，他的猜測是憑當時的印象來推測，未免有些誇大。當時在中國觀戰的英國兵部主事蒲雷（Bray）猜測，北洋艦隊官兵死傷近1,000人，其中死約700人、傷為200至300人。這個數字比漢納根所猜測的要少，仍與實際情況有一定距離。現考核各方面的資料，死傷應為729人，其中死642人、傷105人。而日本艦隊官兵的死傷數則為298人，其中死90人、傷208人。就艦員死亡數字而言，北洋艦隊是日本艦隊的7倍多。再看雙方陣亡的軍官情況，日本艦隊死校尉銜軍官11人，其中包括少佐（校）艦長1人，而北洋艦隊死校尉銜軍官（副將到千總）49人，其中包括副將（等於上校）管帶2人、參將（等於中校）管帶2人及游擊幫帶大副（等於少校）1人，可見其損失之慘重。

　　第三，喪失海權。這次海戰的嚴重後果是，北洋艦隊從此完全喪失對黃海的制海權。北洋艦隊本來就是先天不足的，雖說早在西元1888年就已正式成軍，其實按實戰的要求還不能說真正成軍，因為它可任海

第四章　黃海決戰

戰的軍艦只有鐵甲船 2 艘和快船 5 艘，勉強布陣應敵而已。北洋艦隊在黃海損失了快船 2 艘，回威海港時鐵甲船鎮遠又觸礁重傷，已難以再出海作戰。這樣，可任戰的軍艦只剩下鐵甲船 1 艘和快船 3 艦，已經無法再編隊出海了。此後，北洋艦隊只能游弋於威海與旅順之間，被迫執行「防渤海以固京畿之藩籬」之方針，表明它已完全喪失對黃海的制海權。這也預告著北洋艦隊開始走向最後的覆沒了。

第三節　步蟾改陣

黃海之戰為人們留下許多懸念，有一些公案迄今仍然聚訟不休。最著名的幾樁公案之一，是劉步蟾改陣問題。

這樁公案的緣起，是英籍洋員戴樂爾回國後寫的一部在華回憶錄——《中國事記》。戴樂爾原是英國海軍後備少尉，因在本國不甚得志，來中國海關任緝私船船長，又經海關總稅務司英人赫德介紹，加入北洋海軍，擔任總教習德籍洋員漢納根的顧問兼祕書，後被聘為督船定遠的副管駕。

《中國事記》此書於 1929 年在倫敦出版，書中將劉步蟾寫得極其不堪。如稱：

劉步蟾，總兵兼旗艦管帶而為實際上之提督者，時正籌思，倘或遇敵，將何以自保其皮。……時指揮艦隊排布之信旗已發出。一望即證實予之疑懼。信旗所示，為諸艦相併橫列（line Abreast），以主艦居中；而非如提督與諸管帶所議決，分段縱列。……於是劉步蟾之急智已售，此為其深謀焦思之結果；彼所謀思者非他，當遇敵時，將何以善保其皮也。

第三節　步蟾改陣

　　兩年後，一位歷史學教授將此書譯成中文，刊在1931年4月出版的《東方雜誌》上。後又被收入中國史學會編輯的《中國近代史數據叢刊》之一〈中日戰爭〉卷的第6冊。譯文發表後，受到學術界的注意，被視為研究甲午戰爭史的重要的第一手資料。尤其是其中關於黃海海戰的部分，一直被許多研究者視為信史，在論著中廣泛引用，影響頗巨。

　　戴爾樂是一位親自參加過黃海海戰的洋員，而且當時就在督船定遠上，他的話應該具有一定的權威性，所以使得一些著名的歷史學家也信之不疑。對劉步蟾歷史地位的否定評價似乎成為無可爭辯的定論。

　　展開調查　起初，我對否定劉步蟾的觀點並未產生懷疑。1950年代中期，我正在威海養病，經常洗溫泉浴，有些老人是這裡的常客，他們有時說起「甲午年反鬼子」的事，引起我的很大興趣。以後，我便著手調查，並重點訪問許多尚健在的原北洋艦隊水手和知情者，聽到不少反映劉步蟾的為人和表現的故事。他們對劉都交口稱讚。如定遠艦水手陳敬永說：「劉船主（步蟾）有本事，也有膽量，全船沒有一個孬種！」這怎麼能跟「懦夫」的形象畫上等號呢？於是，我對此論述開始打了一個問號。

　　不久，我找到了時人池仲祐所著《海軍實紀》一書。其中有一篇〈劉軍門子香事略〉，經過反覆閱讀，覺得腦中劉步蟾的形象逐漸完整了。〈劉軍門子香事略〉稱，甲午戰爭爆發前三年，戶部奏準停購船械兩年，劉步蟾認為日本「增修武備，必為我患」，懇陳李鴻章奏請朝廷，按年添購鐵甲船2艘，以防不測。李不應。劉不顧個人安危，憤然力爭道：「平時不備，一旦僨（ㄈㄣˋ，敗壞）事，咎將誰屬？」當時在座者無不大驚失色。池氏評曰：「其憂國之深，忠憤激昂，流露於言詞之間，而不自覺也。」黃海之役，劉因指揮得力，受到廷旨嘉獎。及劉殉國，李鴻章「為

第四章　黃海決戰

之太息,並嘆當日面爭之語不虛也」。在池氏的筆下,劉步蟾分明是一位憂國盡職的愛國海軍將領。池氏也是海軍中人,曾於西元1881年以文案隨丁汝昌赴英接帶超勇、揚威兩艘快船回國,並撰《西行日記》一書以記其事。〈劉軍門子香事略〉所述劉步蟾之事應該不會是向壁虛造的。

但是,池仲祐所述與戴樂爾的回憶之反差,又何其太大!這怎麼解釋?試看在《中國記事》中,戴樂爾對劉步蟾竭盡人身攻擊之能事:一則稱「總兵劉步蟾為一變態之懦夫,不獨臨危喪膽,且用盡機智,不惜任何犧牲以求免之」;再則稱「彼唯一齷齪可鄙之恐懼,彼犧牲他人以圖自全之恐懼,乃棲於瞭望塔內劉步蟾之心中也」;三則稱丁汝昌「禱神祈勝,並祈彼之左右手劉步蟾不致敗渠事」,而劉步蟾則「正籌思,倘或遇敵,將何以自保其皮」。越看越覺得很不對勁。試想,丁汝昌之默祈,戴樂爾何以得知?劉步蟾之籌思,戴樂爾怎能相聞?這不能不令人對其記述的客觀性和真實性產生懷疑。

其後,我在調查中遇到了年近耄耋的李錫亭老人,他向我出示了他所撰寫的一冊手稿,題曰〈清末海軍見聞錄〉。這位老先生是榮成馬山人,曾為謝葆璋幕賓。謝氏是原北洋艦隊來遠艦駕駛二副,戰後任煙臺海軍學校校長。老人與謝氏私交甚厚,相處有年,故十分熟悉北洋海軍掌故。手稿有一段記載劉步蟾稱:

定遠管帶劉子香(步蟾),早年去英國習海軍,成績冠諸生,提前歸國。北洋水師建立之初,一切規畫多出其手。他在大東溝一戰(黃海海戰)中指揮努力,丁汝昌負傷後,表現尤為出色。有誣其怯戰者,特受洋員之蒙蔽耳。……洋員戴樂爾嘗倡議購置智利巡洋快船,交其本人指揮。劉子香聞之,從中梗阻,戴樂爾憤然,每尋機詆毀之。此後,戴樂爾又欲謀總教習一職,亦受阻於劉子香。初,漢納根建議提督,以戴樂爾為其繼任,汝昌未決。劉子香聞此議,力陳戴樂爾之為人,野心

第三節　步蟾改陣

難羈，終將僨事，汝昌韙（ㄨㄟˇ，是）之。戴樂爾乃大憤，益遷怒劉子香。

　　讀之頓時豁然開朗，原來冰凍三尺非一日之寒，戴樂爾對劉步蟾積憤已久，故借撰寫回憶錄一吐為快也。這才是他在行文時處處不忘詆毀劉步蟾的原因所在。

　　這樣，再回過頭來讀戴樂爾的回憶錄，問題便一清二楚了。戴樂爾攻訐劉步蟾的要害問題，是說他擅自改變北洋艦隊既定的陣形，即將魚貫陣（縱陣）擅改為雁行陣（橫陣）。所謂劉步蟾怯戰自保等等指責，都是由此引起的。海戰中北洋艦隊確曾將縱陣變為橫陣，這是否為劉步蟾所擅改呢？答案是否定的。戰後，丁汝昌在呈給李鴻章的海戰報告中就說是他下令變陣的。參加過黃海海戰的濟遠艦幫帶大副何廣成著《冤海述聞》一書，儘管對劉步蟾攻擊甚力，但也並不否認是丁汝昌下令變陣的。劉步蟾身為右翼總兵兼督船定遠艦的管帶，其職位等於北洋艦隊副司令兼參謀長，他代表提督發出變縱陣為橫陣的旗號，完全是他的職責所在，怎麼能指責他本人擅改陣形呢？何況變陣後定遠艦的位置正居於艦隊的最前方，又怎麼可能以此自保？再據當時日本艦隊的觀察紀錄，黃海雙方接仗時，定遠艦正位於艦隊「三角形突梯陣」的尖端，更說明劉步蟾是衝鋒在前的。可見，戴樂爾所謂擅改陣形云云，純屬欲加之罪的不實之詞，有必要加以推倒，為劉步蟾洗刷罪名，還他公道。

　　於是，我心裡突然冒出一個大膽的想法：應該寫篇東西，對劉步蟾重新作出評價。

　　重評風波　我有了重新評價劉步蟾的想法，構思也大致成熟，但拿起筆來卻猶豫了。當時學術界批判風氣盛行，或因某一觀點相左，或因對某一歷史人物評價不同，往往會遭到猛烈的圍攻。想到這種情況，幾

第四章　黃海決戰

次提起筆都沒有勇氣寫下去。

　　1959年，應出版社之約，我正準備撰寫《中日甲午威海之戰》一書。此書內容當然要以甲午威海之役為主體，但此役卻不是突然發生的，不能不交代其歷史背景，這就要提到黃海海戰。那麼，要不要寫劉步蟾？如果打馬虎眼不寫，這樣比較保險，卻未免有違史家的良知；如果按自己的思路照實寫，又怕引火上身，難以招架，後果難料。為此，我躊躇多日，一直拿不定主意。最後，我考慮不能不寫劉步蟾，但確定了兩條：第一，一定要尊重歷史事實，堅持秉筆直書的史家優良傳統，必須要表達自己艱苦探索所得出的觀點，對劉步蟾給予認可。第二，行文時要盡量淡化重新評價劉步蟾的意向，對劉步蟾的認可點到為止，不列舉歷史資料，不展開論述，以免節外生枝，引起麻煩。於是，我在書稿裡便用「奮勇督戰」四個字來概括劉步蟾在黃海之役中的表現。當時，我真是煞費苦心，還自以為我的這種做法很聰明。

　　1960年十月，幾位文藝與電影界人士來到威海，想考察甲午戰爭古戰場，並蒐集相關資料，為寫一部反映甲午海戰的電影劇本作準備。當時，我被安排與他們一起考察，充當導遊並作講解。一連幾天，我陪同一行人憑弔當年的清軍營壘和炮臺遺址，調查戰爭的目擊者和知情人，並特地訪問了北洋艦隊水手陳學海（來遠艦）、苗秀山（鎮北艦）等。那位文藝家興致很高，雖年逾花甲並患有糖尿病，卻沒有絲毫倦容。日間外出考察，每到一處遺址聽我介紹後，他總是就自己所想提出詢問，還覺得談得不夠，晚飯後再留我在他的住處繼續交談，有時談到深夜。

　　他本是我素所敬仰的前輩作家，如今我更被他的不恥下問和執著的精神深深感動，便拿出《中日甲午威海之戰》書稿向他請教。他一頁一頁

第三節　步蟾改陣

地翻著書稿，突然問：「劉步蟾為什麼這樣寫？」他似乎也在思考劉步蟾的歷史定位問題。我詳細地介紹了劉步蟾的主要事蹟：（一）對北洋海軍的建立卓有貢獻；（二）在黃海之戰中堅決搏戰，擊傷敵艦多艘，尤其是重創日本旗艦松島號，使戰局出現轉機，也就是丁汝昌報告所說的「轉敗為功」；（三）後來座艦定遠在威海港中敵魚雷擱淺，便自殺殉職，踐行了戰前「艦亡與亡」的諾言。並且，我坦言自己的觀點，對劉步蟾應該重新評價，給予認同。他點頭表示首肯，還極口讚道：「知恥近乎勇，令人仰止！」他的話使我受到很大的鼓舞，堅定了重新評價劉步蟾的信心。

　　1962 年，一部歷史劇情電影上映，好評如潮。電影劇本執筆者是幾位海軍作家，他們是在話劇《甲午海戰》的基礎上加以改編的。這部電影的主題是應當正確的，但從藝術真實與歷史真實結合的高度來要求，則大有商榷的餘地。電影將劉步蟾塑造為一個貪生怕死的反面人物典型，即其重大的敗筆。因為這對歷史來說既不客觀也不真實，對歷史人物來說更是不公正。於是，我奮筆寫了一篇影評〈「甲午風雲」的得與失〉，其中著重於劉步蟾應該重新評價的問題。不料文章寄出後不久就被退了回來。退稿信語氣比較客氣，認可文章寫得不錯，「有理有據」，卻又表示「不宜發表」。稿件雖未被採用，但我對寫回信的編輯仍然心存感激，他讓我清楚了這篇影評之所以不能發表，並不是因為文章本身的問題，而是文章以外的問題。

　　想用影評的形式提出重新評價劉步蟾的問題未能成功，但這只是一個小小的挫折。好在同一年，我的《中日甲午威海之戰》一書終於出版了。這樣，總算初步實現了重新評價劉步蟾的願望，心裡也得到了一絲寬慰。

　　幸獲共識　1977 年 11 月，「《中國近代軍事史》書稿討論會」在瀋陽

第四章　黃海決戰

舉行，我應邀到會。這次學術盛會，可以說群賢畢集，與會的100多位學者中有不少是近代史研究領域的佼佼者。我是唯一被邀請在大會作專題報告的，我也願意藉此機會公開我對評價劉步蟾問題的理解。於是，我全文宣讀了我所準備的一篇稿子：〈應該為劉步蟾恢復名譽〉。當時會上反應強烈，大會總結認同重新評價劉步蟾是這次研討會的一項學術突破。

正式提出重新評價劉步蟾的問題，引起了一場全國性的學術大討論，從1978年起，對劉步蟾的歷史評價問題分為認同與否定兩派，激烈交鋒，展開了長達數年的論戰。到1982年，論戰算是畫上休止符。劉步蟾究竟是投降派還是愛國將領，經過論戰已經很清楚了。此後發表的一些有關劉步蟾的文章大都持認可的態度。這說明：學術問題的解決不能靠以勢壓人，必須靠深入的研究和討論，只要不心存成見，看事實、講道理，大多數人在這個問題上是能夠取得共識的。

第四節　方案之訟

在黃海海戰引發的若干公案中，若論參與人數之眾多，論爭時間之持久，恐怕要數方伯謙被殺案了。

方氏其人　方伯謙，字益堂，福建侯官（今福州）人。福州船政局後學堂駕駛班第一屆畢業生。西元1876年，閩局首次派海軍學生出洋，方伯謙入選。翌年春，赴英國，入格林威治海軍學院，後上兵船學習。

西元1880年，出洋學習期滿回國。歷任鎮西、鎮北炮船、威遠練船管帶。

第四節　方案之訟

　　西元1885年，調管濟遠快船。1889年，升署北洋海軍中軍左營副將，委帶濟遠快船。1892年，署海軍副將期滿，改為實授。1894年6月，濟遠艦奉派駐泊仁川，以觀日人動向。日本蓄意伺機挑起釁端，業已昭然若揭。於是，方伯謙乃上條陳於李鴻章，建議速添快船，改善裝備，使「彼自聞而震懾」。並主張將艦隊聚零為整，以基地為依託，採取可攻可守的備戰方針，「有事則全隊出北洋游弋，若遇倭船，便於邀擊」，收泊時「依於炮臺，以固北洋門戶，邊疆自不至為所擾」。建言不無可取之處。然書才上，日本便挑起了戰爭。

　　黃海海戰後，李鴻章參奏方伯謙臨陣先逃，其奏曰：

　　查十九丑刻，濟遠先回旅，據稱船頭轟裂漏水，炮均不能施放，情有可疑。茲據丁汝昌查明，致遠擊沉後，該管駕方伯謙即先逃走，實屬臨陣退縮，應請旨將該副將即行正法，以肅軍紀。[049]

　　廷旨允准，方伯謙被處以斬決。時年43歲。

　　方案調查　濟遠管帶方伯謙軍前正法，曾引起海軍內外非常大的震撼。或謂罪有應得，或謂實屬冤案，此案聚訟至今。1950年代，我撰寫《中日甲午威海之戰》一書時，對方伯謙之死採取何種意見，斟酌再三，一時拿不定主意。後來覺得還是要先作調查研究，再下筆不遲。我的調查從四個方面著手進行：

　　第一，水手口碑。我先訪問一些北洋艦隊的老水手，發現方伯謙的口碑非常差。水手們恨其畏敵不前，因方、黃音近，竟幫他取了一個不敬的綽號──「黃鼠狼」。如來遠艦水手陳學海說：

　　定遠、鎮遠、致遠、靖遠、經遠、來遠幾條船都打得很好。日本主船大松島中炮起了火，船上所有的炮都啞巴了。數濟遠打得不行。濟遠

---

[049]　《清光緒朝中日交涉史料》，卷二十一，第12頁。

第四章　黃海決戰

船主姓黃（方），是個熊蛋包，貪生怕死，光想躲避砲彈，滿海亂竄。各船兄弟看了，沒有不氣憤的，都狠狠地罵：滿海跑的黃鼠狼！後來，濟遠船主不聽命令，轉舵往十八家島跑，慌裡慌張地把揚威撞沉了。

當時，在上海出版的英文報紙《字林西報》刊載記者對北洋艦隊水手的訪談，也指出濟遠遁逃之際，匆忙中誤陷淺灘，適揚威因起火脫離戰陣而擱淺於此，彼突然轉舵將揚威撞毀，逃回旅順。又稱：「上岸後，外國乘員表示，此後拒絕這種艦長指揮。」

這位「外國乘員」就是濟遠艦的德籍洋員哈富門。海戰時，艦上共有 8 名洋員，戰後論功行賞，除 2 人陣亡給予獎恤外，另外 5 人也都受到獎賞，唯獨哈富門被排除在獎賞名單之外，因此憤而辭去。

陳學海親歷黃海之役，作戰勇敢，胯下被砲彈皮削去一塊肉，驗二等傷，獲獎銀 30 兩，而從此失去了生育能力，老來無子女，只能靠姪子供養。他的話與《字林西報》的訪談錄相印證，可知不是個人的偏激之言。

第二，洋員反應。當時參加海戰的洋員反應又是如何？這也是必須要了解的。定遠艦上的英籍洋員戴樂爾在戰後曾提及此事，寫道：「濟遠各炮為巨鎚擊壞，以作臨陣先逃之藉口；其後管帶方氏因此事及前此相類之事而喪其顱焉。」所述過於簡略，難窺顛末。幸讀美國傳教士林樂知（Young John Allen）主持並由華人蔡爾康編譯的《中東戰紀本末》一書，其卷四收入參加海戰的「西友」一封來信，內稱：

兩陣相交，方伯謙先掛本船已受重傷之旗以告水師提督；旋因圖遁之故，亦被日船劃出圈外。致、經兩船，與日船苦戰，方伯謙置而不顧，茫茫如喪家之犬，遂誤至水淺處。適遇揚威鐵甲船（快船），又以為彼能駛避，當挷（ㄅㄧㄝˋ，扭轉）舵離淺之頃，直向揚威。不知揚威先

第四節　方案之訟

已擱淺，不能轉動，濟遠撞之，裂一大穴，水漸汩汩（ㄍㄨˇ，水流狀）而入。……方伯謙更驚駭欲絕，如飛遁入旅順口。

這位「西友」其實就是鎮遠艦上的美籍洋員馬吉芬。此信還提到，哈富門回到旅順後，「自言不幸而遇方伯謙」、「從此永不願與之為伍」。信中所述與北洋艦隊水手們所談情況是完全一致的。

第三，日方紀錄。日本聯合艦隊作為參戰的一方，對這次海戰的紀錄也很重要。如日艦第一游擊隊第二艦高千穗某尉官有一份親筆記述，稱：「敵終於不支，四分五裂，全面潰敗。濟遠、廣甲首先向西南敗走。」第一游擊隊旗艦「吉野」號作為首艦，其司令官坪井航三少將的報告說得更為實際詳細：

3點30分，致遠右舷傾斜沉沒。經遠仍在大火中掙扎，而且遭受破損，進退不得。最後敵陣終於全面潰散，各自逃遁。濟遠則先於他艦逃跑。[050]……

這些報告也都指證是濟遠艦先逃的。

第四，方氏自述。濟遠艦逃回旅順口後，方伯謙向水陸營務處道員龔照瑗提出一個報告，敘述戰鬥的經過：

昨上午十一點鐘，我軍十一艦在大東溝外遇倭船十二隻，彼此開炮，先將彼隊衝散；戰至下午三點鐘，我隊轉被彼船衝散。……我軍定遠頭桅折，致遠被沉，來遠、平遠、超勇、揚威四艦時已不見。該輪陣亡七人，傷處甚多，船頭裂漏水，炮均不能放，駛回修理。餘船仍在交戰。[051]

方氏的這段自述，雖是在解釋提前回旅的原因，但也無意中透露濟

---

[050]　《中國近代史資料叢刊續編中日戰爭》，第7冊，第238頁。
[051]　《中國近代史資料叢刊中日戰爭》，第3冊，第128頁。

第四章　黃海決戰

遠艦駛逃時的戰場情況。

　　方氏自述所謂「十一艦」，是指最先迎戰日本艦隊的 10 艦和其後參加戰鬥的平遠艦。致遠艦沉沒是在下午 3 點 30 分。此時，超勇艦已被擊沉，揚威艦起火後駛向大鹿島方向躲避，平遠艦邊戰邊向東進，來遠艦則獨自向日艦比睿進擊，因此在濟遠看來 4 艦「時已不見」。戰場上尚在作戰的「餘船」，只能是定遠、鎮遠、靖遠、經遠、廣甲 5 艦了。其中，廣甲艦隨濟遠艦而逃，經遠艦是在 3 點 52 分開始遭到日艦第一游擊隊的合擊，濟遠艦卻都沒有看到，表明它逃離戰場的時間是在下午 3 點 30 分和 52 分之間，約在 3 點 40 分，比整個艦隊結束戰鬥提前近 2 個小時。

　　中國傳統史學重視多重證明法，既已四證俱全，方伯謙臨陣先逃的罪名是不容置疑了。但我覺得，還應該謹慎從事，因為這裡涉及兩個實際問題：

　　其一，濟遠傷重？據方伯謙自稱，濟遠艦是因「傷處甚多，船頭裂漏水，炮均不能放」，才駛回旅順修理的。李鴻章認為所說「情有可疑」，丁汝昌查明所報不實，是否可信？值得注意的是，哈富門辭職回國路過上海，住宿禮查客寓，滬上各國記者詢問戰事者甚多，當問到濟遠的損傷情況時，他作出了簡短的回答，使我們弄清了三點：（一）濟遠艦僅有 2 門大砲受損，15 公分尾炮 1 門「機器受損，不能運動」，21 公分大砲 1 門「機器也已損壞，炮架不能運動」，並不是「炮均不能施放」。（二）根本未提到「船頭裂漏水」的事，可見乃是子虛烏有。（三）指出「我船雖受傷，並無大礙」，並非傷重到不能繼續作戰的地步。所以，濟遠艦提前回旅的理由是不能成立的。

　　其二，撞壞揚威。關於濟遠艦撞壞揚威艦的問題，也是一個歷史之謎。雖然丁汝昌在報告中說濟遠艦撞壞揚威，北洋艦隊水手陳學海以及

第四節　方案之訟

洋員戴樂爾和馬吉芬也都證實此事，但我總覺得情況還不是十分清晰，不敢輕易相信。這裡明顯擺著一個令人難解的問題：按北洋艦隊的布陣來看，揚威艦位於右翼的陣腳，而濟遠艦則位於左翼的陣腳，兩者相距差不多在4公里左右，是如何相撞的呢？何況濟遠艦是向西南的旅順方向駛逃，又怎麼能與揚威艦相遇呢？日方的紀錄為我們解開了這個謎。〈吉野艦記事〉稱：「濟遠、廣甲向西北方向逃走。」坪井航三的海戰報告更指出，它們「想要經過沿岸淺海逃走」。原來，濟遠艦為了避開日本艦群，並不是直接向西南駛逃，而是向西北淺海處繞行，從而撞到已擱淺在那裡的揚威艦。

揚威艦沉海之際，管帶蹈海而死，幫帶大副鄭文超遇救生還。戰後，李鴻章參奏失職諸將，鄭文超也被追究責任：「當大東溝與倭接仗，該船行駛太遲，致離大隊；及受敵砲彈炸焚之時，又未能極力灌救撲滅，雖為濟遠船碰傷，究因離隊而起，咎有應得。」對其給予「革職留營效力，以觀後效」的處分。這也為濟遠艦撞毀揚威艦提供一個佐證。

花費這麼多的工夫來調查和考證，我才敢在《中日甲午威海之戰》一書中比較放心地寫下這樣一段話：

> 濟遠管帶方伯謙看見致遠沉沒後，膽顫心驚，急忙下令轉舵逃走，倉皇中誤撞揚威船身。揚威先已擱淺，不能轉動，又被濟遠撞一大洞，不久沉沒。

《冤海述聞》　早在方伯謙死後不久，即開始有人為方伯謙鳴冤。「方案」究竟是否冤案？一百多年來聚訟不斷。其始作俑者應屬光緒二十一年（西元1895年）在上海刊印的《冤海述聞》一書，它發出為方伯謙鳴冤之第一聲。此書作者隱去姓名，署款「冤海述聞客」。自此以後，凡為方氏鳴冤者大都引此書為據。但大多數研究者卻對此書內容的真實性表示

第四章　黃海決戰

懷疑，故對其不夠重視。我認為，若不將《冤海述聞》這部書研究透澈，無論對方氏作出否定或認同的評價，心裡都是不能踏實的。這裡必須弄清楚三個問題：

第一，作者為誰？「冤海述聞客」究竟是何許人？長期以來一直是一個謎。史學界比較一致的意見是，此人必是濟遠艦的一位官員。較早即有「身歷者之申述」的猜測。其後，又有人認為，書中「記敘有名有姓，有聲有色，非親臨其境親睹其事者，是無法做到的」。這些話有一定的道理。對此，我曾作過詳細考證，發現這位化名為「冤海述聞客」者就是濟遠艦的幫帶大副何廣成。

何廣成是方伯謙一手提拔的親信。他上濟遠艦不久，便充補艕板三副。西元1892年12月，原濟遠駕駛二副調離，即以何廣成升署。到1893年5月，才半年不到就改為實授。1894年8月，濟遠幫帶大副沈壽昌在豐島海戰中陣亡，其遺缺又以何廣成拔補，成為濟遠艦的副手。數年之內，他連升三級，可謂官運亨通。尤其是身為幫帶大副，何廣成對濟遠艦臨陣先逃也是負有一定責任的，因此化名著書為方氏鳴冤也為自己辯解，這就不難理解了。

第二，史料價值。《冤海述聞》的史料價值如何？人們的看法很不一致。有人認同，認為「其資料尤其珍貴」，相信其真實性。有人否定，認為所述「殊難令人置信」。各走極端。還有人調和其間，認為「此書非盡實錄，但與他書互相參證，亦可窺所述兩次戰役（豐島及黃海）之真相」。這種意見較為可取。此書儘管為方氏辯護，但也可從中看出方氏算得上中國最早的海軍幹練之才，憂心國事，數次上書建言，只是在戰爭的緊急關頭禁不起考驗而做了逃將，對他的過去不能全盤否定。此書作者還是濟遠艦的高級軍官，了解許多局外人所不能道的海戰內幕情況，

第四節　方案之訟

對其所述作一番認真的辨析考證，是會有很高的史料價值的。

第三，寫作目的。何廣成寫此書的目的很清楚，就是要說明方氏是「冤死」，是一樁冤案，故要「紀其戰事顛末，以待當世之公論」。

他用來證明方氏「枉死」的理由主要有三：

其一，全隊未整，督船搶行。「原議整隊後，每一點鐘船行八邁（英里），是時隊未整，督船即行八邁，以致在後四隊之濟遠、廣甲，五隊之超勇、揚威，均趕不及。」、「八邁」約合 7 海里。艦隊變陣需要一個過程，戰時與平時訓練又不同，督船必須當先迎敵，不能減速以待僚艦，因此變陣只能在艦隊運動中完成。何廣成因濟遠「趕不及」而指責督船，是沒有道理的。

其二，炮械全壞，無可應戰。這是濟遠艦臨陣先逃的主要理由：「濟遠中炮數十處，後炮座因放炮不停，炮針及螺釘俱振動潰裂，致炮不能旋轉。前大砲放至數十餘出，炮盤熔化，鋼餅、鋼環壞不堪用船中炮械全壞，無可戰，只得保船西駛。」所述濟遠艦大砲損壞情形，有一定的真實性，也為德籍洋員哈富門所證實。但主要的問題在於：（一）濟遠艦 21 公分前主炮共有 2 門，一門損壞，還有一門可用；（二）艦上還有 47 公釐炮 2 門、37 公釐炮 9 門和金陵造鋼炮 4 門。所以，何廣成所說「船中炮械全壞，無可戰」根本不是事實。後之論者不加細察，就以此為依據，並大為發揮，稱讚方伯謙「千方百計地保存了一條兵艦」、「不僅無罪，而且有功」，就更離譜了。

其三，提前回旅，僅早片時。濟遠艦早回旅順，究竟早了多少時間？何廣成說：「（濟遠艦）以夜四點二刻到旅順，各船以六點鐘亦到，相隔僅片時也。」照此說法，濟遠艦是 9 月 18 日晨 4 點半到旅順，比艦隊提早了一個半小時。這完全不是真實的情況。因為濟遠艦回旅順的

143

第四章　黃海決戰

時間，當時即由旅順水陸營務處上報：「丑刻，濟遠回旅。」丑刻是凌晨2點左右，不是4點半。至於艦隊回到旅順的時間，有丁汝昌的電報為證，也不是早晨6點，而是上午巳時，已經9點了。

戰後，美籍洋員馬吉芬撰文稱：

> 卑怯懦弱的方艦長乘坐的濟遠，敵艦開始射擊後不久即逃出隊外，……該艦於翌晨2點到達旅順，即我艦隊抵港7小時前。[052]

這進一步證明：濟遠艦回旅的時間是丑正（凌晨2點），艦隊回旅的時間是巳初（上午9點），兩者到達時間前後相差7個小時，怎麼能說是「相隔僅片時」呢？

正由於此，後之為方氏鳴冤者也感到《冤海述聞》破綻百出，難以服人，只好另尋出路了。

《盧氏雜記》　又稱《盧氏甲午前後雜記》，是一部手稿，收藏於福建師範大學圖書館。記得1981年11月，我到福州作調查，到該圖書館查閱書目卡片時，發現其書名，即疑其與甲午戰爭相關，想借出一閱。但該校老師跟我的一位老師說，書架上未找到此書。1983年4月，我正為中華書局主編《中國近代史資料叢刊續編》之一的〈中日戰爭〉卷，又想起這本書，於是再次來到福州，想看其史料價值如何，以決定是否收入卷中。還是上次那位老師陪同，他告訴我該書已被借走，借書者出差到上海了。還是無由寓目，怏怏而歸。我心想兩次千里迢迢來此，真與此書無緣也。收入〈中日戰爭〉卷之事，也只好作罷。

不料幾年之後，有人撰文說，在福州發現的《盧氏雜記》稿本，是「不可多得之甲午海戰原始資料」，足以「證明濟遠英勇善戰，廣甲先逃，濟遠的確戰至炮毀無以應敵方退出戰鬥等問題」。這在當時來說，的

---

[052]　《中國近代史資料叢刊續編中日戰爭》，第7冊，第276頁。

第四節　方案之訟

確是一件驚人的消息。於是，為方氏翻案者紛紛發表文章，以此來否定濟遠艦先逃的事實。

我是直到 1986 年 6 月才看到《盧氏雜記》手稿的影印件。作者盧毓英，乃福州船政學堂管輪班學生，西元 1889 年畢業，到廣東海軍任廣甲船管輪。1894 年 5 月為海軍大閱之期，廣甲等船皆至北洋，因留調遣，得以參加黃海海戰。此書並非盧氏當時的記事手稿，而是事後追憶，因已歷年所，難免記憶不清。且其內容有見有聞，聞多見少，以訛傳訛之處所在多有。何況黃海一戰，盧氏雖是參加者，卻因在艙內操作，只在兩軍接仗之初，才「上艙一望」，也不可能真正了解海戰的實際過程，故所述情節多耳食之言。應該說，《盧氏雜記》史料價值甚低，對其可信度要大打折扣，不宜輕率引用，視之為「甲午海戰原始資料」是絕對不行的。

舉一個明顯的例子，就是《盧氏雜記》所述的濟遠逃跑問題。書中這樣寫道：

> 致遠既覆，超、揚既火，廣甲尤膽落，急返棹而逃。……濟遠當敵之衝，迎擊既久，炮多炸裂傾倒，無以應敵，於是亦逃。

據此，有論者得出兩個結論：第一，「廣甲逃離戰場並非在濟遠之後，而是在濟遠之前」。第二，「廣甲在船炮無恙、士卒未傷的情況下帶頭逃跑，屬於臨陣脫逃，而濟遠則屬被迫撤離，更不存在方伯謙駕濟遠先逃、廣甲隨逃的問題」。其實，《盧氏雜記》的這段話，完全是轉述《冤海述聞》，並不是什麼新資料，論者也不認真查證，是一個疏忽。何況〈方氏自述〉已經承認，他駕艦駛退時廣甲艦還在戰場上，廣甲艦又怎麼可能先濟遠艦而逃呢？

由此可以了解：辨析史料，是歷史研究過程的起點和基礎；不從史

第四章　黃海決戰

料的考辨入手，也就談不上科學方法的歷史研究。《盧氏雜記》的歷史價值太低，視之為信史，據以為方氏翻案，是很容易上當受騙的。

愛國將領？進入1980年代後期，由於各方面人士的積極參與，為方氏翻案的勢力越來越猛，使這場學術討論變得有些複雜化。

1991年9月，「甲午戰爭中之方伯謙問題研討會」在福州市召開，更使翻案的勢力達到高潮。

會前，我曾接到邀請函，但因故未能親自到會聆聽。從其後出版的研討論文集看，所收的數十篇文章表現出為方氏聲冤的一邊倒傾向。會議開幕式致辭稱：

大量中外史料證實：方伯謙是中國近代海軍傑出的人才，在捍衛祖國抗擊外侮的甲午海戰中，是英勇善戰的指揮員，絕非逃兵，他蒙冤被責是清政府腐敗沒落所致。國內外的觀點已基本取得一致，這也是學術研討上之一大新聞。

看來，研討會一開始便定調。會後，看到刊出的研討會綜合報導，其結語是：

綜觀方伯謙對北洋海軍的建樹和兩次海戰中英勇善戰的表現，應認為他是中國近代海軍中的愛國將領。

會上的不同聲音，不僅在報導中得不到任何反映，反而被歸入「一致認同」的行列中。既抹殺不同的意見，又不管真實的歷史如何，硬要樹方伯謙這樣一位「愛國將領」，這種做法是不足為訓的。

但是，細閱研討論文集所收的大多數文章，大都是重彈《冤海述聞》和《盧氏雜記》的老調，毫無新意可言，既未提供任何新的資料，也未提出任何創新的見解。唯一值得注意的，是有論者提出了「西戰場」說。

第四節　方案之訟

西戰場說何謂「西戰場」？據論者說，致遠艦沉沒後，濟遠艦非但沒有馬上逃走，反而獨自開闢了一個「西戰場」。此話從何而來？論者的回答很乾脆：「這是任何思維能力健全的人都能得出的推論。」

「西戰場」說一發表，就引起學術界的震驚。因此採訪者頗不乏人，論者又進一步作了詳盡的說明：

致遠久戰沉沒後，濟遠非但沒逃，而是唯一留在西戰場死戰不退和4艘軍艦單獨作戰，苦戰4小時，到下午5：30才由於「無可戰」而退出戰場。⋯⋯日艦怕濟遠後炮，不敢猛追。甲午海戰中國艦隻打得英勇，尤其是濟遠，打得日本人都不敢寫明戰史了。在西戰場打得很好，我們應該宣傳我們艦隊作戰的英勇，不能長他人的志氣。

論者說得娓娓動聽，感人肺腑，無奈只是一個令人陶醉的虛幻的神話。人們不能不佩服這位論者的非凡勇敢和超人想像力，他靠自己健全的思維——「推論」，便推出了一個「西戰場」說。這個「西戰場」竟嚇壞了日本人，連他們的戰史都不敢寫清楚。竊以為，靠虛構的英雄故事唬人，是不能長我們民族的志氣的。

所謂「西戰場」說，完全是靠思維創造的「歷史」，乃子虛烏有，與真實的歷史無涉，無須加以駁辯。但要指出的一點是，評價歷史人物是一項十分嚴肅的學術研究工作，不是兒戲，不能靠嘩眾譁眾取寵，那樣只會把自己引向研究的死胡同。

第四章　黃海決戰

第五章

遼東戰火

第五章　遼東戰火

第一節　分兵犯境

日本挑起這場大規模的甲午侵華戰爭，其志不小。平壤戰役後，日軍已完全控制並占領朝鮮全境，這只是走出「征清」的第一步。日本政府的既定方針，就是深入中國本土作戰，而「經略滿洲」是其侵略計畫的重要組成部分。因此，平壤之戰一結束，日本大本營就決定以第一軍乘勢進犯遼東，向山海關進逼。但又考慮到中國疆域遼闊，人口眾多，即使占領部分土地也難使清帝面縛請降，於是又著手組建第二軍，以備直攻首都北京，迫使清廷簽訂城下之盟。

飲馬鴨水　「鴨水」一詞見於日本詩歌中，指的是鴨綠江。自「征韓論」起，在日本「大陸雄飛」論者中間流行一句口頭禪，就是「飲馬於鴨綠江」。從歷史上看，早在西元1592年（明萬曆二十年、日文祿元年），日本軍隊曾一度占據過平壤。當時，日本太閣豐臣秀吉得意忘形，不可一世，謀劃要在第二年「飲馬於鴨綠江」，進軍中國境內，「席捲明朝四百餘州，以為皇國之版圖」，並永占北京，遷日本國都於此。豐臣秀吉的狂想雖告幻滅，但他的衣缽繼承者卻綿綿不斷。

進入19世紀以後，宣揚大陸擴張者更是所在多有。他們極力鼓吹「養蓄國力，割據易取之朝鮮、滿洲和中國」。1870年代初，日本明治政府便派遣近衛陸軍少佐池上四郎潛入中國東北，成為近代日本遣華間諜之第一人。池上次國後，提出了一份〈滿洲視察覆命書〉。內稱：

滿洲兵備……積弊久生，士氣腐敗，兵士怯懦，常備軍殆成虛名。況朝廷綱紀廢弛，賄賂公行，商民怨嗟，皆屬實情。如此下去，不出數載，清國勢將土崩瓦解，可謂明矣。

池上的〈覆命書〉表明，「飲馬於鴨綠江」並非不可實現的夢想。

第一節　分兵犯境

20年過去了，此番便由日本第一軍司令官山縣有朋大將承擔起「經略滿洲」的重任。山縣有朋出身於長州藩武士之家。明治政府一成立，便被派往歐洲考察西方軍事制度。回國後長期在兵部任職。西元1873年，任陸軍卿。1877年，率兵平定西鄉隆盛叛亂後，山縣在日本軍界的地位更加顯赫。西元1878年，日本設立直隸於天皇的參謀本部，他成為首任參謀本部長。1889年底，出任內閣總理大臣，組成第一次山縣內閣。1890年3月，他丟擲一份〈外交政略論〉，認為面對世界大勢，「僅僅防守主權線已不足以維護國家之獨立，必須進而保衛利益線，經常立足於形勝之地位」，否則「不可望成為完全獨立國家」。同年12月，在國會發表施政演說，又對他的〈外交政略論〉要旨作了進一步的闡明：

　　國家獨立自衛之道，其途有二：第一為守衛主權線；第二為保護利益線。何謂主權線？國家之疆域是也。何謂利益線？即與我主權線的安全緊密相關之區域是也。

為「保衛利益線」，日本就要大力擴軍備戰，以備染指朝鮮和中國。於是，「保衛利益線」便成為爾後日本發動對外侵略戰爭的「理論」根據。正由於此，他被稱為明治以來日本「軍閥王國的始祖」，也是發動大規模甲午侵華戰爭的主要元凶之一。

平壤之戰後，日本第一軍全部到達平壤，總兵力達到30,000人。直到10月22日，其主力才集結於鴨綠江南岸的義州。此時，山縣有朋坐鎮義州城中，下令全軍收起軍旗，減少炊煙，盡量隱蔽兵力，充分養精蓄銳，並加強偵察活動，以選擇最有利的進攻地點。他接到偵察報告稱：

　　敵軍以九連城為總根據地，伸其左翼於虎山及長甸城，張其右翼至安東縣，在鴨綠江沿岸有炮寨營壘數十，幾百面軍旗隨風飛翻，看來總數不下兩萬人。

第五章　遼東戰火

　　經過實地考察，證實了偵察報告的可靠性。山縣認為，虎山是江北的天險，欲進攻九連城，必先拔取虎山，以為立足之地。但直攻虎山似非易事，因此制定了先攻安平河口的計畫。作戰方案既定，他想著即將渡江作戰和略取奉天的情景，尤其是想到「飲馬於鴨綠江」的夙願即將實現，情緒高昂，揮毫寫下一首七言絕句：

　　對峙兩軍今若何？戰聲恰似迅雷過。
　　奉天城外三更雪，百萬精兵渡大河。

　　布防江北　清軍自平壤脫圍後，潰奔而北，直抵義州。李鴻章提出「力保瀋陽以顧東省之根本」的防禦方針，主張不守義州，在江北設置防線，竟得到朝廷的批准。清廷為加強鴨綠江防線，緊急調兵遣將，一面降旨派四川提督宋慶幫辦北洋軍務，帶所部各營往紮九連城；一面諭黑龍江將軍依克唐阿率所部馳赴九連城防禦。於是，宋慶和依克唐阿便成為守衛鴨綠江防線的兩位清軍主帥。

　　宋慶　字祝三，山東蓬萊泊子宋家莊人。少時家貧。及長，投身軍旅，隸登州營。西元1853年，隨營調防安徽，亳州知府宮國勳命為州練長。1862年，統帶毅字3營，是為毅軍之始。1864年，奉調入豫，任南陽鎮總兵。1868年，擢湖南提督。1882年，徙軍旅順。宋慶駐旅順12年，築炮臺，固海防，勤練士卒，當時被稱為「諸軍之冠」。他奉旨赴九連城督師之時，已是75歲高齡，臨行前對部屬說：「此行若不能奏功，一死殉國而已。」此時，邊防諸將皆束手無策，及宋慶至，軍心始定。他受命於國家危急之秋，明知任務艱鉅，難期必勝，而毅然不顧，成為清軍諸將中著名的抵抗派。

　　依克唐阿　字堯山，扎拉里氏，滿洲鑲黃旗人。早年以馬甲入伍從征，積功遷至副都統。西元1881年中俄改訂《伊犁條約》期間，俄國陳

第一節　分兵犯境

兵邊境，吉林戒嚴。烏里雅蘇臺參贊喜昌以依克唐阿知兵，請旨飭令就近募獵戶5,000人，據險分守，自率所部駐琿春。後被命佐吉林軍事。西元1889年，擢黑龍江將軍。日本挑起戰爭後，他自請率部開赴前敵，自謂：「今茲大敵當前，豈可袖手旁觀，自耽安逸？」其部下多獵戶，善避擊，屢以少眾，愈挫愈奮，故一時依軍聲譽遠颺。面對強悍之敵，他堅請率馬步各營赴敵，亦是清軍中抵抗派的代表人物。

這時，集結在九連城一帶的清軍，也有約30,000人。從鴨綠江兩岸對峙的中日兵力看，大致上是相等的。從裝備而論，雙方也差不多。當時，鴨綠江一線清軍擁有大砲90幾門，槍砲彈藥不缺，而且糧秣齊備。尤其是宋慶和依克唐阿兩名主帥，又都是敢戰之將。按理說，鴨綠江防之戰是有可能打好的。但是，這一仗還是失敗了。其主要原因有三：

第一，士氣低落。自平壤潰敗，清軍士氣大為低落。清軍兵力雖不算少，但大部分是平壤逃回的敗軍，其中傷病者2,000多人。各軍驚恐未消，餘悸猶存，避敵唯恐不及，已無禦敵的勇氣。

第二，號令不行。從作戰雙方的軍隊看，日軍是一個編制完整的軍，而清軍則是雜牌軍，按編制分，共包括9支隊伍，各有統將。諸將平時各駐一地，互不隸屬，驕橫已慣，難受約束。故宋慶雖奉旨節制諸軍，但諸將仍多不服調遣。像這樣一支鬆散雜亂的隊伍，怎麼能夠抵禦銳氣迸發的強敵呢？

第三，消極防禦。宋慶和依克唐阿雖有抗敵之心，卻拿不出切實可行的禦敵方案。由於編制雜亂，指揮欠靈，清軍各部只能劃區分守，待敵來攻。這樣，清軍兵力配置西起鴨綠江口，東至鴨綠江上游長甸城附近，防線連綿達50多公里。其右翼以九連城至安東縣為防禦重點，而左翼兵力有限，又分紮6處，愈形單薄。左右兩翼相接處也是防禦的薄弱

第五章　遼東戰火

環節。這種消極的布陣方法，更便利了日軍的進攻和突破。

江防瓦解　鴨綠江防之戰是在10月24日打響的。上午11點多，日軍一支從安平河口涉渡成功，首先突破清軍的防線。當晚，又利用夜幕的掩護在義州城下架起渡江的浮橋。25日黎明，日軍向虎山清軍陣地發動猛攻，雙方展開激戰。清軍兵力過於分散，駐守虎山的毅軍僅500人，敵我眾寡懸殊，難以久持，被迫突圍而出，渡靉河西走。日軍攻占虎山後，又繼續擴大戰果，先後占領了九連城、安東縣、大孤山等地。至27日，3萬重兵防守的鴨綠江防線全線瓦解。

此戰清軍戰死者為495人，其中僅毅軍即有333人，占陣亡人數的七成。日軍才死34人。清軍的武器、彈藥及軍用物資也損失嚴重。據統計，日軍繳獲大砲74門、步槍4,400支、砲彈3萬顆、槍彈432萬顆，以及糧食和其他雜物無數。

鴨綠江防之戰，是清軍第一次在中國本土抗擊進犯的日本侵略者。這一仗雖然敗得很慘，但清軍的將領們，如依克唐阿、聶士成等，卻從失敗中吸取教訓，在以後的對敵作戰中放棄舊的一套戰法，改用機動靈活的戰術，取得很好的效果。

花園登陸　在第一軍突破鴨綠江清軍防線的同時，日本大本營又特命陸軍大臣大山巖大將為司令官，統率第二軍從旅順後路的花園口登陸。

花園口是遼東半島東側的一個小海灣，位於莊河縣（今莊河市）西南，距金州約80公里。據日諜偵察，此處海灣寬闊，細沙為底，適於受錨。且清軍在此並未設防，便於登陸活動。若占領金州，則可扼旅順之背，進而攻占之。然後，由陸路長驅北上，取牛莊，陷瀋陽，並趁勢陸海兩路進攻山海關、北塘及大沽口，以實施直隸平原決戰的作戰方案。

從10月24日開始，日軍第二軍司令部，以及所屬第一師團和混成

第二旅團，共約 25,000 人分批陸續在花園口登岸。其後是運輸大砲、馬匹及輜重上岸。整個登陸活動歷時半個月，清軍並無過問者。

遣諜探察 按日本第二軍的作戰計畫，登陸後的第一個攻擊目標是金州，然後由此南犯，奪取大連和旅順。為進一步探清守軍的防禦設施及布防情況，司令官大山巖下令調集一批留有髮辮的日諜，並親自接見，可見期望之重。這批日諜由第一師團長山地元治中將和參謀長大寺安純少將安排任務。臨行前，山地激勵他們：「為君國效榮！」大寺也反覆叮囑：「此行責任重大，務望完成任務！」

這批日諜共有 6 名：

山崎羔三郎 前曾偵察牙山清軍情況，又調來執行此項任務。奉命偵察旅順要塞。

鍾崎三郎 福岡縣人。西元 1891 年春來到上海，入日清貿易研究所特別班受訓。半年後，被派到蕪湖田中洋行任職，進行各種調查。1894 年 3 月，化名鍾左武，改扮成藥商，奔走於直隸、山東兩省間，偵察渤海灣各處軍事設施及駐軍情況，並進入過旅順要塞。還曾協助日本駐天津武官測量過渤海灣。戰爭爆發後，一度潛伏天津，又潛往山海關一帶活動。後經上海回國。

藤崎秀 鹿兒島縣人。畢業於上海日清貿易研究所。戰爭爆發後，被召回國。是年 9 月，被編入第一師團，從事特殊任務。他與鍾崎一起，奉命偵察金州城及大連炮臺。

豬田正吉 福岡縣人。上海日清貿易研究所畢業後，在上海日華洋行任職。是年 8 月，被召回國，參加第一師團。

大熊鵬 福岡縣人。畢業於上海日清貿易研究所。是年 7 月，奉命化裝潛伏上海，屢次冒險向日本傳遞軍事情報。回國後，被派到第一師

第五章　遼東戰火

團，從事特殊任務。他與豬田一起，被派往大孤山一帶偵察。

向野堅一　福岡縣人。上海日清貿易研究所畢業後，曾在長江沿岸調查。戰爭爆發後，被召回廣島大本營，派到第一師團司令部。他的任務是偵察普蘭店、復州一帶的清軍設施情況。

日本間諜的偵察活動進行得並不順利。上岸不久，山崎、鍾崎、藤崎三人即先後被清軍哨兵捕獲，押至金州副督統衙門，以間諜罪處以斬刑。

豬田、大熊二人上岸後，則下落不明，生不見人，死不見屍。他們的失蹤成為一個謎，引起不少人的猜測，但皆認為性命不保。戰後，日本政府將二人按「烈士」待遇，記其功，敘勳八等，賜白色桐葉章。在京都若王寺的「征清殉難烈士碑」上，也鐫刻了二人的名字。其實，二人根本不是死於清軍之手。據我考證，豬田化名福岡竹之助，被毅軍捕獲後表示願意歸順，宋慶收在帳下，隨同與日軍作戰。後在田莊臺之戰中被日軍炮火擊中身亡。大熊是被奉軍俘虜，留置營中，予以厚待。他心存感激，曾寫有「河漢洗兵器，乾坤日月新」的詩句，表示對和平的期待。戰後中日兩國交換俘虜，大熊在解送途中不幸染瘟疫身亡。日本政府在二人生死不明的情況下，竟為其敘功授勳，賞給「烈士」榮名，完全是為了推行其侵略擴張政策的需求。

向野最為僥倖，他先是被當地民眾抓住，在押送途中逃脫；又因迷路，被清軍騎兵捕問，以有髮辮得免。於是，他順利地進入金州城，詳察城內外之虛實，歸報大寺安純，為日軍進攻金州提供重要情報。

石門阻敵　日軍第一師團是進攻金州的主力，登陸之初雖未遇到抵抗，但在其後行進途中還是不斷地遭到抗擊。

首先，百姓襲擊。日軍所到之處，常遭當地居民的襲擊。如在貔子窩附近，一日軍哨兵被該村鐵匠用木棒猛擊頭部，打成重傷。農民徐三

第一節　分兵犯境

趁夜色進入日軍營地，用長矛刺死日軍通譯官藤城龜彥。日軍前鋒到亮甲店、陳家店一帶活動，曲家村村民陳寶財帶領村民 40 多人，埋伏在鳳凰山落鳳溝裡，乘敵不備，襲殺日兵多人。農民高武號召 800 多戶農民，專門在夜間襲擊日軍駐地。獵戶姜二還在日軍的行軍路上多處挖掘類似打狼的大坑，地面偽裝如常，致使日軍馬隊連續跌入坑內，多有死傷。日軍擔心隨時遭到百姓襲擊，沿途警戒，故行進速度十分緩慢。

其次，巡哨伏擊。清軍派出去的巡哨，一旦發現日軍小隊，必定設法伏擊。如拱衛軍右營左哨隊長童福霖，發現日軍小隊長山崎正滿少尉率探騎 9 名，到大和尚山附近活動。他立即設置口袋形包圍圈，將抬槍隊埋伏在正面，洋槍隊隱蔽在左右山坡上。日兵進入口袋後，抬槍隊先行開火，將兩騎擊倒，餘騎向坡東轉去。洋槍隊隨之射擊，日兵又向迴轉，如此往返數次，9 名騎兵中共有 6 人被擊斃、3 人被俘。僅山崎正滿一人逃走。

再次，清軍抗禦。日軍第一師團第一次遇到的正式對手，是正定鎮總兵徐邦道所率的拱衛軍。

徐邦道　字見農，四川涪陵（今重慶市涪陵區）人。早年參加楚軍，積功遷至副將。後轉入淮軍，隸於直隸提督劉銘傳。西元 1880 年，調駐天津軍糧城。1889 年，授正定鎮總兵。甲午戰爭爆發後，奉命招募拱衛軍 5 營，後又招募 1 營，共成 6 營 3,000 人。到 10 月間，大連灣日漸緊張，徐邦道率部乘船赴援。日軍從花園口登陸後，金州副督統連順感到守城制兵僅 1 營 500 人，難禦大敵，多次電奉天及北洋告急，覆電皆稱無兵可援。在此危急時刻，徐邦道挺身而出，表示願盡一切力量，不分畛域，同心協力，共籌戰守。遂率部到金州城東大道上的石門子設置防禦，以堵截日軍之來路。

第五章　遼東戰火

11月5日上午11點多，日軍第一師團前衛部隊進至劉家店，探知清軍在石門子高地構築炮壘，其左右皆有步兵守禦，決定發起進攻。日軍各隊進逼清軍炮壘，拱衛軍努力防戰。日軍在拱衛軍的猛烈射擊下，只能躲避在谷間岩石後，與之相應。日方記載說：

> （此戰猶如）轟雷閃電，彈彈相擊，硝煙競漲，激烈猛擊，尤為雄壯。然而，敵軍占據天險，由高壘俯射，我軍則由低處仰射，本來難易懸殊，而失地利之宜。遂停止左側的警戒，而轉移至金州大道與復州大道之間露宿。[053]

此時已是晚上8點鐘。這次戰鬥共打了9個小時，拱衛軍終於粉碎了敵人的進攻。

金州失守　當石門子激戰時，山地元治亦來到附近，曾登上山頭瞭望戰況。他看到拱衛軍的防禦重點在正面，人數雖少，頗據要衝，致使進攻為所瞰制，而其左翼防禦較為薄弱，於是決定改變作戰方法，採取「拊敵之背」的戰術。6日凌晨4點，日軍先繞攻拱衛軍的左翼，使拱衛軍陷於背腹受敵的境地，雖據胸壁防戰，傷亡頗多，徐邦道見敵人又從幾個方向包抄過來，便下令撤回金州城內。

當日上午8點，日軍第一師團分為兩路，一路由金州城東金州大道，一路由金州城北復州大道，排列野炮、山炮向金州城猛轟，為時近1個小時。山地元治下令吹起總攻號，從東、北兩面向金州城衝擊。然而，金州城高3丈（10公尺）多，拱衛軍和制兵從城堆的槍眼裡射擊，使敵人無法逼近城牆。於是，日軍先用工兵炸開了北門，隨後又攻破了東門，徐邦道、連順見日軍連破兩門，日兵潮水般湧進，便率餘部從西門和南門脫圍而出。拱衛軍有一哨長率100人掩護撤退，後在城內與敵

---

[053]　《日清戰爭實記》，第11編，第4頁。

第一節　分兵犯境

人展開巷戰，其中除 14 名傷重被俘外，全部壯烈犧牲。到 11 點，日軍才控制金州全城。

日軍第一師團因 5 日在石門子受挫，在進攻金州城時便加以報復，濫殺無辜。金州北門炸開後，進城日兵見到居民，不分老幼，槍刺刀劈，直殺到西門外始止。日兵還在城內挨戶搜查，姦淫燒殺，無所不為。一位日本隨軍記者記下了他進入金州城時之所見：

> 城內有金州官廳，居民三四千戶，人口一萬八千，市街井然，高樓大廈甚多。但因戰亂，居民四散，官廳、民家皆緊閉門戶，寂然無聲。市街上，到處雜陳著清兵和市民的屍體以及死豬、死狗等。還有歪倒的軍旗遺棄在地，衣服、家具散亂各處，光景極為荒涼慘淡。[054]

從這位日本記者的筆下，也可看出遭日軍洗劫後的金州重鎮，呈現出的是一幅多麼悽慘的景象！

土城迎敵　11 月 7 日，日軍第一師團攻占金州的第二天，便乘勢向大連灣發動進攻。大連灣守將為銘軍分統趙懷業，率懷字營 3,000 人分駐各炮臺，兵力單薄而分散，難當大敵，在李鴻章「寧失灣，斷不失旅」的指示下，棄臺而奔向旅順。日軍不戰而占領大連灣。

日軍既占領大連灣，便開始準備進攻旅順口。每日派探騎偵察旅順的道路、地形及駐兵情況，並繪製旅順半島地圖。17 日拂曉，日本第二軍傾巢出動，開始向旅順進犯。18 日上午 10 點，由秋山好古少佐率領的日軍騎兵搜查隊，抵達旅順後路的土城子，受到徐邦道拱衛軍的迎擊，拱衛軍占有地勢之利，無論防守還是作戰，都處於有利的地位。這時，總兵衛汝成的成字軍也來助戰，清軍在數量上又占有很大的優勢，使日軍騎兵搜查隊面臨進退維谷之境。秋山好古見事不好，下令突圍。

---

[054]　《日清戰爭實記》，第 11 編，第 7 頁。

第五章　遼東戰火

日軍前衛丸井政亞少佐率一個大隊繼後，得悉土城子戰況，便親率一個中隊向清軍反擊，並令其餘幾個中隊來援。雙方遂展開一場激戰。有一位參戰的日本軍曹，叫川崎榮助，在日記中寫道：

敵軍舉著紅白、紅藍旗幟，潮水般湧來。我中隊立即射擊，敵軍反擊，戰鬥數小時。炮聲如雷，彈如雨注，硝煙瀰漫，籠罩原野，彼我難辨。……敵軍的旗手舉著藍色的旗幟，距我僅僅二三十公尺了，其勢難敵。……我軍苦戰之狀，實非筆墨所能盡述。

儘管日軍又有兩個中隊來援，也擋不住清軍的猛攻。日軍來不及收拾陣亡士兵的屍體和運走傷員，只顧向北奔逃。有些受傷日兵不能行走，寧可自戕也不做俘虜。此時已是下午4點鐘，雙方激戰了近6個小時。在這次戰鬥中，日軍共傷亡55人，其中死12人、傷43人。清軍發揮戰術上數量的優勢，打得主動，所以才能取得這樣的戰果。

土城子迎擊戰本是一場小仗，不料卻成為轟動世界輿論的重大新聞，這是與日本方面大肆渲染的「凌辱屍體」事件密切相關的。所謂「凌辱屍體」，是說清軍對敵屍有削鼻、挖眼、破腹等行為。其實，這完全是無中生有的憑空編造，而且是山地元治親自煽動而起的。他這樣做的目的有二：一是出於鼓動士兵復仇情緒的需求、一是作為其為野蠻屠殺無辜平民辯解的藉口。這個問題影響很大，下面還要繼續討論。

旅順陷落　土城子戰鬥後，日本第二軍繼續向旅順推進，其各部隊先後到達準備發起攻擊的出發地。大山巖決定11月21日為發動總攻之期。

旅順口與威海衛隔海相望，共扼渤海的門戶。旅順口門狹窄，內澳隱蔽山後，周長7公里，水深可泊鐵甲兵輪。西元1880年，旅順開始設防。在建港的同時，陸續修建多座海岸炮臺。旅順口之險要，不僅在

第一節　分兵犯境

於口門嚴實，也在於有山列屏障。港澳背靠群山，峰巒蜿蜒起伏，呈半月之形，猶如天然巨大城堆，拱環旅順後路。主要山峰皆設定炮臺，連接不斷，炮門盡皆向敵，實屬天然形勝。當時，旅順口被稱為「海軍根本」，其規模之雄偉宏敞，實為中國海上要塞之冠。故海軍中流傳著「鐵打的旅順，紙糊的劉公（島）」的說法。近代著名詩人黃遵憲讚道：

海水一泓煙九點，壯哉此地實天險！
炮臺屹立如虎闞，紅衣大將威望儼。

日本第二軍對旅順口的進攻，首先是從旅順後路的陸路炮臺群突破。最激烈的防戰主要有兩處：

其一，椅子山炮臺。上午 7 點多，日軍集中攻城炮、野炮、山炮共 40 多門，圍住椅子山炮臺連環轟放。椅子山炮臺是旅順後路炮臺的薄弱環節，只配備野炮和機關炮各 1 門，幸有鄰近炮臺遙擊支援，才與敵相持近 1 小時。「斯時戰鬥最為激烈，兩軍炮聲隆隆，似有天柱為之崩塌，地維為之碎裂之勢。」日軍利用強大砲火的掩護，漸次靠近椅子山炮臺，並蟻附而登。守軍竭力抵抗，與敵人展開白刃戰。山地元治見狀，急命預備隊投入戰鬥。8 點 15 分，守軍死傷甚重，終於不敵，向西海岸退去。

其二，二龍山炮臺。上午 9 點 45 分，日軍以一個大隊為先鋒，一個大隊繼進，工兵隊又繼之，預備隊殿後，向二龍山炮臺發起衝鋒。守軍以槍炮還擊，兩次打退敵人的衝鋒。日軍倚仗人多勢眾，繼續向炮臺攀登，當登至大半時，守軍將預埋的地雷引爆，致使其死傷多人，衝鋒第三次受阻。日軍聯隊長吉田清一中佐親自督戰，命士兵拚死向前，「足踏鮮血，跨過屍體，終於逼近了炮臺」。不久，日軍布滿山野，從四面向炮臺攀登。守軍傷亡太重，已難勝防，便點燃彈藥庫，在天崩地裂的巨響中撤離炮臺。11 點 35 分，日軍攻占了二龍山炮臺。

第五章　遼東戰火

日軍餘部占領旅順後路炮臺後,又向海岸炮臺發動進攻。傍晚時,海岸炮臺最後一批守軍循西海岸向西北撤退,旅順口終於全部陷落。

是役,日軍死 66 人、傷 353 人、失蹤 7 人,合計 426 人。清軍的死傷數字遠比日軍多,但從無精確的統計。或說清軍死 2,500 人,或說清軍死 2,000 人。據我考證,此役清軍減員為 3,600 多人。其中,在守衛炮臺的戰鬥中陣亡者約 1,000 人,在北撤過程中遭日軍截擊而死亡者 1,500 多人,另有 1,100 人被日軍俘虜。這些被俘清軍官兵被日軍虐殺者又有 900 多人,僅有 174 人在戰後兩國交換俘虜時才得以回國。

失陷原因　旅順口之防,經營凡 10 多年,花費銀數千萬兩,竟不能一日守,主要有三個方面的原因:

其一,督率無人。旅順又重蹈平壤那樣「有將無帥」的尷尬局面。旅順先有 5 位統領,後來又增加到 7 位。7 位統領各統所部,各行其是,互不隸屬,時人憂之。徐邦道為之憂慮不堪,嘆曰:「帥多令雜,紛歧無定,雖百萬恐亦不能致勝!」連李鴻章也感到,旅順各軍「無人督率,號令不齊」是一大隱患,建議派廣東提督唐仁廉前往督率,鼓勵諸將「同心禦侮」。軍機處雖同意派唐仁廉赴旅,但一木能否支撐將傾之大廈,連軍機大臣們也表示懷疑。翁同龢在這天的日記中寫道:「唐以隻身蹈海,何濟於事哉?」後因沒有去旅之船,又改令唐仁廉去奉天,為宋慶後路。

其二,兵力分散。清軍駐守旅順的總兵力為 14,700 人,但散布各處,分別扼守,備多力分,難以集中打擊敵人。而日軍採取各個擊破的戰術,在實際的戰鬥中都是以多勝少。徐邦道指出,日軍每戰「必用大股,或數千兵及萬餘不等,四面兜擊,使我首尾不能相顧,所以取勝」。旅順之戰的情況剛好是這樣。

其三,不布遠勢。駐旅清軍未能接受平壤之役的教訓,也不能做到

知彼知己，仍然採取傳統的作戰方法：守壘待敵。這樣，清軍在旅順後路既不據險設防，又不設置大支「游擊之師」（野戰兵力），只是坐待敵人直抵壘下發動進攻。時人姚錫光即指出，這種「不布遠勢而局於自守」的防禦方法剛好是自敗之道。所以，旅順之一朝失陷，並不是偶然的。

第二節　旅順慘案

談旅順之役，不能不提到旅順慘案。

黑色四日　日軍從西元 1894 年 11 月 21 日攻占旅順起，到 11 月 24 日為止，一連 4 天，到處燒殺淫掠，無惡不作，尤其是濫殺手無寸鐵的無辜民眾，致使整個旅順街道屍積成山，水塘、海面漂屍無數，真是天昏地暗，神人共憤！這就是日本侵略軍製造的旅順大屠殺慘案。

1959 年，我正在寫《中日甲午威海之戰》一書，覺得論述此役之歷史背景時，應該提到旅順慘案。但又考慮，旅順慘案是中國近代史上的重大歷史事件，自己沒有什麼研究，不宜輕易下筆，必須認真對待，先要弄清它的來龍去脈才行。限於當時的情況和條件，我沒有辦法親自到旅順一帶作實地調查，只能從查閱資料入手。

《陸奧遺稿》　我最先看到的相關資料，是收入〈伯爵陸奧宗光遺稿〉的《蹇蹇錄》中譯本，其中引用了英國國際法學者胡蘭德（Thomas Holland）博士的一段話：

當時日本將卒之行為，實逸出常度之外，彼等除戰勝之初日，從其翌日起四日間，殘殺非戰鬥者婦女兒童矣。此時得免殺戮之華人，全市內僅三十有六人耳，然此三十有六之華人，為供埋葬其同胞之死屍而被

第五章　遼東戰火

救殘留者。[055]

最初我考慮，胡蘭德並不是旅案的目擊者，他的話並不能算是第一手資料，能有多少可信度呢？

其後查到胡蘭德的英文版原著，書名為《國際法研究》，是西元1898年在英國牛津出版的。還發現胡蘭德身為英國著名的國際法專家、牛津大學教授，原本是一位親日人士。當日本軍艦擊沉英國商船「高陞」號時，英國輿論為之譁然，胡蘭德卻力排眾議，在《泰晤士報》上刊文替日本辯護，為平息英國的反日情緒發揮重要作用。從替日本辯護變為揭露日軍暴行，他來了個一百八十度大轉彎，的確不對勁。我覺得他的話必有所本，應該是可信的。

武官報告　當時在旅順有不少西方國家的武官，他們目睹慘案發生的整個經過，也都有發報告給政府。如美國駐日武官歐伯連（Michael J. O'Brien）海軍上尉的報告說：

我曾親眼看到一些人被屠殺的情形。這些人本來是可以做俘虜的，他們不但沒有抵抗，而且顯然是沒有武裝又是最恭順地投降了的。我又曾看到一些屍體，雙手是綁在背後的。我也看見一些被大加屠割的屍體上有傷，從傷創可以知道他們是被刺刀殺死的；從屍體的所在地去看，可以確定地知道這些死的人未曾抵抗。

（此外）除了搶房屋及店鋪而外，這些搶掠一直進行到完全搶光，實在沒有什麼可以再搶的時候才停止。[056]

讀了這些西方武官的報告，覺得胡蘭德的話是不會有問題的。

《在龍旗下》　我下筆時也曾一度猶豫，那是在讀了《旅順落難記》

---

[055]　胡蘭德：《關於中日戰爭的國際公法》。
[056]　《中國近代史資料叢刊中日戰爭》，第7冊，第462頁。

第二節　旅順慘案

中譯本之後。譯者很有意思，為了增加此書的可讀性，把它按章回小說的體裁來翻譯，並取了一個帶有文學色彩的書名《旅順落難記》。這樣，一名文學史家編《甲午中日戰爭文學集》時，也就順理成章地把它收入書中了。於是，中國學術界也好，一些日本學者也好，也把該書當作文學作品來讀。記得那時《甲午中日戰爭》一書剛出版不久，因書中引述了《旅順落難記》的內容，便遭到責難。譯者當初應該不會想到，由於他信意改變了原書的體裁，卻使該書所記旅順大屠殺信史竟被人們當成了海外奇談！無論如何，當時認為，還是應該謹慎對待，把事情的原委弄清楚再說。

等看到英文版原著後，才發現書名的直譯應該叫《在龍旗下》，是西元1898年在倫敦出版的。作者艾倫（James Allan）是英國蘭克郡一個棉商的兒子，家庭富有，因揮霍無度而破產，無奈出海去碰運氣。他隨美國貨船「哥倫布」號遠航中國，為清軍運送軍火而到達旅順，因此有機會目擊日軍的野蠻屠殺罪行。在旅順大屠殺期間，艾倫困於旅順，幾乎遭日軍殺害，僥倖逃出虎口，於輾轉回國後出版了這本書，以記錄他在旅順所看到的一幕幕人間慘劇。且看其中的幾個片段：

我四周都是倉皇逃命的難民。此時，我第一次看到日軍緊緊追趕逃難的人群，凶狠地用步槍和刺刀對付所有的人，像惡魔一樣刺殺和亂砍那些倒下的人們。……日軍很快遍布全城，擊斃他們所遇見的人們。幾乎在每條街上走路時都踩著屍體。

我看到了一大片水，立即認出這是船塢後面的一個水位很淺的大淡水湖。……該湖被許多日軍包圍，日軍把大批難民驅入水中，從四面八方向他們射擊，並用刺刀把那些力圖掙扎逃出湖面的難民趕回湖水中去。湖面上漂浮著屍體，湖水被血染紅了。……那些滿身血污的難民在動盪的水中掙扎，那些還活著的難民拚命想從大堆死屍中脫身，很快又

第五章　遼東戰火

摔倒下去。

　　一路上，成堆的屍體和殺戮的景象不斷出現。在一個地方，我看到大約10名或12名日兵和許多被他們縛在一起的不幸的人們。日軍對他們發射一排排子彈，並按照通常的那種可怕的方式，著手肢解他們的屍體。不管是男人、婦女或兒童，沒有一個能夠倖免。

　　我將錢莊的門推開，走了進去。……地板上布滿了混雜在一起的男人、女人和孩子的屍體。他們是到這裡來避難的難民，卻被殘酷地殺害了。屍體的頭都被割掉了，血淋淋的頭顱掛在櫃檯隔板上的一長排大釘上。……一個才幾個月的嬰兒被釘在下面的櫃檯上，有一根鋒利的鐵扦刺穿他那小小的屍體。地板上的那些濃血和殘缺屍體的內臟有二三英寸厚。一些死者的手臂、大腿和頭顱被砍了下來，扔得到處都是。……

　　展現在我們面前的一幅幅景象，是多麼怵目驚心！

　　那麼，《在龍旗下》所述日軍在旅順犯下的殘殺無辜的樁樁罪行，是否真實可靠？我當時認為，這是首先需要解決的問題。經過長時間認真閱讀，並與幾份參戰軍官的記事相比對，還真有不少意想不到的收穫。隨後，又得到一份1950年代初調查旅案時當年抬屍者的口述紀錄，這是一位熱心的朋友幫忙抄來的。我進一步發現，原來《在龍旗下》所述連許多細節都是非常真實的。舉幾個例子：

　　其一，市街屍橫。《在龍旗下》寫旅順市街到處屍體橫陳。日本軍官記事也寫道：「（市街）民屋連列，戶內戶外盡是屍體，路上也是屍體橫陳，非踏越屍體實難通過。東街、中街、西街三條街道，也都堆滿了屍體。」

　　其二，縛殺難民。《在龍旗下》寫許多難民被反縛在一起槍殺。日本軍官記事也說：「看見有少數日本士兵用繩子把中國人三三五五地綁在一起拉往郊外，也就是拉出去殺死。」

第二節　旅順慘案

其三，日軍祝捷。《在龍旗下》寫「四天大屠殺的頭一天」日軍將校集合舉行祝捷會。日本軍官記事也說，軍司令部於 11 月 21 日下午進入旅順市街後，命令各部下將校都到閱兵場集合，在屠殺的槍聲中「祝賀此日之捷，並奏『君之代』」。

其四，錢莊慘景。《在龍旗下》寫了日軍屠殺一家錢莊裡許多難民的情景。當年的抬屍者也說：「當我們收屍到一家錢莊時，看到櫃檯上的柵欄上面插著好幾個人頭，一個小孩子被釘在牆上，真是慘不忍睹。」

這些例證，充分說明《在龍旗下》所述事實的真實性無可懷疑，也駁斥了認為它「不同於普通的事實記載」，不能「當作史料來運用」的說法；同時印證了胡蘭德的話並不是無稽之談。於是，在《中日甲午威海之戰》一書中，我寫旅順大屠殺慘案時便將其凝結為這樣一段話：

> 日本軍隊進入旅順後，獸性大發，對中國和平居民進行了四天的大屠殺。倖免於死難的，全市僅三十六人。

這雖是短短 42 個字，卻真是來之不易！

1980 年代初，出版社約我寫《甲午戰爭史》一書，我應承了下來，開始構思全書結構和寫作的重點。長期以來，中國學術界對旅順慘案並不重視，成為近代史研究中的一個薄弱環節，在一些相關著作中皆以引用胡蘭德的那段話為滿足。其實，胡蘭德的話並不全對，如全市僅剩 36 人的說法就不準確。於是，我認為有必要對旅順慘案作進一步的研究，便著手廣泛收集資料。在收集外文資料的過程中，要特地感謝兩位日本朋友：一是日本奈良女子大學的中塚明教授，他是研究日清戰爭的著名學者，幫我影印了許多相關的日文資料；一是日本專修大學的大谷正教授，他對旅順屠殺事件頗有研究，幫我影印了一些中國很難尋找的英、美報刊相關資料。

第五章　遼東戰火

最後，我確定在《甲午戰爭史》中除介紹旅案經過外，一定要增加兩項內容：一是西方媒體的報導、一是日本明治政府的辯解行動。剛好是由於一些西方媒體的真實、客觀、公正的報導，才使日本侵略軍在旅順罄竹難書的罪行得以大白於天下；也剛好是由於日本明治政府的辯解行動，才使後來那些秉承「侵略史觀」的日本人士迄今仍對旅順大屠殺採取不承認主義。

說到西方媒體的報導，千萬不要忘記兩位西方新聞記者，即英國人柯文（Frederic Villiers）和美國人克里爾曼（James Creelman）。他們信守新聞人的良知，頂住來自各方面的壓力，對旅順慘案作了客觀公正的報導。

柯文　倫敦《泰晤士報》記者。柯文目睹旅順的慘案後回到東京，馬上拜見外務大臣陸奧宗光，陳述日本軍隊在旅順的暴行，並一再詢問日本政府將如何處置此事。陸奧宗光雖感到事態嚴重，但矢口不予承認。於是他便寫成報導刊於12月3日的《泰晤士報》，內稱：

> 據我所知，以後的4天裡，（旅順）市內沒有抵抗。日本兵掠奪了整個城市，那裡的人基本被屠殺。……婦女、兒童也被「誤殺」。……很多中國俘虜雙手被捆綁，其衣服被剝開，用刃器切剁，用刀切腹，取出內臟，砍斷手腳。

這是國際輿論關於旅順大屠殺的最早報導。

但是，這篇報導並未引起應有的注意。因為日本外務省自有它的對付方法，它先已透過駐英公使館收買了英國中央通訊社，每當出現不利於日本的消息時，中央通訊社總是予以反駁。對於柯文這篇報導，中央通訊社如法炮製，一面予以否認，一面報導說：「除了正式戰鬥而外，並無中國人被殺。」涉及英國媒體的爭論，讀者莫辨真假，所以柯文的報

第二節　旅順慘案

導也就沒有造成多少影響。

克里爾曼　紐約《世界報》記者。克里爾曼繼柯文之後，也在12月12日的《世界報》上刊出一則電訊，揭露日軍的暴行：

日本軍隊於11月21日進入旅順口，全市居民遭到冷酷無情的屠殺。手無寸鐵的和平居民是在他們的家裡遭到殺戮，而且斷肢毀體，不堪言狀。連續不斷的恣意濫殺一直持續了三天。整個城市伴隨著駭人聽聞的殺戮和掠奪。……外國隨軍記者對屠殺的慘狀感到怵目驚心而全體離開了日本軍隊。

由於克里爾曼早有文名，是讀者耳熟能詳的知名記者，報紙一出版即引起讀者的注意，竟產生了很大的轟動效應，從而將日本政府置於非常尷尬的地位。

陸奧宗光明知柯文和克里爾曼所揭露的都是事實，但與伊藤博文商議後，決定寧讓日本成為不肯反省的民族，也不能承認事實，而「置之不理，完全採取辯護之方式」。

日本辯解　為防止世界輿論將日本形象負面化，陸奧宗光採取了三步措施：

第一步，煽動輿論。發動媒體千方百計為日軍的暴行辯護。如《日日新聞》說：「戰爭天生就是殘酷的，殺人多少必須由形勢來決定。」《日本報》甚至聲稱：「集體屠殺是維持當時秩序的必要手段。」、「若敵人不肯醒悟，仍然殘害我士兵屍體，則斬殺的絕不止三四千人，即使殺戮其全軍也在所不辭。」

第二步，提出抗議。命日本駐紐約領事前往《世界報》社，就該報「刊登捏造虛假報導的無禮行為」表示抗議。

第三步，發表宣告。宣告是從日本外務省直接發給《世界報》社，以

169

第五章　遼東戰火

示鄭重。該報以〈日本告白〉的標題在頭版刊出日本的宣告。〈日本告白〉寫得十分委婉，一方面反咬一口將責任推給受害者中國一方，說是清軍的「凌屍」使日軍「突破了忍耐程度」；一方面輕描淡寫地承認「偶爾出現似乎越軌行為的趨向」，並「深表遺憾」。企圖將大事化小，使事態歸於平靜。令日本政府沒有想到的是，它這樣辯解的結果，反而是越抹越黑，等於不打自招了。

〈旅順大屠殺〉　正在日本方面與《世界報》糾纏不休之際，《世界報》卻於12月20日以兩個整版的篇幅刊出克里爾曼的長篇報導〈旅順大屠殺〉。這篇報導以紀實的手法詳細地寫出作者所目睹的日軍樁樁暴行。編者在大標題之下，還列出了「日本兵至少殘殺了2,000名無力抵抗者」、「屠殺持續了三天」、「大山（巖）大將以及部下沒有試圖阻止屠戮行為」、「市街每個角落都被搶掠一空」、「街道上充滿了殘缺不全的男人、女人和兒童的屍體，而日本兵則在一旁得意揚揚」、「店鋪主人被槍殺或刀劈」等醒目的內容提示，令讀者怵目驚心，不寒而慄。

克里爾曼的這篇報導，以親身經歷說明了以下幾點：（一）日軍的暴行是在第二軍最高指揮官的默許和支持下發生的；（二）日軍在進攻旅順之前就決定不收留俘虜，所以殺俘是第二軍的既定方針；（三）日本兵殺人成性，不分男女老少，所謂「殺的只是換上便裝的清兵」純屬一派胡言。

柯文也隨即跟上，在西元1895年1月8日的《泰晤士報》上刊出一篇〈暴行發生在旅順港陷落之後〉，以親身經歷揭露日軍殘殺無辜的暴行：

我看見日本兵進入旅順市街後，繼續進攻，竄進民房，並追逐和屠殺每一個活著的生命。……我看到許多中國人從躲藏的地方被趕出，這

第二節　旅順慘案

都是一些穿戴普通的平民，但日本兵卻不管這些，先是用槍擊斃，然後將屍體砍碎，並沒有一個中國人試圖反抗，這樣也逃脫不了征服者的殘酷虐殺。

〈旅順大屠殺〉面世後產生了巨大的影響，在美國引起轟動，《世界報》因之銷量大增，各國報紙紛紛轉載。在中國上海，這篇報導也被譯成中文，題為〈倭寇殘殺記〉，收入西元1895年滬上刊印的《中倭戰守始末記》一書中，這才使國人得以了解旅順大屠殺的真相。

〈陸奧宣告〉　陸奧宗光見對《世界報》施壓毫無作用，為了擺脫困境，只能硬著頭皮繼續否認屠殺罪行。於是，他親自出馬，又草擬了一份日本政府的正式宣告，即〈陸奧宣告〉，發給歐美各國的駐日本公使。在這份宣告裡，他一面攻擊克里爾曼的報導「是大加渲染以駭人聽聞的」，說日本兵是看到同伴屍體「被處磔刑」而「憤怒」的；一面一口咬定「在旅順被殺的人大部分被證實是便裝的士兵」。

當然，當日軍屠殺罪行業已昭彰於天下之時，這些重複多遍的謊言也就沒有多少市場了。

舊案重提　旅順慘案已經過去100多年了。當年日軍的屠殺暴行本是確鑿無疑的歷史事實，但在日本國內仍有人提出質疑。1995年夏天，我應邀訪問日本時，千葉大學秦郁彥教授將一本專論南京大屠殺的著作《南京事件》贈送給我。當時，還讀到他的一篇論文〈旅順虐殺事件——與南京虐殺的對比〉。他強調兩次事件有許多「相似之處」，主要表現在三個方面：

其一，屠殺背景。他認為正像1937年淞滬會戰日軍遭到重創而「復仇情緒高漲」，從而引發「南京虐殺」一樣，土城子之戰清軍「凌辱屍體」、「造成全軍大怒的空氣」，導致了「旅順虐殺」。

第五章　遼東戰火

所謂「凌辱屍體」，是說清軍將日軍屍體割下首級乃至削鼻和挖眼。其中，只有割下首級是真實的。「鼻首」是從古代戰爭中沿襲下來的一種野蠻習俗，到近代仍未完全廢除。清軍割下敵屍首級是很不文明的，不過與日軍平壤之戰將清軍 400 名俘虜斬首相比，還是小巫見大巫的。至於說削鼻和挖眼，純屬無稽之談。事實上，日軍進攻旅順後，日本記者發現清軍割取的首級，都是「被野狗啃齧」的慘狀。種種跡象表明，所謂「凌辱屍體」事件完全是日本軍方有意渲染出來的。

其二，死者身分。他認為正像南京大屠殺中被殺者多是「便衣兵」一樣，日軍進入旅順後殺的也多是「脫掉制服換成居民便衣」的清兵。

關於日軍濫殺無辜平民的暴行，已有許多西方記者進行過指證，不容否認。一些參戰日本士兵的〈從軍日記〉，因為不準備公開發表也就沒有多少顧忌，所以其筆下所記應該更為可信。如輜重兵小野六藏的記述：

我們第一分隊得到允許外出，便到旅順市街散步，看到……有白髮老頭和嬰兒同被打死，還有白髮老婆兒和媳婦手牽手陳屍在地，其慘象不可名狀。

這印證了西方記者關於日軍濫殺平民的報導是真實的。

其三，死難人數。他認為「南京虐殺」也好，「旅順虐殺」也好，中國方面的統計數字比實際都高出 10 倍。1948 年旅順所立〈重修萬忠墓碑文〉稱：「日寇大肆屠殺，歷三晝夜，我同胞之死難者凡二萬餘人。」秦郁彥教授的論文則對此提出質疑說：「我猜測是 2,000 人以上，中國方面說 20,000 人，這與旅順平時人口 10,000 人相對照，似乎過多了。」

說旅順平時人口 10,000 人是不準確的。據當時日本《萬朝報》的實地調查，應有 25,000 人。再說旅順市街死 2,000 多人，也只占整個死難人數的一小部分，大多數死難者是在市街以外的海岸以及郊區和山區遇

害的。據我考證，整個死難人數約為 21,000 人。

可見，所謂「南京虐殺」與「旅順虐殺」的三個「相似之處」，實際上是用來作為否認旅順大屠殺的三條理由。其中，前兩條只是〈陸奧宣告〉的老調重彈，第三條雖是首先提出，卻是難以成立的。

第三節　遼東戰局

鴨綠江防之戰後，戰局急轉直下，清軍退守，清廷調兩江總督劉坤一為欽差大臣，駐節山海關，節制關內外諸軍，試圖挽回頹勢。日軍繼續進犯，遼陽東路便成為兩軍爭奪的重點地區。

遼東布防　虎山敗後，宋慶退至鳳凰城，有死守之意，對部下說：「我年已垂八旬，餘生不足惜，今也宜枕此鳳凰城至死而已！」詞氣慷慨，聲淚俱下，聞者感奮。然而，鳳凰城無要可守，設防甚難。正在此時，宋慶接朝廷「擇要扼防」電旨，遂決定實行退守，在摩天嶺（又稱大高嶺）以東設防。

日本第一軍既突破清軍鴨綠江防線，山縣有朋決定以奪取奉天（今瀋陽市）為下一步的戰略目標，並聲言「必取奉天度歲」。乙未年的春節是在西元 1895 年 1 月 26 日。山縣狂言他要在 3 個月內攻占奉天，可見其野心之大。但是，想要攻占奉天，必先奪取遼陽，只有兩條行軍道路：一是由鳳凰城經草河口、連山關、摩天嶺等地，到達遼陽，再北上取奉天；一是由大孤山經岫巖，先到達海城，再經遼陽直趨奉天。為實現這一戰略目標，山縣決定：派在鳳凰城的步兵第五師團的一部北上，先占領連山關；派在大孤山的第三師團的一部西進，先攻取岫巖。

第五章　遼東戰火

當時，清軍在遼陽東路的主要的作戰部隊，除聶士成部奉命鎮守摩天嶺外，就是依克唐阿的鎮邊軍。先是依克唐阿在長甸城駐守，據報日軍陷鳳凰城後，深恐背腹受敵，勢難兼顧，且株守一隅，亦於大局有礙，遂北撤至賽馬集。這時，又探悉日軍已由鳳凰城北犯，似欲進攻賽馬集等處。巡檢孫偉提出建議：

此地南通鳳凰城一百八十里，道路平坦，東北至興京，西北至瀋陽，電線在西北、正西之間，大高嶺（摩天嶺）在西南一百四五十里。宋慶各軍現紮嶺之前後。若賊逼大高嶺，山路崎嶇，漫溢北竄，則賽馬集最為緊要。[057]

依克唐阿甚以為是，遂即分軍在此扼要駐守。

這樣，清軍在遼陽東路便建構一道新的防線。這道防線，西起摩天嶺，東迄賽馬集，長約 75 公里。摩天嶺乃遼陽東路第一險要，從山麓至嶺頂有 20 公里，山勢巉峻，車輛難行。有大嶺、二嶺二道，大嶺之道為通遼陽本道，小嶺之道山勢稍低，然需要迂迴幾近 100 公里。聶士成便憑藉摩天嶺的險要地勢，以堵住日軍從東路進攻遼瀋的通道。依克唐阿則駐守賽馬集，以牽制日軍的兵力，使其不敢以全力直撲摩天嶺。

疑兵退敵　為打通遼陽東路的通道，日軍第十旅團長立見尚文少將計劃以鳳凰城為據點，分兵兩路進犯：一路西進連山關，以奪取遼陽東路第一險要摩天嶺；一路東趨賽馬集，掃蕩依克唐阿軍，以解除側翼的威脅。

11 月 12 日，日軍一部突襲連山關。連山關是摩天嶺的前關。摩天嶺乃奉天東南長白山的支脈，分兩支向東南逶迤而行，左右拱抱，至連山關環繞三面，唯中通一線大道。此處雖是山間村落，僅有居民 40 多戶，

---

[057]　《清光緒朝中日交涉史料》，卷二十四，第 2 頁。

第三節　遼東戰局

然地勢險峻，故名為連山關。此處有盛軍一部防守。日軍騎兵隊先至，即奪關口，日軍大隊繼至，盛軍不敵而退。而聶士成接到報警，已經馳援不及了。

聶士成　字功亭，安徽合肥人。自幼習武，以武童投效軍營。

西元1863年，赴滬投淮軍銘字營，隨劉銘傳作戰。1884年，法軍攻占基隆。劉銘傳時任福建巡撫，駐臺北督師，以形勢危急，致電北洋請援。聶士成主動請纓，率2營赴臺，屢見戰功。旋調防旅順口。1891年，又調統蘆臺防軍。翌年，授太原鎮總兵，仍統蘆臺防軍。1893年秋，邊疆寧靖無事，而聶士成料定俄、日虎視眈眈，將有事於東邊。於是，他親自往東三省考察，跋涉1萬多公里，歷時半年多。凡所經山川要塞，皆繪圖立說，編為《東遊紀程》一書。回到防所不久，日本便挑起釁端。

聶士成此次守衛摩天嶺，接受前此與日軍作戰的教訓，改變以往清軍株守待敵的傳統戰法，而採用「疑兵」之計。他一面下令扼守隘路，以巨炮當其衝，一面於叢林中張旗幟，鳴鼓角，以為疑兵。並乘間出奇兵，或截殺，或雕剿，時出時沒，步步設防，重重埋伏。日軍不敢靠近摩天嶺一步，只好紮營於連山關。

雙方相持10幾日，日軍感到連山關位於谷底，山嶺三面環繞，蟄處此地，難以久守，計劃撤至草河口。這時，聶士成適接諭旨，特授直隸提督，極為感奮。11月26日，他偵知連山關日軍有撤退跡象，決定乘機收復連山關，便召集會議，激勵諸將說：「我曹丕力戰，步葉曙卿（志超）、衛達三（汝貴）後矣！」是夜，雨雪霏霏。聶士成命盛軍為接應，親率數百騎乘敵不備，突進莊內。日軍在夢中驚覺，不知清軍多少，紛紛向東竄逃。清軍遂奪回連山關。

運動挫敵　先是在襲占連山關的同時，日軍也向賽馬集發起了進

第五章　遼東戰火

攻。依克唐阿早在賽馬集以南占據高地，並設置野炮4門，據高發炮，又分兵繞擊敵之側翼，日軍柳原楠次中尉以下14人被擊斃，餘者南逃。

日軍分隊司令官富岡三造中佐生怕聶、依兩軍會師，決定將主力撤至草河口，以扼東西兩路之咽喉，並切斷聶、依兩軍的聯絡。但富岡的目的並未達成。先是11月25日，聶、依兩軍相約合攻草河口。是日上午11點，依克唐阿親率馬步10幾營5,000多人，攜大砲6門，向草河口日軍陣地發起猛攻。依軍分兩路進兵：一由草河嶺直進，為北路；一由草河城從嶺南進。聶士成則率馬步3營1,500人，攜大砲2門，從西路進擊，以牽制日軍。

富岡三造督率日軍竭力防禦。於是，雙方展開激戰。草河嶺一帶山路崎嶇，依軍將士無不奮勇向前。在依克唐阿帳下，有兩位得力的戰將，就是堪稱「鎮邊雙英」的壽山、永山兄弟，表現最為突出。

壽山　字眉峰，漢軍正白旗人。世居黑龍江瑷琿。原姓袁，乃明末名將袁崇煥之七世孫。袁崇煥冤死後，其子孫被編入寧古塔漢軍正白旗。壽山父名富明阿，曾任吉林將軍。富明阿死，壽山襲騎都尉世職，以三品銜補用郎中候選員外郎，留京歸部選用。西元1894年秋，壽山自請赴前敵效力，有旨交依克唐阿差遣委用。壽山單騎就道，馳赴奉天，即招募兩營，趕赴依軍行營。依克唐阿委為鎮邊軍分統，兼步隊統領。

永山　壽山的胞弟。廕襲四品銜三等侍衛。永山「幼而學文，心識忠義；長而偉武，胸有甲兵」。日本進犯遼東後，他踴躍請行，誓滅強虜，因從依克唐阿軍，任馬隊統領。「大小數十戰，陣陣軍鋒，無不怒馬當先，摧堅執銳。有時山路崎嶇，馬隊不得手，該侍衛即下馬步戰，奮不顧身」。其部下亦皆奮勇敢戰，故日人有「深畏馬隊」之語。

此時，依克唐阿登山頭指揮。步隊統領壽山率部繞山越澗，披荊力

第三節　遼東戰局

戰。馬隊統領永山令將士下馬步行，分道猛進。清軍攻勢之猛烈，使日軍異常吃驚。一位日本隨軍記者寫道：

> 敵軍似不使用其慣用的防禦方式，而以攻勢的姿態前進，真實奇中又奇！敵軍一反常態，奮勇直前，攀岩石，冒彈雨，向我軍衝鋒。[058]

這次戰鬥一直打到黃昏，歷時約6個小時。此役日軍死傷40多人，清軍有10多人陣亡。黃昏後，忽降大雨，咫尺不辨。聶士成已達到牽制日軍的目的，便引軍回營。依克唐阿也下令撤離戰場，退至白水寺。

時人評之曰：「有此一勝，稍振軍威。」

11月26日，立見尚文接到草河口的戰報，認為清軍以賽馬集為據點，對日軍右翼造成很大的威脅，決定傾全力以攻占該地。當日，他親率第十旅團主力從鳳凰城出發，經過3天的行軍始達賽馬集，發現已無清軍蹤影。適在此時，有飛騎來報：富岡三造中佐所派輜重隊在草河口附近遭清軍襲擊。立見立即下令，以本隊之後隊改為前衛，向草河口出發。30日，立見探悉清軍在白水寺，便命令前衛轉道向北，結果又撲了空。等到探騎回報，始知清軍在東北方向的崔家鎮布陣。日軍前衛撲向崔家房，與高地上的清軍對峙，雙方槍戰久之，至日暮停戰。12月1日黎明，日軍發現對面高地上的清軍早已撤離。

由於日軍連日兼程而進，天寒雪降，或冒雪趕路，內衣汗透，圍燎火以度夜，或涉水渡河，草鞋結冰，腳凍傷而難行。不用清軍來攻，日軍凍傷的兵員已是「十居八九」，整個部隊完全喪失了戰鬥力。到12月5日，立見尚文不得不下令撤回鳳凰城。但令他沒有想到的是，當日軍撤至分水嶺時，又遭到聶士成軍的伏擊，倉皇棄嶺而逃。這樣，遼陽東路要地皆被清軍收復，兵力設置更為嚴密。

---

[058]　《日清戰爭實記》，第14編，第5頁。

第五章　遼東戰火

在此戰中，依克唐阿採取運動戰的方法，使敵軍疲於奔命，遭受重大的損失。據日方的總結，依克唐阿的這種戰法可用三句話概括：(一)「避眾擊寡是他的唯一戰法」；(二)「實行完全的攻勢運動」；(三)「神出鬼沒，進退靈活」。並稱讚依軍「漂亮地實行了上述三種運動」。

遼陽東路爭奪戰持續了兩個多月，日軍不僅受阻於摩天嶺，由東路進犯遼瀋的計畫遭到失敗，而且被迫放棄攻勢而轉取守勢。此時，遼陽東路日軍龜縮於九連、鳳凰諸城，只求守此數地，無力再發動攻勢。立見尚文駐守鳳凰城，坐困愁城，憂鬱不已，作詩抒懷曰：

留守鳳城四閱月，每聞戰捷劍空鳴。

難忍功名爭競念，夢魂一夜屠清京。

立見尚文進戰失利，懊惱萬分，只能向夢中尋求慰藉了。

第四節　規復海城

日本第一軍既在遼陽東路受挫，問題也就隨之而來：下一步的作戰目標將指向哪裡？這在日本政府內部是有爭論的。

將相歧見　早在11月初，山縣有朋即向大本營提出〈征清三策〉，其一是突破鴨綠江防線後，立即揮師北上，攻取奉天；其二是從海路運兵至山海關附近，攻陷北京，迫使清廷簽訂城下之盟。山縣要南逼京津，北略奉天，同時開闢兩個戰場，表現了十足的軍事冒險主義。

進行直隸決戰，這本是日本大本營戰前所制定的作戰方針。但此時形格勢禁，對既定作戰方針必須考慮調整。身為內閣總理大臣的伊藤博文，深知列強環伺，不得不重視外交問題。在西方列強中，英國反對日

第四節　規復海城

本進兵直隸最力。當時，英國在遠東是最大的利益得主，絕不願打破已有的秩序，其外交大臣多次「勸告」日本：不要顛覆清政府，以免出現中國亂民四起、四分五裂的局面。有鑒於此，伊藤向大本營提出：「為使我得收戰勝之利，則非善於權衡利害，慎重從事不可。」

針對山縣有朋的策議，伊藤博文持反對態度。他認為：直隸決戰「壯則壯矣，又談何容易！」並指出山縣之策將會造成嚴重後果：

設使如此，雖幸而達成其所望，然彼清國必滿廷震駭，暴民四起，土崩瓦解，……時至今日，儘管中國竭力避免四方列國之干涉，但列國在各自保護其商民方面，由於最為深切之利害關係，勢必導致不得不實施聯合干涉，乃屬必然也。此豈非自我招致各國之干涉耶！若夫使清國一度陷於無政府境遇，我方待時機成熟，雖欲容彼之請而講和，而代表彼國擔當與我商談任務之對手，又絕不能求之於已土崩瓦解之清廷也。[059]

日本大本營認為伊藤博文所言乃老成持重之論，否定了山縣有朋的冒險進攻方案，並作出了令第一軍退至九連城附近冬季宿營的決定。對此，山縣極為不滿，仍然一意孤行，要抵制大本營關於冬季宿營的命令，堅持「奉天度歲」的計畫。後見遼陽東路受挫，打通東路無望，又獨斷地下令進攻海城，並計劃在攻下海城之後，立即對山海關發起進攻。

為了保證日本最高統帥的一元化和抑制駐外統將的獨斷專行，大本營決定罷去山縣有朋第一軍司令官的職務，但為保全其面子，天皇睦仁向山縣下達回國「養病」詔書。不料在睦仁所派「敕使」到達前，山縣已於12月3日命令駐安東的第三師團向海城方向出發。隨後，他再次向大本營陳述進攻海城的重要理由，並告「病」已好轉，要求轉奏天皇，免其

---

[059] 《中國近代史資料叢刊續編中日戰爭》，第 7 冊，第 127 頁。

第五章　遼東戰火

卸職歸國。無奈「敕命」已下，勢難收回，他被迫於12月9日乘輪回國，臨行前揮筆寫下七絕一首：

> 馬革裹屍原所期，出師未半豈空歸？
> 如何天子召還急，臨別陣頭淚滿衣！

其憤懣不平之情溢於言表。

海城棄守　山縣有朋被罷職後，日本大本營以野津道貫為其繼任，並晉升陸軍大將。但進攻海城的第三師團已在行進途中，而且第一軍將領對此期盼甚切，因此日本大本營並未堅決制止。第三師團長桂太郎中將率師團主力西進，連續行軍5日，於12月8日抵達岫巖時，該地清軍早已棄守。12日，日軍又不戰而占領了析木城。是日下午，第三師團進迫海城。

海城東接岫巖、鳳凰城，西通牛莊、營口，北控遼陽、奉天，南達蓋平、金州，為遼南要地。日諜報告稱：「蓋盛京首府在奉天，奉天鎖鑰在遼陽，而海城為遼陽鎖鑰，亦當北京要衝。」可知其戰略地位之重要。但海城並無能戰之將防守。12月13日上午，日軍開始進攻，守城清軍即棄城而退向遼陽。日軍第三師團占領海城後，遂移司令部於城內，並在城外修建防禦工事，為嬰城固守之計。

救援海城　日軍第三師團雖占領海城，然懸師深入，處境孤危，只能先堅守城池，以待戰機到來。對清軍來說，敵據海城，將北窺遼陽、奉天，西迫牛莊、營口，關外錦州、寧遠諸城危殆，大局攸關。因此，宋慶聞報，即決計救援海城。

12月17日，宋慶先派提督劉盛休率銘軍先行，在海城西30里的缸瓦寨（又稱感王寨）據守，自率毅軍10營殿後，並命聶士成軍前來支援，夾擊海城敵人。只是由於日軍突然主動出擊，清軍合擊海城的計畫

第四節　規復海城

才未能付諸實施。

桂太郎接到清軍進逼海城西南的報告，斷定有可能是伺機收復海城。他對部下說：「無論敵軍出於何種目的，臥榻之側豈容他人酣睡，何況這樣的大軍在海城附近徘徊？」於是決定出擊，以解除對海城的威脅。

12月19日拂曉，日軍從海城傾巢出動。上午11點50分，雙方展開激戰。日軍先用砲兵向缸瓦寨猛轟，掩護步兵和騎兵進攻。銘軍炮隊用速射炮回擊，部隊也舉槍猛射。據日方記載：

> 我騎兵和炮隊都盡全力攻擊缸瓦寨敵軍，步兵亦急起猛擊突進。兩軍交戰正酣，彼我炮聲如轟雷，天地為之震撼。敵軍據缸瓦寨和香水泡子的民家牆壁，向我狙擊。我兵沒有可據之地物，只是在茫茫的原野上縱橫奔馳，加以積雪達兩尺餘，軍隊的動作極不自在。……我軍的確站在苦戰的地位。例如，以120名襲擊香水泡子的一支部隊，僅僅有40名生還。各隊的死傷可想而知。[060]

戰到下午4點，桂太郎見部屬損傷太多，而清軍陣地歸然不動，下令將總預備隊的兩個大隊投入戰鬥，向缸瓦寨發起總攻。這時，毅軍也趕來參加戰鬥，全軍士氣更為高漲。從日本隨軍記者的以下片段描述，也可略窺清軍的英勇表現：

> 若干敵軍大膽地出現於砲兵的左前方，他們甚至不再憑藉清軍善於使用的障礙，而挺著身子前進，向我猛烈射擊。這真是清軍從來未有過的勇敢行為！第七聯隊左翼的一個中隊和第十九聯隊的各個中隊，夾於這條射線與正面敵彈之間，受到交叉火力的射擊，傷亡特別多。[061]

對於清軍的英勇表現，日人不由得暗自稱讚：「敵兵亦不愧是聞名的白髮將軍宋慶的部下，不輕露屈撓之色。」

---

[060] 《中國近代史資料叢刊中日戰爭》，第1冊，第265頁。
[061] 《日清戰爭實記》，第19編，第7頁。

第五章　遼東戰火

　　戰鬥一直持續到下午 5 點 50 分日落時，桂太郎下令投入最後的預備隊，日軍才突破清軍的兩道防線，衝進缸瓦寨內。盛軍與毅軍皆退向田莊臺。

　　缸瓦寨之戰，是中日兩軍在遼東少有的一場惡仗。此戰共打了 6 個小時。雙方傷亡都很大。僅以毅軍而言，傷亡約 200 人，其中死者 78 人、傷者約 130 人。日軍傷亡 400 多人。這個數字還未將因凍而死傷的人數計算在內。據日方自稱：「部隊自清晨在積雪中行動，迄於夜間，一直奔走於數（日）里（約 20 幾華里）的道路上，因而有凍死者，其人數驚人。」

　　缸瓦寨戰鬥是遼南之役的關鍵一戰。清軍惜敗於缸瓦寨，使日軍第三師團以孤軍堅守海城才有了可能。從此，遼南戰局更加每況愈下。

　　失敗之故　缸瓦寨一戰，清軍打得勇敢頑強，沉重的打擊敵人。經過此戰，日軍第三師團龜縮於海城城內及城外高地，有一個多月不敢再出城作戰。本來，清軍這一仗是有可能打贏的，因為它居於絕對有利的地位：

　　第一，從地形地物看。清軍實行的是完全的村落防禦，據守有利的地物，以迎擊來敵；日軍在一片開闊地上進攻，既缺少地形之利，又無地物可供隱蔽之用，而且積雪甚深，頗不便於運動。

　　第二，從作戰態勢看。清軍是守的一方，實行正面防禦，沒有被敵包抄後路之慮；日軍是進攻一方，只能對清軍設防的正面進攻，且時刻顧慮清軍攻其側翼或夾擊。

　　第三，從觀察敵情看。清軍處於靜態，面對陣前遍地的皚皚白雪，非常便於觀察來敵之動靜；日軍處於動態，觀察隱蔽中的清軍甚難。

　　第四，從攻守位置看。因時近黃昏，清軍位於西，持槍瞄準日軍非

第四節　規復海城

常容易；日軍位於東，雙目被夕陽照射而無法準確瞄準。

但是，清軍還是打敗了，其故安在？分析起來，主要有以下三個原因：

其一，單純防禦，不知轉守為攻。清軍將領存在濃厚的單純防禦觀念，布陣局促於缸瓦寨及鄰近村莊，一守到底，不知伺機轉守為攻。

當敵人進攻受挫時，已呈動搖之態，並潛伏待機達兩個小時，這本是清軍主動出擊的絕好機會，而且大有取勝的希望。可是，清軍卻坐待不動，錯過了這次擊敗敵人的大好時機。

其二，只用正兵，不能乘間出奇。清軍以正兵株守缸瓦寨，卻不能以奇兵乘間夾擊或繞擊敵人。當時日軍傾巢而出，海城空虛，若此時清軍能派數營實行奇襲，採取「圍魏救趙」之計，即使不能規復海城，必可打亂敵人的部署，使其不得不回軍救援。這樣，不僅可解缸瓦寨之圍，而且可趁日軍之退，從後掩擊之，並預伏兵於中途，全勝則無疑矣。

其三，戰鬥意志，與敵相形見絀。儘管清軍在戰鬥中表現得十分勇敢頑強，但其戰鬥意志同日軍相比，卻相形見絀。日軍的進攻，往往是靠堅強的戰鬥意志而取勝的。如當時日軍進至距村牆 400 公尺時，因傷亡嚴重，士氣沮喪，隊形打亂，已經無法再前進。但在此勝敗的關鍵時刻，日軍指揮官卻下令發起白刃衝鋒。本來，日本的軍事條令規定，以步槍刺刀實行衝鋒，須在距敵 150 公尺以內；在 400 公尺的距離上衝鋒，是不允許的。這樣實際上是一場戰鬥意志的較量。在這場較量中，日軍以氣勢壓倒清軍，靠必勝的信念贏得了勝利。

四規海城　日軍第三師團雖在缸瓦寨擊退清軍，然處境仍然可慮。此時，第三師團的實際兵力不過半個師團 6,000 人而已。而北之遼陽，南之蓋平，西之田莊臺，駐有清軍數萬，使海城處於三面包圍之中。日

第五章　遼東戰火

本大本營為之焦慮不已,急籌解救措施,並命令第三師團暫守海城,不得遠出作戰,以待擺脫清軍包圍之機。

清軍在缸瓦寨之戰後,為了收復海城,以解除日軍對遼陽南路的威脅,曾進行多日的準備。在清軍看來,海城為遼瀋之門戶,海疆之咽喉,此城不復,軍事難期得手。朝廷也迭降「迅拔堅城」的諭旨。從西元1895年1月17日到2月21日,清軍先後4次反攻海城,進攻部隊包括韓登舉(人稱「韓邊外」)等獵戶營及民團在內,達到25,000多人,後又增加到4萬人左右,是守城日軍兵力的4至6倍多,卻每次都遭到挫敗。

清軍失敗的原因是多方面的,其中多數原因與其他戰役失敗的原因是相同的。但這次作戰不同於往常,有其新的特點,打的就是一場進攻戰。這又是一次攻堅戰。對於清軍來說,這卻是一項難以完成的任務。它既缺少這方面的訓練,又缺少這方面的充分準備。

首先,未能切斷日軍後路。本來,日軍第三師團所守的海城已成孤城,唯與其南面25公里的析木城尚有聯絡。當時析木城守敵僅一個大隊,以清軍兵力之眾,完全可以拿下析木城,並擾襲其後路各據點,完全切斷海城日軍的後路,使其成為真正的孤軍。據統計,清軍的4次反攻戰中,日軍耗砲彈3,000發,槍彈約11萬發。若能切斷海城日軍的後方補給線,並多方擾之,僅彈藥消耗一項即可使它難以久支。伊克唐阿即曾提出擾襲敵後的戰術:

> 裹糧而行,卷旗急趨,擾襲岫巖、金(州)、復(州),遇之則戰,得之不守,如飄風疾雨之過而不留。如此,則該賊在在驚疑,首尾不顧,辦理似易得手。[062]

但是,朝廷期盼的是「迅拔堅城」,並不重視這一建議。海城日軍不

---

[062]　《清光緒朝中日交涉史料》,卷三十一,第18頁。

第四節　規復海城

但與第一軍司令部聯絡暢通，而且後勤供應也源源不絕。舉一個例子：清軍第一次反攻海城時，守城日軍僅有 30 門大砲；而到清軍第三次反攻海城時，守城日軍的大砲便增加到 43 門了。所以，日軍守城一個多月，防禦力量不是日漸削弱，而是更為加強了。

其次，缺乏攻堅裝備方式。日軍是實行陣地防禦，憑藉有力的地勢，並利用工事和碉堡隱蔽，並靠炮火取勝。而清軍進攻部隊合計有大砲 14 門，僅為日軍大砲數的三分之一。至於在砲兵技術方面與日軍相比，更不啻有天壤之別。所以，在每次攻防的炮戰中，都不是清軍壓倒敵人，而是被敵人所壓倒，通常堅持兩三個小時就打不下去了。吉林將軍長順曾建議改變攻堅的戰術，稱：

> 此次倭賊占據海城，據守險要，反客為主；我以潛師遠攻，已殊勞逸，且各營大半新募，可勝而不可敗，若使連日攻堅，非特多傷精銳，兵家所忌，設有疏虞，則一蹶難振，大局更不可問。[063]

但他也提不出其他挽救之方，所能採取的唯一辦法，仍然是厚集兵力，定期反攻而已。

再次，採用搶山戰術失誤。清軍 4 次反攻海城，都是採用「先搶山頭」的戰術，是嚴重的失誤。海城之險要皆在城外：城西 1.5 公里有晾甲山、城北 1.5 公里有歡喜山、城東北 1.5 公里有雙龍山、城西南 3.5 公里有唐王山、城東南 0.5 公里有蕎麥山，皆築有炮臺或建構工事。日軍的主要兵力也都設置在這些山頭。清軍急於建功，未能知彼知己，卻不為「避實就虛」之計，而以「先搶山頭」為基本戰術，不能不導致失敗。清軍每次發動反攻的時間都是在上午或者在中午前後，以堂正之陣，大搖大擺地進行，這等於告知敵人自己要進攻了，使敵人得以從容準備，

---

[063]　《清光緒朝中日交涉史料》，卷三十四，第 11 頁。

第五章　遼東戰火

結果每回都遭到重大傷亡。據統計，在 4 次反攻戰中，清軍將士共傷亡 1,240 多人，日軍才傷亡 52 人。二者之比是 24 比 1。怪不得清軍每次的進攻，不用說搶不著山頭，連山腳也到不了。清軍還想靠在國內鎮壓農民起義的一套辦法打近代化戰爭，以對付武器裝備和軍隊構成都比自己先進的日本侵略軍，怎麼能夠打得贏呢？

第五節　遼河會戰

　　早在西元 1895 年 1 月初，日本大本營為緩解海城第三師團的孤危處境，即決定派第二軍第一師團由金、旅北犯，以實現以下三個目的：第一，打通至海城的通道；第二，掃清外圍清軍，確保至海城的通道不再受清軍的威脅；第三，在遼河下游地區與清軍決戰。

　　激戰蓋平　進攻蓋平，是日軍奪取遼陽南路戰爭主動權的一步重要的棋。此項任務由駐金州的第一旅團長乃木希典少將承擔。乃木奉命以第一旅團步兵為基礎，補充砲兵及騎兵各 1 個小隊，擔任混成旅團長。到 1 月 9 日，乃木混成旅團進至蓋平南郊，其前鋒已抵達蓋平河南 1 公里處。

　　蓋平（今遼寧蓋州市）位於遼東半島北端蓋平河北岸，為由金、旅北上的必經要道。蓋平清軍主將是山東登萊青鎮總兵章高元，率嵩武軍 8 營駐守。

　　章高元　字鼎臣，安徽合肥人。早年參加淮軍，隸劉銘傳部下。

　　西元 1874 年，日本發兵侵臺，清政府下令設置臺防，章高元隨軍入臺。

第五節　遼河會戰

　　西元 1884 年，法軍侵擾臺灣，又隨劉銘傳渡海守臺。在淡水之戰中，擊退登陸的法軍，立下戰功。戰後簡署澎湖鎮總兵。1887 年，改授山東登萊青鎮總兵，駐守青島。日本挑起戰爭後，奉旨率嵩武軍 8 營赴援遼東，由登州 (今山東蓬萊) 渡海至營口，隸於宋慶。赴援之初，他即以愛國大義激勵將士，皆能奮發向前。及奉檄駐守蓋平，時人稱其「軍紀軍風之佳，為各軍冠」。

　　當時，駐守蓋平的清軍，除章高元的嵩武軍 8 營外，還有總兵張光前的親慶軍 5 營。章高元抵達防地後，即分工兩軍：自率所部沿城南蓋平河北岸設防扼守、張光前則駐守城東 3 里的鳳凰山。1 月 8 日，得探騎報，知金、旅日軍主力直撲蓋平而來，益嚴戒備。並專騎飛報宋慶及徐邦道，請迅速來援。9 日，日軍已迫近城南，大戰在即，而援軍未至，決心督軍死守。

　　1 月 10 日清晨 5 點半，日軍開始進攻。起初，日軍企圖以聲勢壓倒清軍，從三面進逼，齊聲吶喊，向嵩武軍陣地衝擊，但未收到效果。嵩武軍守備嚴密，布陣於蓋平城南 300 公尺處，前控蓋平河，據守半月形掩體，努力防戰。嵩武軍士氣旺盛，無不臨陣當先，效其死命。日本隨軍記者報導稱：

　　我軍在開闊的地面上進攻敵軍，連可隱蔽身體的一草一木也沒有。我軍起立前進，敵軍即從掩體後面射擊；我軍停止前進匍匐地面，敵軍亦停止射擊。因地形不利於我軍，處境十分困難。[064]

　　日軍陷於苦戰之中，傷亡甚重，企圖強行突破嵩武軍正面陣地終告失敗。

　　日軍中央突破清軍陣地不成，便改為繞攻清軍左翼的戰術，與親慶

---

[064] 《日清戰爭實記》，第 17 編，第 19 頁。

第五章　遼東戰火

軍發生激戰。日軍雖頗有傷亡，仍猛攻不退。張光前不能堅持，陣地開始動搖。上午近 8 點，日軍占領鳳凰山後，隨即從西坡衝向蓋平城，從城東南角攀上城牆，並豎起日本旗。

章高元正在城南督戰，見蓋平城被敵搶占，急命分統、記名提督楊壽山、副將李仁黨、游擊李世鴻等率奮勇 400 多名回隊救城，遂在南門外與日軍展開激烈的城門爭奪戰。他們三人被稱作甲午蓋平之戰中的「嵩武三英」。

楊壽山　字人傑，湖南人。早年投嵩武軍。西元 1876 年，隨左宗棠出征新疆，平定阿古柏入侵，屢立戰功。中法戰爭後，移軍青島，以記名提督任嵩武軍分統。1894 年冬，奉命援遼，拔隊出發，過家門而不入。其養子叩馬堅請稍駐，以安置家事。楊壽山斥曰：「此何時？尚暇顧家！」即揚鞭而去。移軍蓋平後，連日與日軍小股相接，設伏迎剿，頗有斬獲。他帶隊趕到南門後，奮不顧身，衝入敵隊，連斃數名敵人。正在指揮間，他胸部突中敵彈，仆地氣絕。

李仁黨　湖南人。早年投軍陳世杰部。西元 1882 年，陳世杰由浙江調任山東巡撫，李仁黨從之。積功至副將。1894 年冬，隨章高元援遼，曾一度駐守蓋平東 30 里的牽馬嶺。他不避嚴寒，不顧冰天雪地，與士兵露宿山頂，屢次擊退敵人前鋒騎隊。這次奉命搶奪蓋平南門，奮勇當先，高呼殺賊，亦中彈陣亡。

李世鴻　字海珊，安徽合肥人。西元 1858 年，以武童投身軍旅。1863 年，改隸淮軍。1874 年，隨章高元渡臺，以功保都司。內渡後，駐軍江陰。1884 年，以偏將隨章高元援臺。基隆之役，曾於半夜率隊攻破敵營，奪回炮壘。論功升游擊。1887 年，章高元統嵩武軍駐守青島，令李世鴻任廣武營管帶。及奉命援遼，馳書告誡其子要善事祖母，並稱：

第五節　遼河會戰

「今當前敵，生死置之度外！」這次在搶奪南門的戰鬥中，他見楊壽山、李仁黨先後戰死，全隊死傷殆盡，也義不獨生，奮前搏戰，陷入敵陣而死。

日軍既擊潰清軍爭城部隊，便繞出章高元軍後，拊背夾擊。這樣一來，嵩武軍背腹受敵，處境更加困難。與此同時，日軍從蓋平河南岸也加緊進攻。在猛烈炮火的掩護下，乃木希典親自督令士兵過河進擊，日軍各大隊一齊吶喊，跳到結冰的河面上前進，因冰面凹凸傾斜，腳下打滑，有不少人滑倒而受到清軍的狙擊，傷亡甚眾。這時，徐邦道率拱衛軍趕到，立腳未穩即投入戰鬥，其攻勢甚為猛烈，日軍一時躊躇不前。但是，占領蓋平的日軍在城牆上架起大砲，向清軍陣地猛轟。清軍處於南北兩面炮火的轟擊下，各軍站立不住，於9點40分同時撤退。

日軍占領蓋平，也付出了傷亡334人的代價。清軍營官以上死5人、哨官以下員弁死19人、勇丁共傷亡700多名，是日軍的2倍多。

爭奪大平　蓋平之陷，使清軍在遼陽南路處於不利的局面。到2月下旬，宋慶一則為配合第四次反攻海城，一則為收覆蓋平作準備，決定命馬玉崑率毅字右軍占領大平山。

2月21日，宋慶、馬玉崑等進至大平山附近，擊退日軍騎兵一隊，遂將山頭占領。經實地觀察，大平山之險不在山上或山南，而在山陰。因大平山僅高二三十丈，攀登甚易，而且沒有樹木，顯然不便防禦。山南地勢平坦，無險可守，又距敵營太近，也不利於防禦。因此，決定以山北的西七里溝村為主陣地，另在鄰近村落各派隊警戒。

湯池會議　在此之前，日軍探悉清軍似將有收覆蓋平之舉。於是，日軍大本營命第二軍第一師團北上援蓋。2月19日，師團長山地元治親率第二旅團到達蓋平。這樣，日軍第一師團便全部集結於蓋平城及其近郊。21日，即毅軍占領大平山的當天，山地與第一軍司令官野津道貫會

第五章　遼東戰火

於蓋平與析木城之間的湯池。這就是所謂湯池會議。會議主要討論日軍變守勢為攻勢的問題，並制定相應的計畫。

根據湯池會議決定，日軍第一師團承擔奪取大平山的任務。於是，山地元治向師團各部隊下達作戰命令：乃木希典少將的第一旅團為右翼，進攻大平山、七里溝等處；西寬二郎少將的第二旅團為左翼，進攻大平山以南各村；師團本部為預備隊，隨右翼之後前進。

2月24日上午7點，乃木希典率部到達大平山東麓，擊退毅軍前哨，占領大平山。8點多，日軍開始將火炮轉向西七里溝村轟擊。

血戰村寨　自馬玉崑進駐西七里溝村後，即晝夜建構工事：以原來的寨牆為胸牆，上挖槍眼，以供狙擊之用；還用高粱稭搭成天棚，上排土塊，排以瓦礫，以防日軍的榴霰彈；寨牆左右和正面，皆用大小樹頭設定鹿砦。即使村內每座大宅院，也都圍以壕溝和地堡，宅牆挖有槍眼，結構非常堅固。毅軍依靠防禦工事，努力防戰，造成日軍重大的傷亡。

隨著太陽偏西，天氣越來越冷，日軍更急欲攻下西七里溝。山地元治正在太平山上觀察戰況，了解時間拖長將對日軍不利，於是命令乃木希典迅速攻進村寨。乃木一面以24門大砲集中火力向村寨猛轟；一面派一個大隊衝鋒在前，發起白刃戰，另一個大隊逼近寨牆，連連發動衝擊。無奈清軍陣地仍然屹立如初，歸然不動。

戰到下午4點鐘，日軍的一線進攻部隊彈藥告罄，一時無暇補充，只能匍匐於地物之後以避槍彈。乃木希典焦急萬分，不得不將最後的預備隊投入戰鬥。此時，戰鬥更加激烈。毅軍沒有後繼，以孤軍苦戰9個多小時，營、哨官紛紛傷亡，勇丁傷亡四五百人，炮弁亦傷亡甚多，且炮車多損壞，每槍所帶子彈300發均已罄盡。宋慶見勢難支，先將炮位撤回，令各將且戰且退。宋慶馳驅冰雪間，因砲彈落近處而馬驚厥，傾

第五節　遼河會戰

跌傷腰，換馬復戰。馬玉崑被敵所圍，率親兵闖出，因見大隊尚在圍內，重又殺入，衝開一路護之而出。兩次衝鋒，親兵100人僅剩20多人；其戰馬三易，均被炮斃。最後，毅軍終於衝出重圍。

此戰從早晨打到晚上，其持續時間之長，在甲午陸戰諸役中是僅見的。宋慶以76歲的高齡親臨前敵，往來督戰。馬玉崑英勇搏戰，艱苦卓絕，連敵人也稱讚他「驍武絕群」。西七里溝戰鬥，是清軍打得最好的防禦戰之一。如果清軍再能夠堅持一點時間，日軍便會廢然而退。清軍則可趁機襲之，必能殲滅更多的敵人。清軍的一貫缺陷，是不善於使用預備隊，而日軍剛好是利用預備隊而屢占便宜。同時，毅軍左軍也未能及時趕來支援。唯其如此，此戰便功敗垂成。戰後，光緒皇帝諭曰：「宋慶秉性忠壯，身臨前敵，但統帥之任全在指揮排程，不專以衝鋒陷陣為功。」一面認同宋慶以年逾古稀之年身臨前敵，一面指出他在指揮方面存在不足，還是比較客觀的。

雙方傷亡　在這次戰鬥中，毅軍陣亡424人，受傷100多人，共傷亡500多人。日軍公布的傷亡數字是334人，還沒有把砲兵傷亡數包括在內。一位日本軍官承認：「這是征清以來最大的炮戰，因而傷亡也可能是最多的一次。」因此，日軍第一師團的傷亡數可能在400人左右。另外，日軍凍傷的數字更為驚人。據有人統計：「此日戰鬥結束時，第一師團的每個中隊平均有50人凍傷。」以此計算，日軍第一師團的凍傷人數達到三分之一，不下兩三千人。可見，日軍第一師團所受到的打擊的確是十分沉重的。

日軍雖遭到重大損失，但還是實現了兩個目的：第一，蓋平至海城的通道從此不會再受到清軍的威脅，從而海城日軍實行出擊有了可能；第二，遼河下游清軍重鎮的外圍防禦已被攻破，日軍便可按既定計畫發

第五章　遼東戰火

動遼河會戰。

會師鞍山　早在 2 月 16 日，第一軍繼任司令官野津道貫提出一個所謂「掃蕩遼河平原」的作戰方案：（一）第一軍第五師團由鳳凰城西進，進占鞍山；（二）第三師團主力由海城出擊，向鞍山進攻，與第五師團會師後合軍進攻牛莊；（三）第二軍第一師團則占領營口；（四）第一軍、第二軍共 3 個師團發動田莊臺會戰。此作戰方案得到日本大本營的批准。湯池會議的主要內容，就是磋商如何實施「掃蕩遼河平原」作戰方案的步驟。

進入 2 月下旬以來，清廷急欲扭轉遼陽南路的戰局，諭令宋慶等軍迅速克復海城。宋慶與各軍商定，於 2 月 27 日分三路反攻海城。是為五攻海城之戰。清軍仍採取「搶占山頭」的戰術，交戰不久即紛紛敗退。經過此日之戰，野津道貫料定清軍已不能對海城構成威脅，於當夜向第三師團發出出擊的命令。

2 月 28 日，日軍第三師團主力從北門和西門分路北犯，沿遼陽大路前進。第二軍第一師團援海部隊則守備海城，並戒備營口大道和牛莊大道。清軍誤判日軍北犯的目的是欲攻遼陽，不知其「示形逼遼陽，實將襲我牛莊」，遂棄鞍山之險不守，移師遼陽，以保奉天門戶。3 月 2 日，日軍第三師團垂手而取鞍山。隨後，由鳳凰城西上的第五師團也進入鞍山。日軍第三、第五兩個師團終於在鞍山會師。

襲取牛莊　由於清軍對日軍的主攻方向判斷錯誤，以致放鬆牛莊方面的防禦，這就為日軍襲取牛莊提供絕好的機會。3 月 3 日，日本第一軍分兵兩路，以第五師團為左縱隊，第三師團為右縱隊，同時向牛莊進犯。此次日軍進攻牛莊的總兵力達到 12,000 人。因為野津道貫接到探報，清軍在牛莊駐紮的兵力無幾，正可以優勢兵力襲取。

第五節　遼河會戰

　　牛莊位於遼河下游的平原地帶，是一座沒有城牆的市鎮，不易防守。僅在市街入口處，修築了一道土牆；市街內則利用官衙和民宅的牆壁作為防禦掩體。日軍進攻時，牛莊只有前新疆布政使魏光燾的武威軍3,300人駐守，僅及日軍的三分之一。這真是一場以弱禦強的戰鬥。

　　魏光燾　字午莊，湖南邵陽金潭鄉（今屬隆回縣）人。西元1856年，投湘軍曾國荃部。後隸左宗棠軍，辦理軍務。曾從左軍參加收復新疆之役。新疆平定後，奉左之命，招屯墾，行牧政，驛路千里夾道皆種官柳，成活者百十萬株之多，人稱「左公柳」。1881年，升任甘肅按察使。1884年，遷甘肅新疆布政使。曾一度護理新疆巡撫。1893年，以丁憂回里守制。翌年秋，遼東戰事吃緊，奉特旨率武威軍舊部北上赴援。他此次召集舊部，本倉促成軍，又行軍數月，奔馳數千里，及到防，冒嚴寒，踏冰雪，喘息未定即投入戰鬥，的確是一場嚴峻的考驗。

　　3月4日，日軍第三師團從北路，第五師團從東路，向牛莊發動進攻。這場歷時一天一夜的戰鬥，大致可分為三個階段：

　　第一，守衛街牆。上午9點多，戰鬥開始打響時，日軍有些輕敵，直接撲向城牆。牛莊地處平原，市街外數百公尺之內地面平坦，日軍沒有掩蔽身體之處，而清軍則伏河溝間，恃土牆為障暫不還擊，誘敵靠近陣地。據日方報導：「清兵或穿銃於屋壁，裝填無煙火藥以擊，或備速射炮於凸角部，以急射炮邀擊，如驟雨一時來注。」日軍傷亡甚眾，再次發起進攻，清軍死力拒之。「彈丸雨下，炮聲如雷，硝煙溟濛，咫尺不辨。忽有一彈飛穿今田（唯一）少佐咽喉，少佐死之。」今田曾參加過平壤之役和進攻摩天嶺的戰鬥，在日本軍隊裡以「勇敢」著稱，被視為「良將之選」，即將晉升中佐，而終於在侵略戰爭中喪命。

　　上午10點，日軍調集砲兵部隊，在牛莊以北兩側高地占領陣地，各

第五章　遼東戰火

排列大砲 12 門，齊向牛莊猛轟。在炮火的掩護下，日軍聯隊長佐藤正大佐率部向街牆急進，並令士兵齊唱軍歌，想用氣勢壓倒清軍。而清軍等日軍進至最佳射擊距離，槍炮齊射，彈片擊中佐藤膝部，被抬下戰場。日軍易將再衝，戰鬥更趨激烈，清軍陷於苦戰之中。據魏光燾報稱：

> 左、右營接戰，中營繼之。賊以排槍、炸炮抵死抗拒，彈如雨點；我軍以劈山炮、洋槍對擊。士卒中彈者如牆而倒，前仆後進，賊之為我擊斃者尤眾。故傷亡雖多，士氣仍壯，縱橫蕩決，力不稍疲。[065]

武威軍拚死力戰，究竟寡不敵眾，傷亡太重，於 12 點 30 分退入街內。

第二，街內巷戰。日軍既攻破街牆，便四路衝進牛莊市街，雙方展開激烈的巷戰。清軍據民房死守，日軍不能輕拔，死傷頗多。這樣逐屋爭奪，日軍每占領一座民房，都要付出一定的代價。市東北區有一家燒酒鋪，一些清兵據之，抵抗最為頑強。日軍第五師團長奧保鞏中將對部屬說：「徒攻之，非利也。」即令各部隊中止射擊，而命工兵用炸藥破壞牆壁。日軍接連炸開兩道牆壁，才衝進燒酒鋪內。從一位隨軍記者的筆下，我們似乎看到當時這座燒酒鋪內清軍誓死抗敵的悲壯場景：

> 我向燒酒鋪走去。路旁伏屍相枕。我跨過屍體前行，見左面和右面都是燒酒鋪，右面的燒酒鋪就是敵人的據點。由門前築成的屍山之間流出幾條渾濁的血河。進門以後，見院內也堆滿了死屍。[066]

到下午 2 點多，原駐牛莊以東 20 幾里的一支清軍，即江南候補道李光久的老湘軍 2,400 人，聞警趕來救援。這時，武威軍正在市街內與日軍巷戰。李光久命各營分三路進擊，衝進市街，與敵展開巷戰。據李光

---

[065]　〈魏先燾稟〉清抄本。
[066]　《中國近代史資料叢刊續編中日戰爭》，第 8 冊，第 430 頁。

第五節　遼河會戰

久報稱：

> 一進街口，即與該賊巷戰，斃賊無算，……乃前賊敗退，後賊紛來，槍炮雨密。賊又從兩旁擁出，紛紛擊犯，勇與賊幾莫能辨。血戰竟日，各街口被賊縱火，斷我出路。時已二鼓，子彈俱盡，不能不率隊衝突而出。[067]

戰至日落以後，威武軍與老湘軍都已潰不成軍，無力再戰。魏光燾和李光久便率殘部從牛莊西區突圍而出。

第三，餘部死戰。魏光燾和李光久突圍後，尚未突圍的清軍仍在市街繼續抵抗。入夜以後，日軍由北而南，逐家搜查。而清軍則分散於各堅固民房中，寧死不退。日方記載稱：「殘兵還未完全剿滅，即已日暮。因停止炮擊，執劍挨戶搜查，殺人無算。」戰鬥一直持續到天明。

日軍攻占牛莊，也付出了傷亡389人的代價。此戰，魏光燾「以孤軍血戰，短衣匹馬，挺刃向前，督戰苦鬥，三易坐騎」，表現十分出色。連日人也不得不讚道：「其能久與日軍交鋒者為武威軍，奮死決戰，力守至一晝夜，實清軍中所罕睹也。」李光久回援時，見日軍已攻入市街，仍率部「直前搏戰，兵已陷入死地，無不以一當百」。這兩支湘軍喋血牛莊，無奈眾寡難敵，強弱懸殊，傷亡十分重大，有1,400多人陣亡，另有約300人傷重被俘。

田莊大戰　牛莊的失陷，使清軍扭轉遼南戰局的計畫終成畫餅。此時，遼河南岸的重要通商口岸營口，因東、南、北三面要地盡失，處境孤危。而其西北為田莊臺（今遼寧大窪東南），地處遼河北岸，商賈輻輳，房屋鱗次櫛比，有人口21,000多人，是遼河下游的水陸碼頭，也是營口至山海關的必經之路，同樣面臨敵鋒漸及的危險局面。清軍下一步

---

[067]　《清光緒朝中日交涉史料》，卷三十六，第19頁。

第五章　遼東戰火

怎麼辦？從前敵將領到朝廷，對此意見極為紛紜。

戰前策議　當時對於清軍下一步的作戰計畫，主要有四種不同的方策：

第一種，返搗牛莊。此策為湖南巡撫吳大澂麾下官員洪貞祥提出。他建議：「倭人得牛莊，必不守，當徑撲宋慶軍，且計海城之倭當已傾巢出矣，今夜乘虛返搗牛莊，必得手。誠能奪回牛莊，可長驅搗海城，縱未必克，倭必返顧，可紓宋慶之急，所謂出不意攻必救也。」時人多以此策為是，而吳大澂不予採納。

第二種，退保西路。此策為宋慶提出。他知營口難守，主張退保西路，先行移紮田莊，稱：「牛莊各軍既已潰回，若僅派數營，斷不能支。而全隊拔回營口，亦不能保。即使徒防營口，指日冰解，水陸受敵，且後路運道一斷，糧彈不濟，亦難支持。今後路被擾，唯有全隊回顧。」清廷覆電：「宋慶率全軍回顧西路，是此時第一要著。」認可他的建議。

第三種，不急爭鋒。此策為欽差大臣督辦東征軍務劉坤一提出。他不反對宋慶退保西路，但進一步提出：「現在唯有北固沈遼，西防寧錦，以保大局。不必急於爭鋒，俟我蓄銳養精而後與之決戰，亦當出奇制勝，不可一味攻堅，使倭伺間乘虛以襲我後，至蹈今日覆轍。」但朝廷對此策的意義理解不足，並未予以重視。

第四種，敵後游擊。此策乃聶士成在較早的時候提出。略云：「軍興以來，只聞敵來，未聞我往，此敵之所以前進無忌也。（擬）率精騎千人直出敵後，往來游擊，或截餉道，或焚積聚，多方繞之，令彼首尾兼顧，防不勝防，然後以大軍觸之，庶可得手也。」此策上於李鴻章，李覆電阻之。

以上四策，都有一定的道理，但若提高到戰略的高度看，自以第三

第五節　遼河會戰

策和第四策最為可取。這兩種方策都是主張以我為主，掌握戰爭的主動權。當時，劉坤一對敵我雙方力量對比有比較清楚的認知，所以不久之後又提出實行持久戰的建議。若清軍真能將持久作戰方針與敵後游擊方針加以結合，並運用到戰爭實踐中去，遼南的戰局必可大為改觀。

時辰之戰　田莊臺大戰是遼南的最後一戰。日軍合大兵團而戰，以田莊臺之戰為始，故日人稱：「田莊臺之役實一大戰鬥也。」

此役日軍投入的部隊為第一軍第三、第五兩個師團和第二軍第一師團，共 3 個師團 20,000 多人，並集中了野炮、山炮等 109 門，規模皆屬空前。防守田莊臺的清軍為宋慶所部，包括毅字左、右軍 14 營和新毅軍 20 營，共 34 營 11,000 多人，擁有大砲 24 門。兩相比較，日軍兵力差不多是清軍的 2 倍，所攜帶的大砲則是清軍的 4 倍多。所以，這次大戰是一場以弱禦強的戰鬥。尤其是日軍乃乘勝進攻，而清軍新敗之後卻無喘息之機，戰局的發展在意料之中了。

3 月 9 日，是日軍合攻田莊臺之期。當日凌晨，日軍分三路向田莊臺推進。上午 8 點，日軍第三師團利用排列在遼河東岸的幾十門大砲，首先向田莊臺的正面陣地猛烈轟擊。隨後，又在炮火的掩護下踏過河冰到達西岸，向清軍陣地發起衝鋒。防守遼河西岸的新毅軍奮力抵禦。接著，田莊臺東北方向的日軍第五師團，也在遼河上游之東岸，向對岸的毅字左、右軍陣地發起炮擊。雙方展開了激烈的炮戰。日軍第一師團則先在夜幕的掩護下踏過遼河下游的河冰，繞到田莊臺西南清軍薄弱處，向市區突擊。宋慶正在田莊臺東北指揮，見西南方向危急，即令毅字左軍飛馳接應，已無法衝進市街。到上午 10 點多，日軍從三面攻進市街，田莊臺遂告不守。

田莊臺戰鬥雖是一場大戰，卻從辰正戰到巳正，只打了一個時辰，

第五章　遼東戰火

故以「時辰之戰」稱之。

可憐焦土　此時，仍有一定數量的新毅軍官兵仍未撤出，便退入民房堅持戰鬥。野津道貫鑒於牛莊巷戰的教訓，決定實行「燒光」政策，下令凡可疑的房屋皆全部燒毀。於是，從上午 10 點半開始，鎮內到處起火，頓時黑煙籠罩整個市街。火越燒越大，一直燒了一天一夜。一座數千戶的市鎮，竟被付之一炬，可憐焦土！

試看日本隨軍記者是如何報導田莊臺這場大火的：

此日，北風異常猛烈，火勢逐漸蔓延到全城。因敵軍遺棄的許多砲彈在各處爆炸，聲音轟轟隆隆，實有在煙霧之中正在進行著一場激戰之感。如此繁華之田莊臺，一朝化為灰燼！

關於戰利品，我軍若想繳獲，糧食、軍器等是非常多的，可惜都被大火燒光了。[068]

燒死多少戰敗的清軍和無辜的商民完全不在乎，卻惋惜許多戰利品被燒掉了，這或許正反映了所有侵略者的心態吧。

遼戰得失　縱觀遼東戰場，清軍敗績連連，給予人戰局不可收拾的印象，從而得出似乎敗局已定的結論。因此，許多論者將遼東之役中的清軍說得一無是處，不是不堪一擊，就是遇敵即逃，簡直是一群毫無戰鬥力的烏合之眾。情況絕非如此。

事實上，遼東戰場上的清軍，許多部隊還是具有一定戰鬥力的。而且，遼東之役也是有得有失的。如果戰爭能夠持久地進行下去的話，那麼，不但勝負之數難以料定，整個戰爭形勢也很有可能發生逆轉。我認為，對於被侵略的中國一方來說，不能只看它之失，也要看到它之得。遼東之役起碼有四得：

---

[068]　《日清戰爭實記》，第 24 編，第 18、24 頁。

第五節　遼河會戰

其一，湧現大批敢戰之將。 清軍在戰鬥中湧現出一大批敢戰之將。如淮軍馬玉崑，在遼東諸役中表現最為突出，堪稱英勇絕倫。章高元在蓋平之戰中誓死決戰，所部上下同仇敵愾，無不臨陣當先，效其死命，取得斃傷敵軍 334 人的可觀戰果。湘軍舊將魏光燾，在牛莊之戰中與敵死戰，傷亡雖多，士氣仍壯，縱橫蕩決，力不稍疲，後則展開巷戰，與敵逐屋爭奪，斃傷敵人 389 人，沉重地打擊其囂張的氣焰。有這樣一大批敢戰之將在，只要將戰鬥堅持打下去，遼東戰場的清軍是不會垮掉的。

其二，殲敵大量有生力量。 雖然清軍在遼東戰場上失利的時候居多，但屢次重創日軍，致使雙方力量的消長利於我而不利於敵。戰爭本來就是力量的競賽。從雙方的軍力對比看，當然是敵強我弱，但隨著戰爭的持續進行，也會逐步發生變化。據統計，在遼東戰場上，日軍第一師團減員 4,957 人、第三師團減員 2,149 人、第五師團減員 2,808 人，合計為 9,914 人，等於其總兵力的六分之一。再看整個甲午戰爭期間，日軍的死亡人數為 13,164 人，傷殘等免除服役人數為 16,958 人，合計為 30,122 人，等於兩個師團的規模。其損失是十分慘重的。日本是一個島國，而且是越海作戰，兵員有限，兵力不足，其優勢很難長久保持下去。相反，清軍雖歷經苦戰，損失不輕，然士氣愈挫愈奮，隊伍愈打愈大。如宋慶所統毅軍由參戰時的 9 營擴充到 39 營，依克唐阿所統鎮邊等軍由參戰時的 10 營擴充到 14 營，徐邦道統帥的拱衛軍由參戰時的 5 營擴充到 11 營。所以，只要戰爭堅持打下去，優勢便會逐漸轉到清軍方面。何況日本打的是一場不義的侵略戰爭，士氣低落。其死亡人數中有「變死」一項，即是指自殺等非常死亡。許多日本士兵對越海作戰的目的表示懷疑，最後竟走上自裁抗議的不歸之路。

第五章　遼東戰火

　　其三，開始運用機動戰法。清軍的傳統戰法是過於重視一城一地之得失，奉陣地戰為圭臬。而日軍在砲兵使用方面占有較大優勢，故清軍打陣地戰剛好是以己之短攻敵之長，欲其不敗是不可能的。在遼東戰場上，清軍以陣地戰為主要戰法，剛好是其屢戰屢敗的重要原因所在。透過戰爭實踐，一些清軍開始運用機動靈活的戰法，如聶士成在連山關以「疑兵」退敵，依克唐阿在草河口巧用運動戰等，都是成功的戰例。

　　其四，探索克敵致勝之道。中國如何才能戰勝侵略者？當時對於作戰雙方來說，各有其優勢之所在。不過，在戰爭爆發後的一段時間內，中國還是有潛在優勢的，只有在戰爭繼續堅持的情況下才有可能逐步顯現出來。而要將潛在優勢轉化為現實優勢的決定條件，就是決心打一場持久的戰爭。越是到戰爭後期，透過遼東諸役的實踐和反思，對持久作戰的必要性的理解越是深刻。如劉坤一即提出：「『持久』二字，實為現在制倭要著。」還有人提出「堅持戰局，以十年為期」的建議。這在當時是很了不起的。持久論的提出，是近代軍事戰略觀念發展的一項重要貢獻，也為中國兵學寶庫增添了一份珍貴遺產。隨著它不斷發展和完善，便成為爾後中國人民抗擊外來侵略戰爭的理論指導和克敵制勝的銳利武器。

　　整體來看，清軍有失也有得：一方面就遼東諸役的整體說，清軍是失敗的，它的某些局部勝利並未能扭轉戰爭的形勢，是失大於得；另一方面，清軍雖遭到重大損失，但愈挫愈奮，並能總結出與敵久持的重要戰略觀念，從近代中國反侵略戰爭的全局考慮，又是得大於失。

第六章
艦隊潰敗

第六章　艦隊潰敗

第一節　威海陷落

日本發動山東半島之役，是蓄謀已久的。旅順口既陷，北洋艦隊只能退守威海衛基地。因此，日本大本營便把威海作為下一個進攻目標，其戰略目的是最終消滅北洋艦隊。

海軍根本　威海衛有「渤海鎖鑰」之稱，它位於山東半島的東北端，與遼東半島的旅順口遙相對峙，共扼渤海門戶。明朝初年，為防倭寇的侵擾，設衛於此。衛城前臨海灣，背枕群山，峰巒連綿起伏，三面環繞，港灣廣闊，其南北兩岸山勢峻峭，逶迤而東，劉公島橫置港口中央，形成二龍護珠之勢。在港灣附近，明礁暗石，森列潛藏；列島群嶼，星羅棋布。其形勢堪稱險要。

明嘉靖〈威海防倭圖〉、清光緒〈威海海防圖〉

近代以降，威海的軍事地位再度受到重視。進入1880年代以後，為籌建海軍，威海港開始成為北洋艦隻的屯泊之所。西元1887年，威海的

第一節　威海陷落

海防工程全面展開。清廷視威海為海軍根本所在，除在劉公島上修建北洋海軍提督衙門外，還在南北兩岸修築多座炮臺，以固威海之防。其工程之浩大，構造之雄威，曾引起許多人的驚嘆。時人有〈觀威海炮臺〉詩讚曰：

一臺盡聚九州鐵，熔鑄幾費爐中煙。……
意匠經營世無敵，人工巧極堪奪天！

李鴻章視察威海基地後，也誇口道：「但就渤海門戶而論，已有深固不搖之勢。」

日人窺伺　威海海防工程施工之日，剛好是日人遣諜窺伺之時。

西元1887年，日本參謀本部擬定多種〈征清方略〉，其中有一條就是打敗北洋艦隊，「以威海衛為據點，侵入直隸灣，轟擊沿岸炮臺及其他要地，以援助陸軍部隊進攻北京」。但是，想要占領威海衛，必須先選好陸軍部隊的登陸地點。1888年10月北洋海軍成軍後，當年12月日本參謀本部即密令海軍情報官關文炳速赴威海，探偵威海後路情況，並尋找陸軍大部隊理想的上岸之處。

關文炳　日本海軍大尉。西元1885年來中國，裝扮成中國書商，化名積參助，在天津城外北洋大臣衙門附近創辦一家書店，專門蒐集軍事情報。此次他赴威海偵察，往返歷時70天，歸後寫成一份〈關於威海衛及榮成灣之意見書〉，認為榮成灣是最理想的登陸地點，欲攻占威海衛，必先取此灣為基地。

關文炳的意見受到日本參謀本部的重視。但問題是：榮成灣的範圍廣闊，灣口南北達到75公里，那麼，最佳的登陸地點在何處呢？為解決這個問題，日本參謀本部不斷地派遣間諜前往偵察。1950～1960年代，我曾多次到這一帶進行調查，發現甲午戰前這裡每個村都有日諜來過。

第六章　艦隊潰敗

如成山衛,就是日諜經常光顧之地,他們或扮作南方客商,或裝成遊學教師,常駐不走。再如倭島村,乃是明代倭寇登岸後的麇集之地,日人稱「日本村」,以此為基地肆行搶掠,故當地流行一句俚語:「倭子上岸了!」用來嚇唬哭鬧的兒童。因此,此村受到日諜鍾崎三郎的重視,還專門前來偵察過。這個問題最後是由八重山艦長平山藤次郎海軍大佐解決的。

西元1894年12月下旬,平山藤次郎詳細調查成山頭以南的所有海灣後,提出報告稱:

在山東半島成山角之南,有一突出的小半島,即龍鬚島。……(其西側)有一小灣,寬3,000餘公尺,長2,500公尺,灣口水深5尋,愈近岸水愈淺,灣內可停泊大船幾十艘。東、西、北三面都是大陸環繞,唯南面向海,故在此季節,幾乎不必擔心風浪。底係沙地,直至岸邊,水深適宜,用舢板和汽艇可以靠岸。若事先準備棧橋材料,人馬皆易於登陸。……因此,此處實為難得的適宜的登陸地點。[069]

平山的建議解決登陸的實際地點問題,故迅速得到大本營的批准。

策劃勸降　與此同時,日本大本營也正在研究制定威海衛作戰計畫。決定重新改編第二軍,仍由大山巖大將擔任司令官,下轄第二師團和第六師團,以此作為「山東作戰軍」。並傳令日本聯合艦隊司令官伊東祐亨,要求海軍護送第二軍登陸,並與之協同進占威海衛,消滅北洋艦隊。

日軍為攻占威海衛,曾經準備了兩手,即在海陸兩軍協同攻取外,還想採用策反誘降,不戰勝之,以達到消滅北洋艦隊的目的。在伊東祐亨主持的海軍作戰會議上,即確定了以誘降為先的方案:

---

[069]　《日清戰爭實記》,第17編,第33～34頁。

第一節　威海陷落

覆其根本，宜備敵國艦隊出擊及其遁逸，務不損我艦，不使敵艦沉沒，待及彈竭糧盡，士氣沮喪，以令丁提督降。[070]

伊東祐亨親與大山巖面商誘降的實際辦法，取得一致意見。即命海軍國際法顧問高橋作衛起草勸降書：

第一份，中文勸降書。書中婉勸丁汝昌效法漢朝李陵之降匈奴，「棄小節而全榮名」。

第二份，英文勸降書。書中主要以保命保官誘之，稱：

閣下苟來日本，僕能保我天皇陛下大度優容。蓋我陛下於其臣民之謀逆者，豈僅赦免其罪而已哉？量其才藝，授職封官，類例殊眾。今者，非其本國之臣民，而顯有威名赫赫之人，其優待之隆，自必更勝數倍耳。[071]

大山巖幾經斟酌，覺得李陵在中國士人心目中是個不光彩的歷史人物，可能會引起受信者的反感，因此棄之不取，而選定英文勸降書，由大山巖和伊東祐亨共同署名，託英國軍艦「塞班」號送進劉公島。但丁汝昌接書後，當即毅然拒絕日人的勸降，當眾曰：「予絕不棄報國大義，今唯一死以盡臣職！」

大山巖見勸降未能奏效，便決定實行登陸作戰。

遠勢登陸　大山巖也好、伊東祐亨也好，皆知從正面進攻威海非常困難，可能會徒然造成重大的犧牲，所以決定採取遠勢登陸包抄後路的戰術。遠勢包抄有什麼好處呢？應該說其好處有二：一是可以避開大量清軍駐守之地，庶可安全登陸；二是投陸軍主力於清軍防禦的薄弱地帶，以便從後路突破之。日本大本營迅速批准在榮成龍鬚島的西側海灘登

---

[070]　橋本海關：《清日戰爭實記》，卷十二，第388頁。
[071]　《中國近代史資料叢刊中日戰爭》，第1冊，第197頁。

第六章　艦隊潰敗

陸，剛好是因為此處適合實施遠勢包抄戰術。

日本海軍為保證第二軍成功登陸，事前制定了周密的掩護陸軍上岸和協同陸軍作戰的〈聯合艦隊作戰大方略〉。其要點有三：

第一，改編艦隊。日本聯合艦隊重新改編，共編為5隊，即本隊及第一、第二、第三、第四游擊隊，以適應登陸作戰的需求。

第二，聲東擊西。第二軍登陸的前一天，第一游擊隊進入渤海，到登州府（今蓬萊）海面游弋，並炮擊府城，以收聲東擊西之效。

第三，防敵襲擊。聯合艦隊在護送運兵船途中，若與北洋艦隊遭遇，則由本隊及第二游擊隊攻擊敵艦，第三游擊隊負責護送運兵船到達登陸地點。

西元1895年12月20日上午，日本第二軍按預定作戰計畫開始在龍鬚島西海灘登陸。當天傍晚7點多，日軍占領榮成縣城。經過數日的休整，到25日，大山巖便下達進兵威海衛的命令。

禦敵之策　隨著敵氛漸逼威海，採取何種禦敵之策的問題便提到議事日程上。當時，從朝廷到內外臣工及前敵將領，意見極為紛紜，大致有四種具有代表性的主張：

第一，相機出擊，襲敵遠船。此主張以中樞親王大臣為代表，並得到山東巡撫李秉衡的大力支持。日軍從龍鬚島登陸後，軍機處請旨電諭李鴻章：「若將定遠等船齊出衝擊，必可毀其多船，斷其後路。」李秉衡以守土有責，急欲掃清敵氛，也提出：「伏查倭人既經登陸，其船上並無重兵，我若以兵船攻擊，毀其運船及接濟糧械之船，則水路受創，陸路亦易得手。」

第二，出海拚戰，鐵艦退煙。此主張以李鴻章為代表。他傾向於令

北洋艦隊餘艦皆退至煙臺。在日軍登陸的當天，他致電丁汝昌質問：「成山一帶雖有日艦，自威（海）至煙（臺）何至一步不能行？」幾天後，他又指示丁汝昌：「若水師至力不能支時，不如出海拚戰，即戰不勝，或能留鐵艦退至煙臺。希與中外將弁相機酌辦為要！」

第三，水陸相依，艦臺相輔。此主張以丁汝昌為代表。起初，李鴻章提出一個「水陸相依」的原則，令丁汝昌妥籌實際實施方案。丁汝昌與諸將合議後確定了「艦臺相輔」的方針，其覆電稱：「倭若渡兵上岸，來犯威防，必有大隊兵船、雷艇牽制口外。若遠出接仗，我力太單，彼船艇快而多，顧此失彼，即傷敵數船，倘彼以大隊急駛，封阻威口，則我船在外，進退無路，不免全失，威口亦危；若在口內株守，如兩岸炮臺有失，我船亦束手待斃，均未妥慎。竊謂水師力強，無難遠近迎剿，今則戰艦無多，唯有依輔炮臺，以收夾擊之效。」

第四，增援後路，以防抄襲。此主張以李秉衡和署兩江總督張之洞為代表。李秉衡鑒於威海西路防禦十分薄弱，斷定敵謀威海，必先由後路登陸，奏稱：「唯合計兵力尚單，必須另有一大支游擊之師，以資策應。」張之洞也電總理衙門稱：「聞倭大隊已在榮成縣登陸，此專為攻威海後路。威海為北洋封鎖，海軍停泊之所，此處不守，則北洋出路梗阻矣。該處臺堅炮巨，炮手亦好，敵艦不能攻，故襲後路，此攻旅順之故智也。」建議令奉調北上的 25 營「出在省城之南，取道莒州等處，直趨煙臺，探明威海後路，相機援剿」。

在上述四種方案中，前兩種或主張襲擊敵運兵船，或主張出海與敵拚戰，單純從理論上看，採取主動進攻，似乎是正確的。但在實踐上是否行得通，卻是值得考慮的。經過黃海一戰，北洋艦隊損失 5 艘，只剩下定遠、鎮遠、靖遠、來遠、濟遠 5 艘戰艦。不意鎮遠艦在駛進威海北

第六章　艦隊潰敗

口時,被礁石嚴重碰傷,連修一個月,雖勉強補塞支撐,但已不能出海作戰。北洋艦隊主要靠的是定遠、鎮遠兩艘鐵甲,如今鎮遠艦難以出海,定遠艦勢難與敵艦周旋。何況日軍早已制定了〈誘出和擊毀敵艦計畫〉,內稱:「若敵艦駛出威海衛港,應巧妙地將其誘至外海,我主力戰艦實行適當的運動,準備戰鬥。築紫艦及另七艦則陸戰隊伺機登陸,占領劉公島。」因此,若北洋艦隊此時真的出海拚戰或繞過成山角襲擊日本運兵船,必然會遭到數倍於己的敵艦包圍,而且劉公島也要面臨陷落的危險。對於北洋艦隊來說,這無異於孤注一擲,必定大失其利,甚至有很大的可能提前歸於覆滅。

「水陸相依,艦臺相輔」之策,在一定時間內似可奏效,但不可能用之於長久。因為它有一個前提,就是必須保證後路的安全。所以,「水陸相依,艦臺相輔」與「增援後路,以防抄襲」,二策又是相輔相成的。丁汝昌有鑒於此,在建議「艦臺相輔」之策的同時,即曾要求在威海後路增設能夠野戰的游擊之師。當時,煙臺守將漢中鎮總兵孫金彪也提出:「威海既為水師根本,(敵)艦攻不利,或以陸隊潛渡汊港,從後抄襲,則我全臺俱難為力,非得大力援兵扼要屯紮。」李秉衡極力支持,認為:「合觀全勢,非另有大支游擊之師,不足以策應。」

成立大支游擊之師,在當時乃是具有重要戰略意義之舉,卻受到種種不應有的干擾,無法順利地落實,威海戰局也就難有轉機了。

南岸戰鬥　日本第二軍占領榮成後,大山巖一面派出多起探騎偵察前方清軍駐兵情況,一面連夜召集參謀人員會議,研究制定攻占威海衛的作戰方案,最後確定南岸炮臺為進攻的重點,先行拔取之。1月26日,日軍分兩路向西進犯:第六師團為北路,稱右路縱隊,其任務是由東路直逼南岸炮臺,擔任主攻;第二師團為南路,稱左路縱隊,其任務是繞

第一節　威海陷落

至南岸炮臺西南兩側，切斷守軍退路，並與右路縱隊形成夾擊之勢。

當時，部署威海後路防禦的重擔，完全壓在新任山東巡撫李秉衡肩上。他自稱「才輇（ㄑㄩㄢˊ，淺薄）任重，懼弗克勝」，恐非過謙之詞，固深知時局艱難，不容退避，只能竭力為之。

李秉衡　字鑑堂，祖籍山東福山。乾隆時，其曾祖遷往奉天，入海城籍。後居岫巖廳南石嘴子村（今遼寧莊河）。歷任州縣，為官清廉，時有「北直廉吏第一」之稱。擢授浙江按察使。未到任，調廣西。中法戰爭爆發後，以臬司護理廣西巡撫。戰後，晉布政使，仍攝撫篆。西元 1894 年 5 月，授安徽巡撫，亦未抵任。8 月間，甲午戰起，朝廷以山東為畿輔屏障，調原巡撫福潤至安徽，而改命李秉衡撫之。

李秉衡蒞職後，發現山東防務漏洞甚多，認為必須抓緊補救，否則危險殊甚。為此，他做了大量努力。尤其是在設立大支游擊之師方面，他非常積極，先是奏請招募 20 營，後又寄希望於奉旨北上的馬步 25 營趕赴威海後路。但是，在戰略指導上，清廷始終是重京畿而輕山東，所以在他的籌防過程中並未得到朝廷的有力支持。與之相反，清廷還幾次降旨將山東的駐軍調到直隸或關外，使李秉衡成立大支游擊之師的計畫終於胎死腹中。後見形勢日亟，只能部署現有兵力。他除了依靠威海陸軍主將戴宗騫的配合，另外就是調派孫萬齡率所部開赴前敵。

戴宗騫　字孝侯，安徽壽州（今壽縣）人。以鄉試不中，棄文從戎。西元 1867 年，往投李鴻章，上〈平捻十策〉。李鴻章留之幕府，襄贊軍事。繼委辦全軍營務處。積勛至知縣。1880 年，隨吳大澂駐防三姓（今黑龍江依蘭縣），治績頗著，因擢知府。1887 年，奉調督辦威海防務，統領綏、鞏各軍。

孫萬齡　又名萬林，字壽卿，里籍不詳。行伍出身，積功至總兵，

第六章　艦隊潰敗

以提督記名。是嵩武軍分統,所統僅 1,200 人,裝備也很差。李秉衡對他期許甚高,稱:「兵固單,尤苦無將,前敵敢戰之將,僅一孫萬齡。」然戴宗騫憂之曰:「勇新器舊,以當驕虜,極可憂危。」孫萬齡只能以此單薄兵力駐威海衛城以西的酒館集。

日軍從龍鬚島登陸後,李秉衡命孫萬齡率部東行迎敵;又覺其兵力太單,派駐守威海西路上莊口的總兵李楹率福字軍 3 營助之。孫軍東行途中,與從榮成西退的副將閻得勝河防營 5 營相遇。自此,閻軍便隸屬於孫萬齡。此時,戴宗騫也應李秉衡之約,派其分統知府銜劉樹德率綏軍 2 營與孫軍會合,以合力擊敵。這樣,會師於威海南路的清軍,已達到 12 營 6,000 多人。

白馬伏擊　為阻榮成日軍西犯,孫萬齡進駐威海東南 35 公里的白馬村,並在白馬河西岸修築工事。1 月 24 日傍晚,日軍前鋒部隊不知孫軍埋伏於此,擬進占白馬村。日軍來到白馬河東岸時,孫軍已有準備。趁敵人立腳未穩之際,孫萬齡下令攻擊,日軍倉促應戰。此時,夜幕籠罩,無法瞄準射擊,日軍打開攜帶的行軍探照燈,用來照射攻擊目標。孫軍沉著應戰,利用敵人的燈光進行瞄準射擊。激戰約 1 個小時,斃敵軍官 1 名和士兵 10 多人。日軍見處境不利,向東撤退。

此時,閻、劉兩軍並未給予有力的配合。閻得勝不但未按預定計畫包抄敵人,反而不戰而退。劉樹德畏敵怯戰,也棄孫軍而西去。孫萬齡不得已下令撤出陣地,向威海西路轉移。

白馬戰鬥後,日本第二軍繼續向西進犯,並對威海南岸炮臺分兩路進逼,構成包圍的形勢。1 月 29 日,大山巖部署既定,便下令於翌日拂曉發起總攻。

血戰冬青　日軍的首要攻擊目標是南岸炮臺群中的冬青頂炮臺。冬

第一節　威海陷落

青頂為南岸炮臺群的制高點，因峰頂生長松樹，冬季青翠一片，故當地民眾以「冬青頂」名之。日人則稱此峰為摩天嶺。日本隨軍記者寫道：

> 摩天嶺是群山中的最高山峰，為陸地防禦最險要之處。炮壘峨峨，高聳入雲，仰頭才能望到。附近有炮臺數座，皆以胸牆相連，蜿蜒曲折，沿山構築，其長度連萬里長城似也要退避三舍。敵軍據守炮壘，實行其擅長之防守戰術。[072]

冬青頂炮臺設有 8 公分口徑行營炮 8 門，守軍為鞏軍新右營 500 人。營官周家恩也堪稱敢戰之將，附近村民都說他是「硬漢子」。他明知眾寡難敵，但抱著與炮臺共存亡的決心與敵拚戰到底。

日軍進攻冬青頂炮臺的部隊，是大寺安純少將指揮的右路縱隊左翼支隊。是日上午 7 點半，大寺下令發起攻擊。冬青頂守軍槍炮齊射，附近炮臺及港內軍艦也發炮支援。在清軍交叉火力的打擊下，日軍頗有死傷。大寺親自督戰，日軍爬過鹿砦，卻踏響了連環地雷，頃刻間有不少敵兵喪命。對此，日方記載說：

> 我軍立即進逼壘下，敵發大砲防戰，我亦發山炮應戰。兩軍戰正酣，山動谷鳴，地軸為傾。敵兵在壘下預設地雷，我兵誤逾其上，爆然燃炸，黑煙衝天，我兵勢稍沮。[073]

日軍進攻受挫後，便改變戰術，先占領冬青頂西側的山頭，然後向冬青頂發起衝鋒。周家恩指揮全營官兵打退日軍的幾次衝鋒。日軍三次爬上炮臺，守軍與之展開肉搏戰，全殲了爬上炮臺的日兵。據當日正在遠處山頭觀看的村民說：「清軍大旗倒了三回，硬是豎起來三回。」日軍仗著人多勢眾，三面合圍，同時發起衝擊。炮臺守軍全部戰死。周家恩

---

[072]　《日清戰爭實記》，第 20 編，第 26～27 頁。
[073]　《中國近代史資料叢刊中日戰爭》，第 1 冊，第 270 頁。

第六章　艦隊潰敗

全身多處受傷，腹部腸子流出，為不被敵人俘虜，跳下山崖，未死，又在山溝裡爬行了兩三里，因血流盡而犧牲。

冬青頂炮臺是在守軍全部陣亡的情況下陷入敵手的。大寺安純一時喜不自勝，要親自觀看戰況，與部下徒步登上炮臺。此時，停泊在港內的定遠等艦見冬青頂上突然豎起日本旗，一齊發炮轟擊。大寺胸部被砲彈洞穿而亡，隨行的日本《二六新報》記者遠藤飛雲亦中彈喪命。大寺在日本曾被譽為「一代良將」，是甲午戰爭中第一個被清軍擊斃的日本將軍。日人江間些亭有悼詩云：

威海壁壘摩天嶺，棨戟林林攢銳鋒。
石破天驚炮聲震，陣雲慘澹啼黃龍。
寧測驥足忽屯蹶，將軍馬前鐵彈裂！
將旗裂處筆折處，六尺之軀雲變滅。
馬革裹屍所曾期，只見沙場滿腔血！

日軍攻占冬青頂炮臺後，直逼龍廟嘴炮臺，守臺清軍堅持不退，與衝上炮臺的敵人拚死搏戰。目擊這一驚心動魄場面的村民說：「炮臺上死了好幾十個官兵，屍首橫七豎八，許多屍體上既有槍傷也有刀傷。」戰鬥一直打到守臺的勇士們全部壯烈犧牲。

炸毀巨炮　南岸戰鬥持續到1月30日傍响，各炮臺先後失陷，只剩下最大的皂埠嘴炮臺。炮臺有克虜伯大砲5門，其中28公分口徑2門、24公分口徑3門。由於它的炮火猛烈，日本軍艦通常是不敢駛近威海南口的。此日之戰，日軍為攻占南岸僅存的這座炮臺，一面從陸上進攻，一面從海上用艦炮轟擊。在日軍猛烈炮火的夾擊下，守軍奮勇抗敵，前仆後繼，無一人後退。直到最後，日軍從幾個方面衝上炮臺，才發現守軍已全部犧牲。

第一節　威海陷落

在日軍進攻之前，丁汝昌即擔心皂埠嘴炮臺一旦落入敵手，必將對劉公島及港內軍艦造成很大的危害。因為巨炮是否為敵所用，是直接關係到北洋艦隊能否堅守的嚴重問題。因此，他與劉公島護軍統領張文宣商定，派護軍前營幫帶洪占魁及定遠艦炮手頭李升，帶奮勇25人乘艇泊於炮臺之下，專等事急時炸毀巨炮。下午1點多，日軍擁上皂埠嘴炮臺，剛把日本旗豎起，「炮臺突時坍塌，臺上日兵飛入空中」。「艇遂退，而巨石盤空下，當泊艇處墜水，激波入空際，退稍緩，人艇並碎矣。」

當時，在威海南口外觀戰的西方海軍軍官，目睹這種奇勇行動和壯烈場面，無不為之驚心動魄。

衛城失陷　南岸戰鬥結束後，日軍右路縱隊隨即從南路向衛城進逼。與此同時，其左路縱隊則繞至威海以西，從西路向衛城進逼。2月1日，北岸炮臺守軍紛紛逃散。丁汝昌聞訊，即至北岸與戴宗騫商議對策。戴宗騫無可奈何地說：「所散兵勇招集不回，並臺、牆守軍亦潰西去，全臺只剩19人。」丁汝昌知北岸已不可守，稱：「孤臺不支，恐資敵用，我船及島將立見灰燼。」他勸戴宗騫暫去劉公島。戴宗騫嘆曰：「守臺，吾職也。兵敗地失，走將焉往？」丁汝昌強挈之行。到劉公島官碼頭上岸時，戴宗騫望丁汝昌一眼，慘然一笑，對攙扶他的水手說：「老弟，謝謝了。我的事完了，但看丁軍門啦！」上島後即愧憤自盡。丁汝昌復遣奮勇至北岸炮臺，將火藥庫、大砲盡數炸毀，大火連燒數晝夜始熄，未留一炮一彈遺敵。

2月2日上午，日軍左、右兩路縱隊會師於威海衛城。自此時起，除劉公島和日島外，威海全區都處於日本侵略軍的鐵蹄踐踏之下。

第六章　艦隊潰敗

第二節　劉島師熸

　　威海陸地盡失之後，北洋艦隊失去後防，劉公島成為其唯一的依託。先是1月30日，為配合第二軍攻占南岸炮臺，日本海軍對劉公島的進攻還只是用艦炮攻擊。但從2月2日起，情況有所改變，日軍便開始採取水陸夾擊的進攻方式。

　　水陸夾擊　1月30日日軍進攻南岸炮臺時，丁汝昌怕臺上巨炮為敵所用，或預伏奮勇炸毀，或用艦炮轟毀。對此，日軍早在預料之中，不但準備了應有的克虜伯炮零件，還專門帶來了技師，所以占領南岸後立即著手修理毀壞的大砲。南岸的3座海岸炮臺，共有各種口徑的克虜伯大砲13門，到2月2日已經修好其中7門。這樣，每當日本海軍從海上來攻時，陸軍必從南岸發炮夾擊，使劉公島守軍和港內各艦陷於苦戰之中。

　　戰後，北洋艦隊的幾名軍官總結失敗教訓時，都指出：「南幫炮臺失守，誤卻大局。」丁汝昌自殺前曾派專弁送信到煙臺，也認為：南岸失陷，巨炮資敵，反擊港內艦隻和劉公島，貽害不淺，是島、艦不能久撐的一個重要原因。

　　日艇夜襲　日軍在修復7門南岸巨炮之後，又兩次派魚雷艇進港偷襲。

　　第一次，定遠擱淺。2月5日凌晨3點以後，月落威海西山，夜色蔽海，咫尺難辨。伊東祐亨派兩支魚雷艇隊，共10艘雷艇，從威海南口潛入港內。當時，定遠艦停泊在劉公島鐵碼頭西側，丁汝昌正在艦上與諸將徹夜議事，忽見火箭沖天，報告敵艦闖入。遂急登甲板觀察，發現左舷正面半公里處有兩個黑影移動。這剛好是日本的九號艇和十號艇。九

號艇先放一雷,擊中定遠艦尾部,僅受輕傷。隨後,十號艇又放一雷,擊中定遠艦底部,只聽轟隆一聲巨響,艦身隨之劇烈震動。丁汝昌命令關閉防水門,但已來不及,海水驟然從升降口噴出,艦身逐漸傾斜。於是,趕快砍斷錨鏈,駛向鐵碼頭東側岸邊擱淺,以做「水炮臺」用。最後無奈裝上棉火藥,將其自行炸毀。

事情發生得十分突然,身為定遠艦管帶的劉步蟾,悲憤難禁,自責說:「身為管帶,而如此失著,實有瀆職之罪。今唯一死謝之!」丁汝昌勸慰之,曰:「此乃余之罪也,切莫存有此念!」遂將督旗移於鎮遠艦,後又移於靖遠艦。

第二次,來遠沉沒。2月6日凌晨2點45分,纖月沒於山後,漫天暗晦如墨。伊東祐亨重施故技,派5艘雷艇再次進港偷襲。4點,日艇開始向來遠等艦接近。艦上用探照燈照射,其燈光兩次從日艇上掃過,卻沒有發現日艇,而日艇反借照光看清了各艦的位置。日艇「小鷹」號進至距來遠艦250公尺處,發雷擊中,來遠艦翻轉入水,露出紅色艦底,艦中有30多人遇難。隨之,練艦威遠也中雷沉沒。

日本魚雷艇兩次夜襲,使港內的北洋艦隊餘艦遭受毀滅性的打擊。僅存的5艘戰艦中,鎮遠艦傷重不能出海,定遠艦擱淺,來遠艦又中雷沉沒,整個艦隊已經名存實亡。

艇隊出港 日本魚雷艇兩次夜襲北洋艦隊,北洋艦隊也有左一、福龍等大小13艘魚雷艇,它們又在做什麼呢?2月7日,日本海軍繼魚雷艇襲擊之後,伊東祐亨又下令對劉公島發起總攻。這次總攻是從上午7點半開始的,隨後即發生魚雷艇隊出港事件。它們出港做什麼?當時有兩種說法:

第一種,逃跑說。這是英籍洋員戴樂爾的說法。他說當時看到魚雷

第六章　艦隊潰敗

艇隊「以全速向西港口（又稱北口）出發」，繼向港外「逃遁」。時人姚錫光說得更清楚：「我管帶魚雷艇王登瀛等率雷艇12艘從西口駛逃。」

第二種，出擊說。這是香港《孖剌新聞》戰地通訊員肯寧咸的說法。他說魚雷艇隊是「出去攻擊」，因為沒砲艦援助，所以到了港外就想「逃避」。此說後來又演變成「突圍」說，有的著作裡就寫道：「中國魚雷艇隊企圖突圍。」

艇隊出港究竟是逃跑還是出擊？1950年代，我在準備寫《中日甲午威海之戰》時遇到了這個問題，覺得難以作出判斷，便詢問曾經參加過此役的北洋艦隊的一些老水手。他們異口同聲地說：「魚雷艇管帶王平帶著福龍、左一等十幾條魚雷艇，從北口私自逃跑，多半被日本軍艦打沉。」其中，尤其是來遠水手陳學海的一番話，更說出了艇隊出港的全部經過：

我在來遠中雷後被救上岸，派在鐵碼頭上站崗。十二日（2月6日）晚間，我知道了這件事。有個要好的朋友在魚雷艇上，偷偷告訴我十三日（2月7日）早上在碼頭上等著，好隨魚雷艇跑。我說：「這樣幹不對！」他說：「王船主有命令，誰敢不從！」我說：「咱高低不能幹這號事！」他說：「唉！沒有法子。」我沒有說服他，但我也不敢聲張。果然，十三日早晨，王平領著福龍、左一、左二、左三、右一、右二、右三這七號魚雷艇，兩個中艇（中甲、中乙），四個「大頭青」（定一、定二、鎮一、鎮二），還有飛霆、利順兩條船，從北口子逃跑了。……當時領頭逃跑的還有穆晉書和蔡廷幹。（1956年10月記錄）

陳學海提供的這些情況，都是他的親身經歷，所以談得很實際，而且還指明帶頭逃跑的是三個人，即王平、穆晉書和蔡廷幹。

王平　字登雲，又作登瀛，天津人。西元1884年畢業於天津水師學堂第一屆駕駛班。時以知縣銜任魚雷艇隊隊長兼左一魚雷艇管帶。曾參

第二節　劉島師熸

加黃海之戰，救出致遠、經遠落水官兵不少。後到威海之役，日軍攻上皂埠嘴炮臺，丁汝昌怕臺炮資敵，先派王平率奮勇預伏臺下，當即將巨炮炸毀。王平以此受到嘉獎。不料 3 天後，日軍將皂埠嘴炮臺 28 公分口徑大砲修好一門，對港內艦隻造成重大威脅。丁汝昌再次命令王平率奮勇 7 人前去炸毀這門大砲。當時奮勇之一的陳學海回憶說：

> 王平坐的是左一魚雷艇，除原來艇上有 30 多人外，還臨時有 7 個自告奮勇來的。其中有我，另外我只認識 4 個人，2 個天津人、2 個榮成人，都是水手。出發前，丁統領為了鼓勵俺這些人，給左一官兵各發了 30 兩銀子，俺這 7 個自告奮勇來的各發了 60 兩銀子。……快靠近南幫時，被敵人發現了，向我們射擊。王平怕死，不敢上岸，轉舵向後跑，還威脅我們回去不許說出實情。王平自己卻回去向丁統領報功，說去到南幫後，因時間倉促來不及炸炮，用壞水（鏹水）澆進炮膛把炮廢了。丁統領信以為真，高興地說：「劉公島能夠久守了。」王平怕謊報戰功的事被丁統領發覺，辦他的罪，就和他的親信商量逃跑。（1956 年 10 月記錄）

王平身為魚雷艇隊隊長，若不是他帶頭逃跑，十幾條魚雷艇不可能那麼整齊劃一地一塊行動的。

穆晉書　天津人。西元 1880 年，入天津水師學堂第一屆駕駛班，與王平是同班同學。曾任北洋海軍中軍左營守備，充濟遠艦魚雷大副。豐島海戰時，穆晉書正在魚雷艙中，日艦來逼，卻放魚雷不出。戰後被革職。因與王平是同鄉兼同學，情好誼篤，得上左一魚雷艇棲身。日軍圍困劉公島後，便與王平一起密謀逃跑。

蔡廷幹　字耀唐，廣東香山（今中山）人。西元 1873 年，身為第二批官學生赴美學習。曾在大沽炮臺魚雷艇隊任職。積功至都司銜補用守備。1889 年，升署北洋海軍魚雷營都司，委帶左一魚雷艇。1892 年，改為實授。不久，調任福龍魚雷艇管帶。參加黃海海戰，正與日艦西京丸

第六章　艦隊潰敗

相遇，連放兩枚魚雷，只因技藝不精，皆未命中，致使乘坐該船的日本海軍軍令部部長樺山資紀中將得以保全性命。到劉公島遭圍困的危急關頭，遂與王平密謀策劃魚雷艇隊的逃跑。

蔡廷幹逃跑被俘後，被日方關押在大阪某寺院中。戰後，日方遣返被日軍俘虜的清軍官弁，其中卻無蔡廷幹其人，這是什麼緣故？原來《馬關條約》簽訂後，蔡廷幹知道自己一旦遣返回國，必被追究逃跑責任，頗為惴惴不安。因為他收到一位英國朋友的來信，告訴他清政府已發出通緝令，歸案後就要斬首。正在這時，他在美國的授業老師諾斯羅普（John Howard Northrop）博士來到日本，看望尚在關押中的他。隨後，他寫信給諾斯羅普稱：「當此先生關懷舊門生之時，懇請先生竭其全力，務使我得以暫居日本。」由於諾斯羅普幫助活動，日本當局同意暫不遣返他，使他脫逃了被處斬的命運。這充分表明，對魚雷艇隊的出港逃跑，蔡廷幹也必是負有重大責任的。

根據以上所述，我認為，戴樂爾的逃跑說是可信的。但我當時還無法否定肯寧咸的出擊說，所以在《中日甲午威海之戰》中便這樣寫道：

（2月）6日，丁汝昌為回擊敵人的偷襲，命令左一魚雷艇管帶王平率大小雷艇13艘出口襲擊敵艦，但是，無恥的王平貪生怕死，竟與其他魚雷艇管帶一起密謀逃跑。7日早晨，……非但沒有出口襲敵，反而趁機從北口逃走，結果不是被敵艦俘獲，就是被擊沉。

這實際上是在認同逃跑說的同時，也認可了出擊說。

直到1980年代初，我看到了蔡廷幹被俘後的「供詞」，才發現出擊說的提出完全是受蔡氏誤導的結果。肯寧咸說到魚雷艇隊「出去攻擊」時，前面有「據說」兩個字，但未說明其出處何在，這才知道他根據的就是蔡氏受審訊時的「供詞」。蔡氏於2月7日出港時被俘，當天，接受過日本

海軍軍官的審訊，從這份審訊紀錄中可以看到這樣的內容：

問：日本軍隊和日本艦隊封鎖威海衛，魚雷艇接受了什麼任務？

答：防禦。

問：前天夜間擊沉貴國3艘軍艦以後，魚雷艇接受了什麼任務？

答：仍然是防禦。

問：今天早晨我艦隊炮擊時，魚雷艇來到港外，是根據什麼命令？

答：根據丁汝昌的命令，盡可能擊沉敵艦。

問：有擊沉敵艦的任務，卻又逃跑，為什麼？

答：本應擊沉日本軍艦，但被吉野艦發現，遂未能達到目的。

很明顯，肯寧咸的出擊說就是誤信了蔡廷幹的供詞。

起初，我也相信魚雷艇出港是根據丁汝昌的命令，後來逐漸發現蔡廷幹所供有三大疑點：

其一，與他人供詞不一。照蔡廷幹所供，丁汝昌是在2月7日臨時命令魚雷艇「盡可能擊沉敵艦」的。但是，當天被日軍俘虜的還有4名魚雷艇乘員，他們的供詞卻說法不同。如其中一人供稱：「見定遠、來遠、威遠等艦被擊沉，一心想一有機會就逃。但丁提督訓令嚴格，不能逃走。不料本日聞炮聲猛烈，大家不約而同地從西口逃出。」還有一人供稱：「我是跟隨定遠艦的魚雷艇上的乘員。艇長曾策劃逃跑，受到劉步蟾嚴厲訓斥。」再與陳學海在前一天就知道魚雷艇逃跑的消息相印證，可知各魚雷艇之間早就串聯密謀逃跑，並不是因為丁汝昌命令出擊才逃跑的。

其二，與實際情形不符。關於魚雷艇隊從威海北口出港時的情景，目睹此幕的戴樂爾寫道：

第六章　艦隊潰敗

我方魚雷艇隊已準備畢，以全速向西港口出發。我方艦隊亦已準備畢，而循同一方向前進。彼等似皆離港者，實則不然。逃遁者為魚雷艇隊，而諸艦追阻之。我方各艦、岸上兵士及適在口外之六大敵艦齊向之轟擊。此恥辱事之負責將校予姑隱其名。[074]

如果魚雷艇是奉丁汝昌之命出港擊敵的話，那麼，港內軍艦和劉公島炮臺怎麼會向它們發炮呢？顯而易見，這是絕對不可能的。

再就是戴樂爾「姑隱其名」的「負責將校」，究竟所指為誰？這也很值得注意。我們知道，在帶頭逃跑的三位官員中，王平僅為「知縣儘先補用，加同知銜」；穆晉書革職前則是五品守備；只有蔡廷幹是四品都司，官職最高。不僅如此，蔡廷幹後來從日本回國後，又受到重用，一路官運亨通；宣統末年，出任海軍部軍制司司長；袁世凱竊國後，被任命為總統府軍事參議，授海軍中將；1926 年，又成為北洋政府的外交總長，晉升海軍上將。所以，戴樂爾「姑隱其名」的「負責將校」暗指何人，也就十分清楚了。戴樂爾公布他的這段回憶是在 1929 年，此時蔡廷幹雖已下臺，但他畢竟是曾經顯赫一時的大人物，因此「姑隱其名」也是可以理解的。

其三，與海軍報告不合。魚雷艇隊逃跑後，丁汝昌派專弁送報告到煙臺，內稱：

十三（2 月 7 日）晨，敵全力攻撲東口，炮聲一響，我小雷艇十（三）只畏葸，擅由西口逃出西去，倭分隊尾追，被其獲去九只，餘被擊沉。以我艇資敵用，其害與南臺同。自雷艇逃後，水陸兵心皆形散亂。……各艇既不得力，且復擅逃，其官弁人等必由淺沙登岸，務請各帥嚴拿正法。[075]

---

[074]　《中國近代史資料叢刊中日戰爭》，第 6 冊，第 64～65 頁。
[075]　《清光緒朝中日交涉史料》，卷三十二，第 14 頁。

第二節　劉島師熸

丁汝昌說日軍炮聲一響，魚雷艇隊就擅由西口逃出，根本不是他下令出擊的，故請各帥務必「嚴拿正法」。可見，蔡廷幹的「供詞」說丁汝昌下命令，要魚雷艇出港「盡可能擊沉敵艦」，純屬編造，完全不是事實。肯寧咸的出擊說缺乏確鑿的證據，是難以成立的。

魚雷艇隊的逃跑，造成極其嚴重的後果：威海日趨危殆的戰局更加不可收拾了。所以，丁汝昌把魚雷艇隊逃跑視為劉公島保衛戰不能久撐的另一個重要原因。

日島撤守　當魚雷艇隊逃跑之際，日軍又向日島發起猛攻。日島在劉公島以南 2 公里處，為一座 14 畝（約 9,333 平方公尺）方圓的礁石島，設有 20 公分口徑地阱炮 2 門及其他炮 6 門。守將為康濟管帶薩鎮冰。

薩鎮冰　字鼎銘，福建福州人。先世為色目人，原籍雁門（今山西代縣）。後徙居福州。西元 1872 年，畢業於福州船政學堂第二屆駕駛班。

西元 1876 年冬，船政選派第一批學生出洋，薩鎮冰入選，進入美國格林尼次海軍學校學習。回國後任南洋水師澄慶砲艦大副。後調北洋，先後任天津水師學堂教習和威遠兵船管帶。1887 年，調任康濟練船管帶。積功晉副將銜，實授游擊。威海吃緊後，丁汝昌以日島炮臺地位重要，為加強該島的防禦力量，特令薩鎮冰帶康濟水手 30 名到日島鎮守。

在此日的戰鬥中，日艦扶桑、築紫等共 13 艘，輪番向日島轟擊。威海南岸各臺也向日島猛轟不已。薩鎮冰激勵水手堅守職位，誓死拚戰。劉公島炮臺也頻頻發炮支援，雙方展開激烈的炮戰。肯寧咸對當時的作戰情況，有這樣一段敘述：

薩管帶領了 30 名水兵來守這炮臺。他在這島被攻時非常奮勇，雖然冒著不絕的炮火，他親自把守著速射炮。從戰爭開始到停止，日島當著南岸三炮臺的炮火；地阱炮升起來後，更成了那三炮臺的標的。這些炮

第六章　艦隊潰敗

並沒有附著鏡子，所以升炮的人一定要到炮臺上面去，結果這人立受對方炮擊，這是很危險的職任；可是那些年輕的水兵仍舊堅守著這些炮，奮勇發放。一次，三個水手守著一個炮，冒著凶猛的轟擊，……其中有一個因砲彈爆發，頸上、腿上和臂上三處受了傷，可是一等傷處裏好，他仍舊堅決地回到他的職守，隻手助戰。[076]

經過這場苦戰，日島炮臺雖然打退日本艦隊的輪番進攻，但本身損失也很嚴重。一座地阱炮被轟撲倒，又妨礙另一座地阱炮的使用。島上的彈藥庫也中彈爆炸。這樣，日島炮臺已經失去使用的價值，丁汝昌只好下令放棄該臺，命薩鎮冰並水手撤回劉公島。

靖遠被沉　幾天以來，先有日本魚雷艇兩次夜襲，後有中國魚雷艇隊逃跑，加上日軍的輪番水陸轟擊及日島炮臺被迫棄守，北洋艦隊僅餘一艘不能出海的鐵甲艦鎮遠，以及兩艘快船靖遠和濟遠了，元氣業已大傷，只能艱難支撐。儘管如此，各艦將士仍在劉公島炮臺的支援下堅持抵抗。伊東祐亨見硬攻難下，便決定繼續圍而困之，一面加強水陸夾擊，一面不斷派魚雷艇襲擊，以消耗北洋艦隊的戰鬥力量殆盡為止。

2月9日上午8點，日艦第三游擊隊駛近劉公島，縱橫左右行駛，猛烈射擊，到10點鐘，第二游擊隊也加入戰鬥。與此同時，日軍不但從南岸發炮與艦炮配合，而且還在北岸架起12門行營炮，向劉公島排轟。丁汝昌親登靖遠艦，與敵拚戰。戰至中午時，南岸發射兩顆砲彈命中靖遠艦左舷，穿透鐵甲板又穿過右舷艦首，於是船頭下沉，隨之擱淺。丁汝昌正在督戰，見狀意欲與靖遠艦管帶葉祖珪隨船俱沉，被在船水手擁上小艇。他被搶救上岸後，嘆曰：「天使我不獲陣歿也！」後又派廣丙艦用魚雷將其轟沉。

---

[076]　《中國近代史資料叢刊中日戰爭》，第6冊，第321頁。

第二節　劉島師熸

孤島援絕　靖遠艦之沉，對於北洋艦隊來說，又是一次十分沉重的打擊。尤其是人心不穩，士氣大挫，身為全軍提督的丁汝昌，的確感到已經面臨山窮水盡的絕境。

丁汝昌　字禹廷，安徽廬江人。曾任淮軍馬隊營官。積功至總兵。

西元1879年，李鴻章籌建海軍，奏請將丁汝昌留北洋海防差遣，派充砲艦督操。旋命統領北洋海軍。1888年，朝廷批准《北洋海軍章程》，北洋海軍正式成軍，授北洋海軍提督。當日軍逼近威海時，丁汝昌籌劃防務，聯絡各軍，頗盡心力。他的行動，贏得全體官兵的信賴，在一定程度上穩定了軍心。因此，他指揮艦隊，與劉公島炮臺相依輔，先後打退日軍的7次猛烈進攻。

自2月7日魚雷艇隊逃跑之後，劉公島上軍心浮動，出現一股策動投降的暗流，造成丁汝昌巨大的壓力。當時，海陸軍高階將領都認為不能放棄報國之義，包括丁汝昌、劉步蟾以及護理左翼總兵兼署鎮遠管帶楊用霖和護軍統領張文宣等，都誓死反對投降。當時，要求向日軍投降的主要是四種人：

第一，海軍所聘洋員。如德籍砲兵教習瑞乃爾（Theodore H. Schnell）、英籍洋員戴樂爾、英籍醫官克爾克（Kirk）等。他們秉持西方人的觀念，認為兵敗投降是很理所當然的事情。瑞乃爾便勸丁汝昌說：「可戰則戰；否則，若士兵不願戰，則降不失為適當之步驟。」丁汝昌表示：「投降為不可能之事，在有生之時絕不能坐睹此事。」

第二，後勤行政官員。如威海營務處候選道牛昶昞、工程司山東候補道嚴道洪等。這些人的特點是不出面公開活動，只是暗地裡與主降的洋員串聯，共同商量辦法。

第三，島上一群紳士。劉公島吃緊時，島上紳士王汝蘭出面，帶領

第六章　艦隊潰敗

一幫商人面見丁汝昌，勸丁汝昌以百姓生命為念，與日人洽降。

第四，島上護軍營兵。劉公島上原駐護軍兩營，戰時又招募兩營，倉促招成，既未經訓練，又成分甚雜，其中有一些就是專為吃餉而來的兵痞。這些人便趁此混亂時刻出來鬧事，向丁汝昌和張文宣「哀求生路」。丁汝昌曉以大義，勉慰回營，並許諾說：「若十七日救兵不至，屆時自有生路。」

十七之諾　農曆正月十七日，是國曆2月11日。以十七日為期的許諾，究竟包含著什麼意思？恐怕很少有人注意到，在「生路」這個字眼的背後，其實還另外隱藏著相反的含意。

因為對於丁汝昌來說，當時的確面臨著生與死的抉擇：生的前提是劉公島之圍得解；否則只有一死。而死中求活之法只有一個，就是有大支援軍抵達。先是1月22日，已有廷旨命北上各軍馳援威海。北上援威之清軍有步隊20營和馬隊5營，共25營。李鴻章電告丁汝昌等要「力圖保威，以待援應」，並稱：「外省必有援兵大隊前來。」李秉衡認為：「如威能二十日無事，添此兵力當可挫賊。」從1月22日奉旨援威算起，過20天為2月11日，即農曆正月十七日。這就是丁汝昌許諾以十七日為期的原因。丁汝昌既公開許諾以十七日（2月11日）為期，因此他盼援的心情最為焦急。2月7日，他派人送信給煙臺登萊青道劉含芳，求「飛電各帥，切懇速馳各路援兵，星夜前來解此危困，以救百姓十萬人性命」。9日，再次派專弁致函劉含芳，告以：「十六七日援軍不到，則船、島萬難得全。」並請劉轉致北上騎隊統領、總兵陳鳳樓一函，內稱：「此間被困，望貴軍極切，如能趕於十七日到威，則船、島尚可保全。日來水陸軍心大亂，遲到，弟恐難相見，乞速援救。」可見其急迫的企盼之情。但是，北上馬隊剛進入山東，又被調往天津。其他各軍則遲遲不前，雖電催札

飭,急如星火,也無濟於事。丁汝昌的盼援終於落空了。

2月11日,丁汝昌的「十七之諾」已經到期,他知道援兵絕望,遂於當晚飲鴉片,延至12日清晨7點而死。劉步蟾和張文宣也在此前後自盡身亡。於是,洋員及諸將齊集牛昶昞家,公推楊用霖出面主持投降事宜。楊嚴詞拒絕,口誦文天祥「人生自古誰無死?留取丹心照汗青」詩句,回到艦艙內引槍自擊而死。

西元1895年2月11日深夜丁汝昌拒降飲藥的情景(日本《風俗畫報》繪)

最後,美籍洋員浩威(Robert Hart)倡議假丁汝昌名義以降,並親自起草降書。諸將及各洋員皆無異議。即譯成中文,由牛昶昞鈐以北洋海軍提督印。並決定派廣丙艦管帶程璧光將其送至日本聯合艦隊旗艦。

簽訂降約 2月14日下午,牛昶昞與程璧光來到日本旗艦「松島」號,交出中國將弁、洋員名冊,劉公島陸軍編制表,並告以擔任武器、炮臺、艦船委員名單。隨後,牛昶昞與伊東祐亨共同簽訂《威海降約》。根據《威海降約》規定,劉公島護軍官弁40人及士兵2,000人,北洋海軍官弁183人、海軍學生30人及水手2,871人,合計5,124人,皆在遣歸之列。另外,島上13名洋員也應同時遣歸。

2月17日上午8點半,日本聯合艦隊以旗艦松島為首艦,魚貫自威

第六章　艦隊潰敗

海港北口進，徐徐駛入港內。10點多，北洋艦隊各艦皆降下中國旗，而易以日本旗，唯一的例外是康濟艦，其艦尾懸掛著黃龍旗，它是留下來載送丁汝昌靈柩的。劉公島各炮臺也都升起日本旗。

下午4點，康濟艦載著丁汝昌、劉步蟾、楊用霖等人靈柩，以及陸海軍將弁及洋員，在瀟瀟冷雨中離開威海港，向煙臺駛去。名震一時的北洋艦隊就這樣全軍覆沒了。

海軍遺恨　西元1879年11月，李鴻章奉旨籌建北洋海軍，委派記名提督丁汝昌督操炮船。是為北洋海軍建軍之始。12月，時任兩江總督沈葆楨卒於任所，遺摺稱：「日本自臺灣歸後，君臣上下早作夜思，其意安在？若我海軍全無能力，冒昧一試，後悔方長！」他的警言意味深長，卻未引起朝廷的重視。雖然北洋海軍在西元1888年正式成軍，但僅僅6年之後，這支龐大的艦隊終於被日本所敗，全軍覆沒。他的話不幸而言中了。當年的海軍愛國將士勇抗強虜，而殉國者抱恨而死，倖存者遺憾終生，究竟是什麼緣故？冰凍三尺非一日之寒，北洋海軍走向覆沒的原因也是多方面的。

首先，從造船工業看。海軍是近代工業化的產物，也是資本主義生產力發展的成果。中國本來沒有海軍。英國發動鴉片戰爭，憑藉堅船利炮，轟開長期閉關鎖國的中國的大門，才使中國人第一次了解海軍之為物。於是，當時先進的中國人開始萌發建立海軍的觀念。

西元1866年，根據左宗棠的建議，福州船政局成立，不僅建造兵船，同時培養造船和駕駛人才，本想為爾後建立海軍奠定基礎。甲午戰前的25年間，船政共造船25艘，其中雖有11艘撥給北洋海軍，但都難任海戰。在當時的中國，造船業是一個新生事物，在其建立之初即遭到守舊派官員的反對，甚至面臨下馬的危險。因此，它每行一步都是困難

第二節　劉島師熸

重重，最終未能達到建造外海作戰戰艦的水準，只能靠購買外國軍艦作為主力戰艦，才使北洋海軍得以勉強成軍。造船能力未增進，不能不對北洋海軍的後續發展造成嚴重的制約。

其次，從建軍目的看。清政府是在外國侵略的刺激下著手籌建海軍的。西元1874年日本發兵入侵臺灣，清廷才覺察到日本為中國永久之大患，有必要建立海軍。1884年馬江之役，福建海軍全軍覆沒，清廷又宣稱要「大治水師」。從表面上看來，清政府要建海軍的決心似乎是很大的，但要建成一支怎樣的海軍，卻並沒有長遠的規畫和目標。

西元1888年10月，清政府批准《北洋海軍章程》，北洋海軍正式成軍。從此，它的發展卻進入停滯的階段。本來，成軍之初，北洋海軍的實力是超過日本海軍的。但是，稍有所成之後，當政者開始忘乎所以，早把海軍的發展拋諸腦後。1891年，清廷竟降旨停購外洋船炮2年。1894年春，丁汝昌建議在主要戰艦上添置新式快炮，約需用銀60萬兩，此區區之數竟籌撥為難，拖而不辦。反觀日本，為發動一場大規模的侵華戰爭，明治政府銳意擴建海軍，天皇睦仁甚至節省宮中費用撥內帑以為造艦經費。北洋海軍成軍後的6年間，日本平均每年增添新艦2艘，其艦隊規模及裝備品質已經遠遠超過北洋艦隊。

再次，從海防經費看。北洋海軍成軍之日，剛好是清廷大修園工之時。時任總理海軍衙門事務大臣的醇親王奕譞，為投慈禧太后之好，想出一個妙招，就是籌建昆明湖水師學堂。翁同龢在日記裡指出，這一招就是要「以昆明易渤海」。「昆明」即頤和園、「渤海」暗指北洋海軍。意謂借訓練水師的名義，用海防經費行修建頤和園之實。

據不完整的統計，迄於甲午戰爭爆發時，清政府用於頤和園工程的經費為庫平銀1,100多萬兩，其中挪用海防經費約為860萬兩。不僅如

第六章　艦隊潰敗

此，清政府還在三海工程上大量挪用海防經費，甲午戰前的 10 年間即挪用了約 460 萬兩。這樣，清政府大修園林共花銀 1,560 多萬兩，其中挪用海防經費約為 1,300 萬兩。當時，北洋艦隊的主力是從德、英兩國購置的 7 艘戰艦，用銀為 778 萬兩。若用這筆大修園林的錢購置新艦，就可以再增加 2 支原有規模的北洋艦隊，甲午海戰的結局便會完全不同。

僅從上述幾個方面看，便可知道，清朝統治者只求苟安，不思憂患，無所作為，自甘落後，是導致當時未能建成一支像樣的海軍的根本原因。幾十年來，每一次列強海上入侵之後，當政者都要表一番大治海軍的決心，然而過了不多久，決心便丟到腦後。北洋海軍只是在形式上勉強成軍，卻認為聲勢已壯，可以高枕無憂，從此不再添置一艘戰艦，也不再更新一門艦炮，以致錯過這次發展海軍的大好時機。所以，從根本上來看，北洋艦隊在劉公島前折戟沉沙，檣櫓灰飛煙滅，完全是清朝統治者自毀海上長城的結果。這一慘痛的歷史教訓，昭彰於史冊，是值得後人永遠記取的。

第三節　身後疑案

丁汝昌在中國近代史上是個頗有爭議的人物。他的一生富有傳奇色彩，卻在身後留下一連串的疑案。如他的身世或早年經歷，即疑雲重重；他的自殺身亡更成為歷史之謎，時逾百年仍爭論不休。1950 年代，我作甲午戰爭調查時，就很想解開這些謎團，但限於當時的條件，難有大的進展。

直到 1978 年冬，我才有機會到安徽作調查。起初計劃，先到位於合肥的安徽省圖書館查閱相關資料，再到丁汝昌的家鄉廬江縣進行調查。

第三節　身後疑案

但在查閱資料的過程中，聽一位老館員說，丁汝昌的後裔不在廬江，而在巢縣。這才決定改變行程，直奔巢縣，開始這次探訪之旅。

探訪之旅　到達巢縣後，我立即投入緊湊的調查活動。茲將調查經過略述如下：

第一，丁氏後裔。到巢縣後，打聽到丁汝昌後裔有兩個人在縣城工作：一是其曾孫丁榮濤，為縣藥材公司員工；一是曾孫女丁亞芝，為縣飲食服務公司員工。當時很高興，決定先向丁氏後裔了解情況。沒想到這次採訪並不順利。

丁榮濤當時是47歲，從部隊退伍回來，對家世已了解不多，對其曾祖父丁汝昌的情況也很模糊，或者可能不願多談。只是說：「老家在廬江，祠堂也在廬江。」問：「怎麼來巢縣的？」答道：「何時搬來巢縣，我並不清楚。」因不得要領，也不便再去多問。

考慮到時光荏苒已近百年，社會經歷滄桑鉅變，以丁亞芝的年齡和經歷，恐怕談不出來多少有價值的東西。所以，我也沒再去採訪她。

第二，地方官員。採訪丁氏後裔收穫不大，未免有些失望，感到調查很難再進行下去。這時，聽說**地方**官員了解丁家情況，突然有了柳暗花明之感，立即去訪問他。

他當時是56歲，與丁汝昌是鄰村。他的祖父見過丁汝昌，他自己也去過丁氏故居，所以知道不少事情，並提供了下一步調查的重要線索。他說：

丁汝昌的故居在縣南鄉的汪郎中村。我家在慄樹汪村，離汪郎中不遠，小時候去過。我記事的時候，那裡只有丁氏一家，其餘住的都是佃戶。汪郎中村建村晚，先有山陳村，到丁汝昌起家後，又在旁邊蓋了汪郎中村。現在山陳歸汪郎中大隊四隊。故居一直保存到「土改」。不過，

第六章　艦隊潰敗

汪郎中村也不是丁汝昌的老家。聽我的祖父講，丁汝昌從軍後常年在外，那年他家裡準備給他慶六十大壽，不料不到過生日就死了，活到59歲。（1978年11月22日記錄）

他的話引起我很大的興趣，覺得應該到汪郎中村走一趟。

第三，探訪故居。從縣裡到高林公社的汪郎中村，約30公里，有長途巴士可抵達。那天上午10點多，車在村邊站牌停下，一下車就進村先去看丁汝昌故居。

眼前的丁汝昌故居，已經殘破不堪，除尚留下兩間居室勉強可住人外，盡都是斷壁頹垣。故居後邊的花園早已荒蕪，只有一座假山石還在那裡孤寂地兀立著。原來宅前有一方水塘，現在成為鴨群的嬉戲之所。故居裡已經找不到任何遺物了。

幸運的是，在村裡打聽到一位丁家的四世孫。他叫丁榮準，62歲，曾在合肥一家工廠當工人，退休後回家。丁榮準並不是丁汝昌的嫡系後代，其曾祖與丁汝昌是本家弟兄輩，但其父活到90多歲，而且見過丁汝昌，並熟悉丁汝昌家裡一些人的情況。從兒時起，丁榮準便常聽父輩講丁汝昌的故事。當年，汪郎中村隨丁汝昌去當海軍的有十幾人，其中有一些人回到村裡後，也常講起甲午那年的見聞。每次，丁榮準都聽得津津有味，一直記在心裡。所以，他知道的事情還真不少。

關於丁汝昌的里籍和身世，丁榮準講了一些重要情況：

丁汝昌的老家在廬江縣丁家坎村，丁氏的祠堂也在那裡，舊時凡遇上冬至和清明節，本村丁氏人家還要去丁家坎祭祖和掃墓。丁汝昌是給人家磨豆腐出身，也當過長工，替人家放過鴨子。18歲跑出去當兵。那年他準備過60歲生日時慶壽，還未來得及舉行就自殉了。他活了60歲。（1978年11月23日記錄）

第三節　身後疑案

　　根據丁榮準所談，丁汝昌原籍是廬江縣，在丁家坎村出生，但其故居為何在巢縣汪郎中村，卻說不清楚。當時覺得，多日來的調查雖不夠圓滿，還是有不少收穫，為不使這次調查半途而廢，應該去丁家坎一行。

　　第四，訪問丁家坎。丁家坎村屬石頭公社（原叫石頭嘴鄉），在廬江縣以北約 15 公里，也有長途巴士可到。於是，先到石頭公社找了一家旅店住下，準備第二天再去丁家坎。

　　丁家坎在石頭東南，相距大約 1.5 公里，步行 20 分鐘可到。這天是 11 月 25 日，是難以忘懷的一天。因為這在村裡是件大事，村民們聽說有人來調查丁汝昌，大家都出來觀看，兒童更是喜歡湊熱鬧，圍了一大群。幾位大隊幹部都出面接待，非常熱情。據介紹，丁家坎共有 160 多戶，其中 140 多戶姓丁，又因該村地勢較高，故稱丁家坎，現稱丁坎大隊。

　　隨後，大隊幹部找來五六位年紀大的村民前來座談。在這幾位老者中，有兩位談的情況很重要：一位是 72 歲的丁發勤、一位是 76 歲的丁代松。

　　丁發勤說：

　　丁姓的排輩是先、代、發、榮、昌五個字，丁汝昌是「先」字輩，原名叫先達，汝昌是後來改的名。他無兄無弟，小時候幫人放牛、打長工，也給人家放過鴨子。他有個堂叔住在荒圩（ㄨㄟ），就去投奔他。他是從堂叔那裡去當兵的。（1978 年 11 月 25 日記錄）

　　我插了一句：「丁汝昌是本村人，怎麼把房宅蓋在巢縣？」他回答道：「那是 10 年以後的事。丁汝昌做官以後，算命的說他的姓犯地名，丁（釘）不在廬（爐）嘛。他聽了算命的話，就搬到巢縣去了。」

231

第六章　艦隊潰敗

丁代松補充說：

丁汝昌小時候孤苦一人，獨自生活，本村人沒有收留他。後來給人家放鴨子，雨天披蓑衣坐在塘邊，因為太疲勞打起盹來，一翻身掉到塘裡。村裡人都笑話他懶，不成才。他有個叔在荒圩開豆腐鋪，就去投奔。有一次，他把豆腐挑子弄翻了，他叔打他，又跑回本村，告訴人想出去當兵。過年祭祖，丁汝昌磕頭時，公雞叫了三聲。旁邊有個小夥伴逗他說：「你能當成兵，再連叫三聲！」果然雞又叫了三聲。（1978年11月25日記錄）

我連忙追問：「丁汝昌當的是什麼兵？」他的回答竟出乎我的意料：「他投的是太平軍，不過後來離開了。他有一身好馬上功夫。」

聽了幾位老者的談話，我清楚了兩件事：（一）丁汝昌做官後，為避諱地名而把家搬到汪郎中村，這就是他的後裔和故居都在巢縣的緣故。（二）丁汝昌最初投的是太平軍，這便為了解他的早年經歷提供了重要線索。

這時，我突然覺得，應該查一下丁氏家譜，與口述相印證，問題就會更清楚了。大隊幹部說：「原先村裡不少丁姓住戶都有家譜，『掃四舊』時不敢留，都燒了。現在只怕是一部也找不到了。」

第五，查到家譜。我只好帶著惋惜的心情告別，又回到石頭，在街旁等待過路的長途巴士。當時是下午4點多，冬季天短，太陽已經偏西，我準備乘末班車，在天黑前趕到廬江縣。這時，突然有一位30歲左右的男子跑過來問：「是來調查丁汝昌的吧？」我點點頭。他說：「我知道哪裡有家譜，丁昌柏家裡就有。」我抬頭看了一下天色，又覺得人生地不熟，不禁覺得猶豫。他清楚了我的意思，說：「我送你去！請稍等一下，我去借車。」過了片刻，他開了一輛小貨車過來，讓我坐進駕駛室

第三節　身後疑案

右邊的座位上,就開往丁昌柏家。

在路上,他跟我聊天,說他叫丁發展,是石頭公社的農機管理員,家在丁坎大隊,回家後聽說來人調查丁汝昌,還打聽家譜的事,便趕過來。

車開到丁昌柏家時,天已經黑了。丁昌柏,40多歲,十分熱情,立即抱來整套的家譜,並點亮煤油燈。一看,厚厚的十大冊,線裝木刻版,民國十一年刊印,題簽為《丁氏宗譜》。我一頁頁、一冊冊地翻閱,直翻到第10冊,眼睛為之一亮,真的有不少關於丁汝昌家世及生平的資料。趕快拿出筆記本,一字一字地抄錄著,直到晚上9點才抄完。雖然有大半天沒吃飯,因為一心抄寫,腹中也絲毫沒有飢餓的感覺。好客的主人事先並未說起,就端上了熱氣騰騰的餛飩和荷包蛋,真是令人感動!

這次安徽調查,總算取得比較滿意的結果。根據所蒐集到的口述資料,再結合《丁氏宗譜》及查到的其他文字資料,也就不難對丁汝昌身後留下的諸多歷史之謎逐一作出解答。

身世之謎　丁汝昌的身世問題涉及許多方面,現僅就一些不為人所了解之處加以說明。

其一,生於何年? 丁汝昌死於光緒二十一年正月十八日(西元1895年2月12日),卒年一說59歲,一說60歲,相差一年。《丁氏宗譜》載明,丁汝昌生於道光十六年十月初十日(西元1836年11月18日)。按中國傳統的習慣,人生下來就是一歲,每過一次春節就長一歲。由此可知,丁汝昌死時不但已經過了59歲的生日,而且又過了乙未年的春節,應該是60歲了。

其二,水師出身?《清史稿》說丁汝昌「初隸長江水師」,是來自李

第六章　艦隊潰敗

鴻章的〈丁汝昌統領海船片〉，其中有一句話：「該提督曾在長江水師管帶炮船。」對於此說，當時即有人提出質疑。如英國遠東艦隊司令斐利曼特中將就指出：「丁氏出身於陸軍騎兵，『少年時僅充馬隊營官，中年以後始登戰船』。」翰林院編修曾廣鈞也否認丁汝昌的長江水師經歷，並指斥其為「皖捻餘孽」。所有這些，恐非空穴來風。

根據調查，丁汝昌18歲當兵，而且當的是太平軍。丁汝昌18歲時是咸豐三年。這年十二月二十日（西元1854年1月18日）太平軍攻陷廬江縣後，丁汝昌投了太平軍。後隸於太平天國受天安葉藝來部，駐守安慶。他在太平軍一做就是7年，所以曾廣鈞才說他是「皖捻餘孽」。

其三，投降湘軍。丁汝昌在太平軍中，一直在程學啟手下。程是桐城人，長丁6歲，兩人「傾懷效能，意氣相得」。西元1860年，湘軍曾國荃部圍攻安慶。翌年3月29日，程學啟偕丁汝昌率300人出降，被編入湘軍。湘軍攻陷安慶後，程學啟授參將，領開字營。丁汝昌在開字營任哨官，授千總。

其四，改隸淮軍。西元1862年春，李鴻章招募淮軍成軍開赴上海，曾國藩撥程學啟開字2營助之。丁汝昌遂改隸淮軍。是年秋，調至劉銘傳的銘字營，仍充哨官，統步隊百人。後領馬隊營。1864年，統馬隊3營。丁坎大隊老人說他「有一身好馬上功夫」、斐利曼特說他「少年時僅充馬隊營官」，都是真實的。

其五，遷家巢縣。西元1864年，丁汝昌參加圍攻太平天國天京之戰。是年7月19日，天京陷落，他以功擢升副將。這時，他遇到從太平天國女營散出來的一個女孩，姓魏，時年15歲，湖北鍾祥縣（今鍾祥市）人。他一見此女，非常喜歡，娶之，成為繼配夫人，人稱魏夫人。丁坎大隊老人說：「魏夫人當過太平軍女兵，有武藝，常見她舞劍。」為

第三節　身後疑案

了成家，又相信了算命仙「丁不在廬」的話，於是丁汝昌決定遷離廬江，在巢縣西南鄉汪郎中村建宅居之。

其六，轉入海軍。丁汝昌轉入海軍任職時是44歲，所以斐利曼特說他「中年以後始登戰船」。

先是太平天國失敗後，丁汝昌統馬隊隨劉銘傳參加鎮壓捻軍諸役。

西元1868年，晉升總兵，加提督銜。旋授直隸天津鎮總兵。1874年，朝廷裁兵節餉，劉銘傳欲裁馬隊，置丁汝昌於閒散。丁汝昌不滿，致書抗議。劉銘傳大怒，命將招之。丁汝昌疑將不利於己，遂馳歸故里。

西元1877年，丁汝昌家居已3年，便去天津乞李鴻章派一差使給他，因留於北洋差遣。1879年，從英國購買的鎮東等4艘炮船來華，李鴻章便命丁汝昌督操炮船。1881年，李鴻章又派丁汝昌赴英接帶超勇、揚威兩艘快船回華。至此，北洋水師擁有快船2艘和炮船8艘，已經初具規模。於是，李鴻章奏請丁汝昌統領北洋水師，並為了爭取朝廷的批准，讓丁汝昌編造一段「曾在長江水師管帶炮船」的經歷。此丁汝昌以陸將轉統領海軍之經過也。

自殺之謎　丁汝昌身後留下的諸多疑案中，恐怕他的自殺之謎是其中最大的疑案了。

此事的緣起乃來自〈牛昶昞稟〉。丁汝昌死後，牛昶昞稱：

丁汝昌見事無轉機，對昶昞等言，只得一身報國，未能拖累萬人，乃與馬格祿（John McClure）面商，不得已函告倭水師提督伊東……派廣丙管帶程璧光送往倭船。程璧光開船之時，丁汝昌已與張文宣先後仰藥，至晚而死。[077]

---

[077]　《中國近代史資料叢刊中日戰爭》，第3冊，第522頁。

第六章　艦隊潰敗

這就是丁汝昌「已降復死」說之由來。

但是,〈牛昶昞稟〉提出的丁汝昌「已降復死」說,當時即有人表示不同意見。時人姚錫光著《東方兵事紀略》,稱:「(丁汝昌)仰藥,張文宣繼之,十八日(2月12日)曉夜四更許相繼死。牛昶昞召諸將並洋員議降。」就是說,丁汝昌自殺在前,牛昶昞議降在後。池仲祐撰《丁軍門禹廷事略》,甚至認為:「世之無辜受謗,未有如公之甚者也。」這種意見可稱之為「死而後降」說。

「已降復死」說與「死而後降」說,何者為是呢?按常理說,牛昶昞是事件的當事人,所述情況應該是真實可靠的。但他身為北洋艦隊投降的主持者,與伊東祐亨會晤過兩次:一次是在十九日(2月13日)上午,當時他怕伊東不接納他,對伊東說:「我在劉公島,丁提督次級也。今來貴艦,幸與我共議事。」會談時,他答應將劉公島炮臺、軍械及軍艦皆交給日本軍隊;一次是二十日(2月14日)下午,與伊東簽訂《威海降約》。可知牛昶昞與北洋艦隊的投降大有關係,甚至會關係到他本人的身家性命,所以對他的稟報不能完全信之無疑,時人提出質疑是有緣由的。

1950年代,我在寫《中日甲午威海之戰》時得出了三點結論:(一)「丁汝昌不愧是一個有民族氣節的將領,他在各種威逼利誘之下沒有喪失民族立場,動搖降敵。」(二)「丁汝昌(2月)11日接到李秉衡移駐萊州、陸上援兵已經絕望的消息後,於當天夜裡被迫自殺殉國。」(三)「丁汝昌死後,洋員馬格祿、浩威、瑞乃爾等齊至牛昶昞住所會議,決定由浩威起草投降書,偽託丁汝昌的名義向敵投降。」

我當時作出這樣的結論,其根據是什麼?主要是以下三條:

其一,谷玉霖口述。谷玉霖是威海北溝人,西元1887年參加北洋海軍,是一名老炮手,還當過丁汝昌的護衛。他說:

第三節　身後疑案

我 15 歲在威海參加北洋水師練勇營，後來當炮手，先是二等炮手，每月拿 16 兩銀子，以後升上一等炮手，就每月拿 18 兩銀子。我在廣東艇、康濟、鎮北、來遠艦各幹了兩年。……來遠在劉公島中雷以後，我又調去給丁提督當護衛。……

丁軍門先在定遠，後上靖遠督戰。但為投降派所逼，知事已不可為，就從軍需官楊白毛處取來煙膏，衣冠整齊，到提督衙門西辦公廳後住屋內吞煙自盡。我當時是在提督衙門站崗的十衛士之一，親眼所見，所以知道詳細。丁軍門自盡後，工程司嚴師爺為首集眾籌議投降事。（1946 年 5 月 18 日記錄）

「嚴師爺」即山東候補道嚴道洪，他與牛昶昞一起參與策劃投降的陰謀。谷玉霖所談為其親歷目睹之事，而非道聽塗說之言，是重要的第一手證據。

其二，苗秀山口述。苗秀山是威海劉公島人，從小與北洋艦隊水手們接觸，故對水師情況頗為熟悉，後上鎮北艦當水手，經歷過威海之役。他說：

劉公島吃緊時，島上紳士王汝蘭領著一幫商人勸丁汝昌投降。丁統領說什麼不答應，還把他們訓了一頓。張統領（文宣）倒是個硬漢子，想守到底，後來實在不行了，丁統領一死，他就在西瞳的王家服毒死了。領頭投降的是牛提調（昶昞），當時派鎮北去接洽，我也在船上。受降地點在皂埠東海面上，我們船靠近日本船時，只聽日本人用中國話喝斥：「叫你們拋錨啦！」弟兄們都低下頭，心裡很難受。去接洽投降的中國官有五六個。結果港裡 10 條軍艦都歸了日本，只留下康濟運送丁統領等人的靈柩。島裡的官兵都由鎮北裝出島外，由日本兵押解到煙臺。（1961 年 10 月 13 日記錄）

苗秀山雖不是丁汝昌自殺的目擊者，但如此大事在島上鬧得沸沸揚

第六章　艦隊潰敗

揚，所以軍中大都知道丁汝昌和張文宣已經先死，牛昶昞才帶頭去投降的。苗秀山是在派去接洽投降的鎮北艦上，對此當然更是一清二楚了。

其三，瑞乃爾報告。瑞乃爾是德籍洋員，擔任島上的砲兵教習，曾與戴樂爾等洋員往見牛昶昞，策劃投降之事，並親自出面勸丁汝昌投敵，始終參與其事。但他的報告至今沒有找到，以下引用的是戴樂爾的轉述。戴樂爾在《中國事記》中寫道：

> 12日清早，丁提督自殺身亡。我不曾親臨目睹當時所發生的一切，唯得自傳聞及事後發表的瑞乃爾報告而已。蓋丁氏死後，馬格祿、浩威及官員數人上岸，至牛道臺寓所，瑞乃爾已在。浩威建議，偽託丁提督名義作降書，並親自擬稿。譯成中文，並鈐提督印。……我採取瑞乃爾報告所述，以其可靠性頗高。

瑞乃爾是整個投降事件最積極的鼓動者和參與者，他的話自屬可信。當時，我就是根據以上三條，才決定對「已降復死」說棄而不取。將瑞乃爾報告與谷玉霖等人的口述相印證，完全可以證明：牛昶昞等為了推卸罪責，才精心編造了丁汝昌「已降復死」說。〈牛昶昞稟〉是絕對不可信的。

1978年冬，我到廬江丁坎大隊訪問，對丁汝昌的自殺問題又有了新的發現，就是找到了《丁氏宗譜》。《丁氏宗譜》載明：

> 丁先達，賞穿黃馬褂戴雙眼花翎西林巴圖魯正一品封典北洋海軍提督，諱汝昌，字禹廷，生於道光十六年丙申十月初十日巳時。……卒於光緒二十一年正月十八日辰時初。

或認為，《丁氏宗譜》所載沒有什麼價值。其實不然。因為它載明丁汝昌死的實際時間，這是十分重要的。照中國的傳統，恭錄先人的生卒年月日及時辰，是至肅至敬之事，不會馬虎從事的。何況當丁汝昌死

第三節　身後疑案

時，他的次子代禧就隨侍在身旁，並由其扶櫬回里的。所以，《丁氏宗譜》所載丁汝昌死的時間，是必定不會錯的。

《丁氏宗譜》載明丁汝昌死於「正月十八日辰時初」，說明什麼呢？它說明了兩點：（一）「十八日辰時初」是 2 月 12 日晨 7 點多，與瑞乃爾所說的「12 日清晨」正可印證，從而證明了瑞乃爾報告所述的可靠性。（二）丁汝昌是喝鴉片自盡的，有一段彌留的時間，他嚥氣的時間是「十八日辰時初」，喝鴉片的時間必是十七日（2 月 11 日）夜，延至十八日（2 月 12 日）晨 7 點多而死。而程璧光乘鎮北艦去接洽投降卻是在十八日（2 月 12 日）上午 8 點鐘以後。這便進一步揭穿了「已降復死」說之虛妄。

第六章　艦隊潰敗

第七章

馬關和局

第七章　馬關和局

第一節　和戰之間

在甲午戰爭期間，主戰與主和兩種政治力量的衝突，貫穿於整個戰爭過程的始終。這一衝突起初集中表現於軍機處內部。

易樞之爭　早在西元1889年，慈禧太后已撤簾歸政，但實際上仍掌握大權。自1884年朝局之變，盡罷恭親王奕訢等軍機大臣，已歷10年之久，軍機處還是當年的原班人馬。其中，除病免或病故外，入值軍機處的還有四人：

世鐸　禮烈親王代善的七代孫。同治年間任內務府大臣。西元1884年，醇親王奕譞與奕訢爭政成功，史稱「甲申易樞」。因奕譞以太上之尊不便入值軍機處，便舉世鐸以代之。世鐸性耽安逸，每日入值最晚、散值最早，遇事模稜，從不建言，但也無從疾言厲色。他身為親王之尊，卻對內侍尤恭謹，總管太監李蓮英向他屈膝，他也屈膝報之。因此，宮內左右爭譽世鐸之賢。奕譞舉其為首席軍機大臣，不過是讓其充當傀儡而已。

額勒和布　字筱山，覺爾察氏，滿洲鑲藍旗人。咸豐初，以翰林院庶吉士補主事，記名軍機章京。遷翰林院侍講。同治年間，歷任理藩院右侍郎、察哈爾都統、烏里雅蘇臺將軍等職。西元1883年，調戶部尚書，授正白旗漢軍都統。旋補總管內務府大臣。額勒和布是官場上的不倒翁，他的最大特點是木訥寡言，唯上是從，從不攬權，故深得慈禧歡心，對他有兩句評語：一句是「練達老成，持躬端謹」、一句是「服官四十年，謹慎小心，克稱厥職」。

張之萬　字子青，直隸南皮縣（今屬河北）人。道光二十七年（西元1847年），中一甲一名進士，授翰林院修撰。咸豐初，出任河南學政。

第一節　和戰之間

其後，歷充日講起居注官、上書房實習、翰林院侍講學士、詹事府詹事等職。1861 年，慈禧策動「祺祥政變」（又稱「辛酉政變」），奕知張之萬素不附肅順，密與策劃。肅順等死，即令署兵部侍郎。旋授禮部侍郎。曾參與編纂《治平寶鑑》，其中匯集歷史上垂簾聽政的事例，以為慈禧掌權製造輿論。1882 年，升任兵部尚書，又調刑部尚書。1884 年，入值軍機處。到甲午戰爭爆發時，已是 84 歲的龍鍾老翁，尸位素餐而已。

孫毓汶　字萊山，山東濟寧州（今濟寧市）人。咸豐六年（西元 1856 年），中一甲二名進士，授翰林院編修。以丁父憂在籍期間，首抗捐餉，被人參奏。時恭親王奕訢秉政，將其革職遣戍。後以輸餉復原官。因對奕訢懷有私憤，便極力逢迎奕譞，漸與聞機要。西元 1884 年，慈禧罷黜軍機大臣，諭世鐸及孫毓汶等人入值軍機處，遇有重要事件則同醇親王奕譞商辦。此後，內外臣工奏摺皆由孫毓汶送至醇親王府，諭旨也由孫毓汶傳達，同列不得與聞，故孫毓汶遂專中樞權柄。1886 年，光緒已屆親政之年，孫毓汶在奕譞的支持下，遊說六部九卿，出示親擬摺稿讓眾官署名，請求慈禧以「訓政」之名，行「聽政」之實。疏上，慈禧十分歡喜。孫毓汶以此寵信日固，成為后黨的中堅。

光緒帝載湉

第七章　馬關和局

　　四人皆因善體慈禧之意，位居樞府達 10 年之久。光緒帝想要有所作為，必須將此局面加以改變。他做不到像「甲申易樞」那樣盡撤軍機大臣，只能採取一步一步來的辦法。但是，慈禧是何等老謀深算，豈能聽之任之！於是，在光緒帝與慈禧之間，便展開了一場易樞之爭。其間，進行過多次較量。其中最主要的有以下四次：

　　第一次，「集思廣益」。光緒帝想整頓軍機處，感到能夠依靠的只有兩位大臣，即翁同龢和李鴻藻。翁同龢是他所信賴的老師，李鴻藻是當時清流派的首領；他們又都是甲申易樞前的軍機大臣，以其資歷、威望與人脈皆可與孫毓汶等人抗衡。於是，在 7 月 15 日，即甲午戰爭爆發的前 10 天，光緒帝便以「朝鮮之事，關係重大，亟須集思廣益」為由，特命翁同龢、李鴻藻參與軍機處日常工作，並與親王大臣們「會同詳議，將如何辦理之處，妥籌具奏」。

　　當時，翁同龢明知與孫毓汶等人政見相左，難以為伍，請求不參與軍機處會商，未得同意。又一次，翁臥病數日，未能進宮，光緒帝見他未到班，軍機大臣們皆到也不令會議，可見對其倚重之深。孫毓汶工於心計，便在擬摺稿時將翁名列在禮親王之前。翁此時只是參加會商，在名義上還不是軍機大臣，這是有意讓他出醜。摺既上，翁才知道，便在軍機處提出抗議。於是，決定軍機處以後上奏，只遞摺片不具銜名。這場署銜風波才告平息。

　　慈禧不動聲色，對朝局動向瞭然於胸，因禮部左侍郎徐用儀先已在軍機處實習工作，便命其充軍機大臣。徐用儀先在總理衙門上實習，與孫毓汶共事達 10 年之久，相習甚深，氣味相投，遂成為孫的重要幫手。於是，他追隨於孫毓汶之後，亦步亦趨，有時與翁同龢論事不合，甚至動色相爭。

第一節　和戰之間

第二次，翁、李入值。光緒帝想讓翁同龢和李鴻藻真正發揮作用，必須予以軍機處實習名義，但此事不能不報知慈禧。慈禧雖表同意，卻發下這樣的懿旨：「翁同龢、李鴻藻、剛毅均補授軍機大臣。」對剛毅的擢升很突然，在人們的意料之外。

剛毅早年以筆帖式議敘刑部主事。後補郎中。從西元1880年起，分發外省任職，已歷10多年，卻於甲午年（1894年）正月被特召來京，其原因頗費猜測。近年從中國第一歷史檔案館裡發現的相關檔案，為我們解開這個謎底。原來，剛毅做了足以改變自己命運的兩件事：

其一，江蘇任上頌訓政。西元1888年，剛毅調任江蘇巡撫，時值光緒親政之初，條陳新政者甚多。剛毅默察時局，上〈直陳愚悃摺〉，為慈禧的「訓政」大唱讚歌，稱：「唯我皇太后垂簾聽政，一本祖宗成法，無偏無倚，卒使中外臣工，同心協力，廓清海宇，柔遠服人，措天下蒼生磐石之安，而還之皇上。」並乞請皇上「於用人行政之大端」、「時時以法祖為心，則宏圖永固」。他敢對言新政者唱反調，唱到了慈禧的心裡。

其二，廣東任上採赤金。西元1892年夏，剛毅調任廣東巡撫。甲午十月初十日為慈禧的六旬誕辰，清廷幾年前便開始籌備萬壽慶典。剛毅上任之後，督同粵海關採辦赤金1萬兩，源源解送北京。此外，還籌有專款報效。他因此大受慈禧的稱讚。

由此可見，翁、李雖入值軍機處，卻又帶進來一個慈禧的心腹剛毅，仍是后黨占了上風。

第三次，奏參孫、徐。翁、李參與樞要，但無力改變后黨把持的局面，只有依靠發動清議之一途。光緒帝也希望得外廷諸臣之協力。於是，帝黨官員屢屢上疏，每事必爭。其中，吏部右侍郎志銳指名奏參孫毓汶兼及徐用儀，更引起一場軒然大波。志銳指斥孫毓汶「秉政十年，專權

第七章　馬關和局

自恣」、「皇上之所是，則腹非之；皇上之所急，則故緩之」，請求「立將孫毓汶罷斥，退出軍機」。

此摺深中孫毓汶的要害，當天孫、徐即行怠工，辦奏片不肯動筆。軍機諸臣皆不知所措。當天，慈禧閱摺不悅，即召慶親王奕劻面商。光緒帝無奈親自召見孫、徐，對其溫語慰勞，仍照舊辦事。孫毓汶為慈禧所寵信，帝黨想用釜底抽薪之法，將其趕出軍機處，卻未能成功。

第四次，練兵之爭。先是平壤及黃海戰後，德籍洋員漢納根提出一份〈練兵條陳〉，內稱：「陸軍應練兵十萬人，前後分作兩隊，一統帥主之，一其號令，一其軍械，一其陣法。」當時，清軍的致命弱點是不善於大兵團作戰，故在正面戰場上難與日軍抗衡。漢納根有鑒於此，故上此條陳。他的建議很快得到光緒的批准，降諭「開招新勇，招募洋將即日來華，趕速教練成軍」。並命駐天津辦理東征糧臺的臬司胡燏棻會同漢納根辦理練兵事宜。

在落實練兵計畫的過程中，翁同龢以戰事緊迫，提出先「招募三萬人，槍械按三萬人核算，洋將宜核減」，以便趕速成軍。朝廷即從此意見裁定。但在執行時卻受到后黨的干擾。首先出面破壞練兵計畫的就是胡燏棻。他本長期在李鴻章手下做事，乃其親信，既對練兵甩開李鴻章心有不甘，又得到后黨親王大臣的背後支持，便大膽上疏反對此項練兵計畫。我有幸從翁同龢家藏文獻中發現了這件奏摺的原稿，這才清楚原來此事背後也隱藏著帝后兩黨在戰和問題上的較量。

從胡燏棻的奏摺原稿看，起初他提出反對漢納根練兵計畫的理由有三：

其一，引寇入門。認為漢納根是想「借練兵以侵權」、「縱令練成，幸而獲勝，而他日之要求錫賚（ㄌㄞˋ，賞賜），恐有非財帛所能償，且

第一節　和戰之間

非朝廷所能主者」。

其二，淮軍能戰。認為淮軍「非不能戰」，也「不乏將才」，不必另練新軍而「借才異域」。在淮軍屢敗之後，明顯是幫李鴻章說話。

其三，募兵八旗。認為此次練兵可從紈褲子弟中招募，因為「京師八旗閒散子弟，其中不乏驍健精壯之人」，可由洋將用西法挑練，「即由京師陸續挑足三萬人之數，練成勁旅，內足備宿衛之師，外可供折衝之用」。這是為迎合宗室親王大臣，為八旗閒散子弟安排一個吃餉的場所，因此不惜偷梁換柱，將新軍變成八旗兵。

後兩個理由編造得過於拙劣，胡折最後定稿時便只好突顯第一條理由，強調：「現雖借材異域，冀救目前之急，但恐操縱不能由我，他時後患更多。此約束之難也。」在后黨的多方干擾下，這個練兵計畫終於胎死腹中。

恭親王出山　在帝黨看來，任用恭親王奕訢是挽回時局的必要措施，也是抗衡后黨主和的一張王牌。平壤之戰後，帝黨要求任用奕訢的心情更為迫切，多次聯銜上奏，請飭恭親王銷假主政，以挽艱危。光緒雖有此心，卻不敢做主。慈禧先是對此事不表態，直到 9 月底才召見奕訢。隨後便有懿旨，任用奕訢管理總理衙門和海軍，並會辦軍務。

帝黨認為，將奕訢請出來，便可與后黨分庭抗禮了。這完全是一種歷史性的誤會。奕訢自西元 1884 年被罷黜後，曾集唐詩句云：「猛拍闌干思往事，一場春夢不分明。」他想不通此事怎麼會變成這樣。10 年的幽寂生活使他理解他根本不是慈禧的對手，只有一切依著這位「老佛爺」才有可能安居其位。應該說，帝黨的這步棋完全下錯了。

10 月下旬，日軍突破鴨綠江清軍防線和登陸花園口後，朝廷震撼，諸臣束手無策。翁同龢和李鴻藻往見奕訢，痛哭流涕，請持危局，把希

第七章　馬關和局

望寄託在恭親王身上。11月1日，慈禧召見親王大臣，問計將安出。孫毓汶首先提出，請各國出面調停。翁同龢立即表示反對，說：「此事不可成，亦不欲與，蓋將來無以為國也。」但也談不出解決危局的辦法。慈禧不動聲色，但心裡已有了主意。

第二天，即傳下諭旨，派奕訢督辦軍務，奕劻幫辦軍務，翁同龢、李鴻藻、榮祿、長麟會同辦理。慈禧的這次任命和人事安排非常巧妙，反映出她的老辣和心計。因為在帝黨看來，此項任命排除了孫毓汶等人，似乎真的要加強戰爭的主導。其實，這剛好是慈禧的一項重大行動，她已經看準必須內依奕訢，外靠李鴻章，才能順利推行求和方針。時人有詩云：

再起賢王晚，終憑伯父親。

艱難扶病日，恐怕引嫌身。

前兩句是指奕訢的這次出山；後兩句意思是說：如今的恭親王已不是當年的賢王，罷黜10年之後，以年老多病之身，非常害怕重蹈甲申年之覆轍，已難能有所作為了。應該說，這位詩人是看得很準的。

再者，令帝黨沒有想到的是，慈禧命恭親王督辦軍務，既管戰又管和。果然，奕訢派為督辦軍務之後，不是著手研究戰局發展和軍事部署，而是立即約請英、法、俄、美、德五國公使到總理衙門晤談，請他們向各自的政府發電，共同出面調停，以獲取對日和平。帝黨指望奕訢出來扭轉局面的幻想完全破滅了。

榮祿其人　慈禧派奕訢督辦軍務，會同辦理的大臣卻有四人。其中，翁同龢、李鴻藻、長麟三人皆屬於帝黨；那麼，榮祿又扮演何等角色呢？

第一節　和戰之間

榮祿　字仲華，瓜爾佳氏，滿洲正白旗人。早年先後在工部及戶部任員外郎。同治初，充神機營翼長。累遷至副都統、總兵、內務府大臣等職。其為人猾巧而多智，以投靠慈禧為晉升之階。西元1874年，同治皇帝載淳病逝，榮祿奉兩宮太后之命，迎醇親王奕子載湉入繼帝位，是為光緒。當時，榮祿籲請：「今上生有皇子，即承嗣穆宗（同治）。」兩宮太后大受感動，即表示允行。此後，他一路高升，歷任步兵統領、工部尚書及西安將軍。西元1894年慈禧六旬壽辰，榮祿入京祝壽，授為步兵統領。他遂獻「固畿輔」之策，調與自己關係密切的甘肅新疆提督董福祥等駐軍京畿，以備緩急。這實際上是把整個京城的警備力量都控制在他自己手中。

不僅如此，榮祿還是慈禧推行乞和方針的重要謀士。在此期間，他與吉林將軍長順時有密信往來。長順向榮祿獻計說：

時局果至如此，勢將不了。沈城、興京舊都，陵寢禁嚴，豈容倭奴逼視，該賊憑陵不已，倘或挾此以要求，為臣子者將何計之從？⋯⋯唯審量彼已之勢，默揣當今之局，和則犯千古之不韙，戰則尤兵將之不可恃。此中應如何安危定傾，非出自宸斷，將無有以輕言進者。[078]

這些話包含三層意思：（一）仗絕對打不贏；（二）不和難保陵寢重地；（三）臣子無人言和，非自「宸斷」不可。榮祿回信委婉地表示讚許，並告其謹慎從事。

在榮祿與長順的策動下，以陵寢總管聯瑞為首的20多名官員，致電籲請與日本講和，以保護陵寢重地。其電稱：

東邊為龍脈所在，天下安危，實係於此。⋯⋯賊氛漸逼漸近，竊慮倭人乘虛占據陵寢重地，上驚列祖列宗在天之靈。⋯⋯因念夷狄侵擾中

---

[078]　〈長順函稿〉。

第七章　馬關和局

國,自古恆有,然歷代聖賢之君,每為和戎、和番之舉,不肯頻事兵革者,為欲保全民命故也。[079]

此電不但說出后黨大臣們隱藏心中不敢說出的話,還為乞和之舉製造了輿論。聯瑞等人之所以敢於公然主和,是因為抓住一個名正言順的好題目。因此,連光緒帝看了這份電報,不但沒有怪罪之意,反而頗為動容。

蕭牆之內　進入11月下旬,講和問題正式列入議事日程。奕劻提出請美國公使田貝(Charles Harvey Denby)幫中國講和。條件有三項:(一)朝鮮自主;(二)賠償軍費;(三)先行停戰。光緒閱稿後,大為不悅,說:「冬三月倭畏寒,正我兵可進之時,而云停戰,得毋以計誤我耶?」這使慈禧大為惱火,已經失去耐性,為掃除乞和道路上的最後障礙,不惜施展手段,以迫使光緒就範。

11月26日,慈禧在儀鸞殿召見樞府諸臣,趁光緒帝不在座之機,突然宣布:「瑾、珍二妃,有祈請干涉種種劣跡,即著繕旨降為貴人。」過了兩天,慈禧依然怒氣未消,當著群臣的面,大講瑾、珍二妃的「種種嬌縱,肆無忌憚」。盛怒之下,又宣諭將珍妃位下太監高萬枝杖斃。數日之內,整個宮廷陰氣森森,究竟為何?此舉不單純是打擊帝黨主戰派,而主要是針對光緒本人的。

慈禧雖處理了瑾、珍二妃,然意猶未足。12月4日,她在儀鸞殿召見樞臣時,又宣布三件事:(一)瑾、珍二妃之兄「舉動荒唐」,命充烏里雅蘇臺參贊大臣,實則以此名義將其貶出京外。(二)授恭親王奕訢為首席軍機大臣,使其集政治、軍事、外交大權於一身,以便放手主持議和事宜。(三)撤滿漢書房,以隔斷光緒帝與其身邊主戰近臣的接觸,將其孤立,使其成為空頭皇帝。

---

[079]　《清光緒朝中日交涉史料》,卷二十四,第15頁。

慈禧的這幾招真是夠絕的。光緒帝自知無力反抗，只能命奕訢在謝皇太后恩時為之求情。這表明他開始屈服了。慈禧見光緒帝願意服輸，也就幫他留一點面子，諭曰：「前日所論太猛，今改傳滿功課及洋字均撤，漢書不傳則不輟之意可知。」透過撤書房之事，可知光緒帝雖有收攬大權之志，但終究跳不出慈禧這位「老佛爺」的手掌心。

從此，慈禧便可毫無顧忌地操縱並主持議和了。

第二節　決策乞和

甲午年十月初十日是慈禧太后的 60 誕辰，她本想大辦慶典，不希望有戰爭發生。歷史往往會有巧合之處，西元 1874 年她 40 誕辰時發生日本發兵侵臺事件，1884 年她 50 誕辰時發生了中法戰爭。1894 年日本挑起戰爭之前，她對日本尚有輕視之心，故曾傳懿旨主戰，但隨著初戰的失利，便對戰勝日本失去信心，轉而急於求和了。

探詢議和　慈禧由主戰到主和的轉變，是緣於 9 月 15 日的平壤潰敗。自她歸政後，常年住頤和園，很少還宮。這次是 9 月 11 日下午回到宮裡。當時，朝廷上下都知道平壤將有一場大戰，期盼有好消息傳來。不料 9 月 18 日晚上 8 點鐘，接前敵來電，證實平壤兵敗。不僅慈禧本人，就連樞府諸臣都對戰爭前景覺得悲觀。翁同龢在日記中寫道：「連日軍情水陸如此，鴨綠一線可危，即渤海亦可危。」

正在這時，慈禧的種種表現卻非常不尋常，茲舉三例：

其一，連日召見二王。從 9 月 20 日起，慈禧連日同時召見禮親王世鐸和慶親王奕劻，此後連日如此。所談雖祕而不宣，但必是在醞釀重大

第七章　馬關和局

的決策。

其二，宣布暫不赴園。慈禧這次還宮，本來要在 9 月 26 日回頤和園，卻在 24 日宣布暫不赴頤和園，表明她在宮裡有重大事項要處理。

其三，懿旨停辦點景。本來，整個京城都在為慈禧的 60 萬壽慶典而大張旗鼓，9 月 25 日卻突然傳懿旨，停辦景點、經壇、戲臺等事，只在宮中接受慶賀。看來，她已經了解，想要戰爭一下子停下來是不可能的了。

到 9 月 27 日，慈禧與禮、慶二王所商密事終於揭開，是尋求對日講和的辦法。這天，慈禧與光緒同時召見軍機大臣，便提出派翁同龢去天津，問李鴻章能否設法請俄國出面調停。翁開始提出不同意見，最後又不得不接受差遣。當時，慈禧與翁之間有一番對話：

慈：今喀（西尼）使將回津，李某能設法否？

翁：俄若索償，將何畀（ㄅㄧˋ，給以）之？且臣於此等始未與聞，乞別遣。

慈：吾非欲議和也，欲暫緩兵耳。汝既不欲傳此語，則徑宣旨，責李某何以貽誤至此？朝廷不治以罪，此後作何收束，且敗衄（ㄋㄩˋ，戰敗）者淮軍也，李某能置不問乎？

翁：若然，敢不承。

慈：頃所言作為汝意，從容詢之。[080]

慈禧想出此招，的確煞費苦心。她當著光緒帝的面提出此意，又派反對議和的翁同龢去天津，是有深意的。先是在戰爭爆發前後，俄國公使喀西尼路過天津，幾次向李鴻章表示，俄國絕不容日本妄行干預朝鮮內政。後又派參贊巴福祿與李鴻章晤談。李鴻章當即向朝廷報告：「看來

---

[080]　《翁同龢日記》，第 5 冊，第 2733 頁。

第二節　決策乞和

俄似有動兵逐倭之意。」當時，聯俄之意遭到翁同龢的反對：「俄不能拒，亦不可聯，總以我兵能勝倭為主，勿盼外援而疏本務。」因為翁同龢曾反對議和，這次慈禧變著法叫他去，這樣她既達到探詢議和的目的，又無須去擔議和誤國的罵名。

9月30日，翁同龢到天津與李鴻章晤面。適在此時，由北京寄來一道廷寄，略云：「聞喀使西尼三四日到津，李某如與晤面，可將詳細情形告翁某，回京復奏。」蓋慈禧怕翁見李後不談喀西尼之事，故有此廷寄也。於是，翁對李說：「出京時，曾奉慈諭，現在斷不講和，亦無可講和。喀使既有前說，亦不決絕。今不必顧忌，據實回奏。」此時，李鴻章已體會到慈禧是真意主和，便表示相信俄國「不改前意」，並且保證「俄不占東三省」。

慈禧也好，李鴻章也好，都傾向和議，殷切希望俄國出面干涉，自是一廂情願之舉。其實，俄國政府經過慎重研究，已經決定放棄干涉政策，以免捲入中日的漩渦而不利於己。所以，喀西尼對李鴻章說：「現值中日用兵之際，局面未定，如中日和議成後，日久踞韓，俄國必照前議出來干涉。目前宜暫守局外之例。」婉言拒絕清政府的請求。

邀英說和　慈禧是有病亂求醫，求俄國不成，又想到求英國。10月上旬，英國公使歐格訥不在北京，慈禧便指示總理衙門與英人總稅務司赫德接觸，希望透過他請英國政府出面斡旋和議。英國政府回電讓赫德勸說清政府接受賠償軍費的條件。其電云：

以朝鮮獨立的單純條件，是沒有希望能開談判的。提出發動戰爭的道義問題也沒用，必須完全面對既成事實。除非中國立即同意英國所提朝鮮獨立，另加金錢賠償的建議，恐將錯過目前有利於談判的時機。[081]

---

[081]　《中國海關與中日戰爭》，第65頁。

第七章　馬關和局

13日，歐格訥回到北京，便正式代表英國政府提出，以中國允各國保護朝鮮、賠償日本軍費為條件，出面聯合各國調停。

14日，慈禧召見樞府諸臣，表示：「首一事故俯允，即第二事亦可商。」即接受英國提出的兩個條件。對第一條皆無異議。翁同龢和李鴻藻聞賠款之說，大吃一驚，堅決反對。孫毓汶和徐用儀認為：「不如是，則瀋陽可危也！」翁同龢則說：「允兵費不知為多少？且駟馬難追！」慈禧云：「若多仍不允。」翁同龢又稱：「如不可從，終歸於戰。」慈禧乞和之心已定，賠款也在所不計，豈是翁同龢等所能挽回？當天，翁便在日記裡寫道：「天意已定，似不能回矣！」

事實上，西方列強出於自身利益的考慮，對調停的態度並不是真正正向。對於日本來說，為滿足更大的貪欲，正決定繼續擴大戰爭，也不會在此時與中國進行和談。10月23日，日軍進攻中國本土的準備已經就緒，便由陸奧宗光照復英國公使巴健特，斷然拒絕英國的調停建議：

在日本軍隊處處獲得勝利的今日，帝國政府認為，在戰爭的現階段，事態的發展尚未達到足以保證在談判上得到令人滿意的結果。因此，目前根據何種條件來結束戰爭，帝國政府將保留自己的觀點。[082]

24日，奕訢在總理衙門會見西方國家公使，除俄國公使喀西尼稱病不到外，其他各國公使皆來，唯無人談及中日戰事。最後，奕訢實在憋不住了，便單獨與歐格訥談，詢問調停事有無回音。歐格訥見眼前的親王大臣個個愁眉苦臉的可憐模樣，不禁產生一種鄙夷之感，也就毫不客氣地回答說：

日本所志甚大，不在賠款。各國私議至少二千萬元，又不能保無他索。中國果能致死，則將倭打入海去，更無他法。……倭布置已好，中

---

[082]　《日本外交文書》，第27卷，第806號。

第二節　決策乞和

(國)竟是瞎子！[083]

這些奚落的言語令奕訢等人甚覺難堪，暗恨這位英國公使之狂悖。其實，歐格訥說的是實話，只是這些親王大臣聽不進去而已。

密使東渡　英國調停失敗後，慈禧並不死心，又命奕訢約英、法、德、俄、美五國公使會晤，請他們建議本國政府共同出面調停。對此，英國政府出於維護在華利益的需求，表現出十足的熱心，而其他各國則寧願暫時採取觀望的態度，以便伺機而動，摘取熟透的果實，所以都不肯與英國共同行動。

美國雖然拒絕英國聯合調停的建議，但表示願意承擔單獨的調停。日本政府始終堅持反對第三國介入，當然會拒絕美國的調停，卻又感到美國有可以利用之處。但與美國政府協商，由美國充當居間傳信人的角色。清廷唯恐和議之不速，當然求之不得。於是，美國駐華公使田貝和駐日公使譚恩（Edwin Dun）二人，便成為中日兩國間傳遞消息和交換意見的中間人。

先是11月上旬，旅順前敵傳來警報，奕訢等益感外國調停緩不濟急，有另謀救急之策的必要。最後考慮還是要聽取李鴻章的意見，決定派總理衙門大臣、戶部左侍郎張蔭桓攜奕訢致李鴻章密函赴津。密函稱：

閣下數月以來，獨任其難，九重業已深悉。此時應如何設法以期了結之處，閣下受恩深重，義無旁貸。且係奉旨歸我等數人辦理，必可合力維持。[084]

張蔭桓到天津後，與李鴻章反覆商議，得出「徑達伊藤較聯橫說合為捷」的結論。就是說，最佳方案是直接派員赴日與日本內閣總理大臣

---

[083]　《翁同龢文獻叢編甲午戰爭》。
[084]　《李鴻章未刊稿》。

第七章　馬關和局

伊藤博文會晤。

那麼，派誰去日本好呢？李鴻章選中了在津海關擔任稅務司的德國人德璀琳（Gustav von Detring）。在他看來，若遽派大員赴日恐被日方輕視，選一忠實可信的洋員前往，「既易得彼中情偽，又無形跡之疑」。德璀琳此行，攜帶李鴻章致伊藤博文的私函，內稱：

> 和局中輟，戰禍繁興，兩國生靈同罹兵燹，每一念及，良用惋惜！本大臣日夜苦思，冀得善策，俾水陸之戰一切暫時停止。……請問貴國命意之所在與夫停止戰務重訂和約事宜。[085]

行前，德氏藉機請頭品頂戴，李鴻章請旨不及，姑且越權，權宜授之。令李鴻章沒有想到的是，日方認為接見德璀琳將是外國干涉的開始，所以德氏抵神戶後即吃了閉門羹，不得不解纜歸航大津。

德璀琳東渡是一場外交鬧劇。對此，日人評論說：「德璀琳貿然而來，悵然而返，世人皆以為奇。」其實，這並無奇怪之處。派德氏東渡一事，表明慈禧以下乞和心情之迫切，已經到了不擇手段的地步。

廣島拒使　日本政府讓德璀琳吃閉門羹的公開理由，是德氏「乃非經正當手續的使節」。並提出：「倘有事商議，中國須透過正當手續，派遣具有能充分發揮實效之資格人前來。」與此同時，日本又透過譚恩致電田貝：「如中國派首席全權大臣與日所派大臣聚會，方能講和停戰。」這樣，德璀琳雖無功而返，但日本政府總算表示願意和談。

隨後，中日兩國政府便就會談相關事宜交換看法，在以下四個問題上意見皆不一致：

第一，媾和條件。清政府希望日本明示媾和條件，遭到日本政府斷然拒絕，指責清政府「似尚未痛切感到有媾和的必要」。並威脅說：「如

---

[085]　橋本海關：《清日戰爭實記》，卷十四，第466頁。

果不經過具備正式資格之全權委員會商以後，日本不能宣布媾和條件。若中國政府對此不能同意，則此次之商議即可暫告終止。」

第二，會談地點。奕訢、李鴻章等擔心遣使赴日受到要挾，希望以上海附近為會談地點。但日本政府強調會談地點必須在日本，最後確定為廣島。

第三，休戰日期。按照國際慣例，開始議和談判就要實行休戰。因此，清政府希望日本任命全權委員之日，決定兩國開始休戰的日期。日本政府的答覆是：「至於休戰條件，縱使日本政府許諾休戰，亦須在兩國全權委員會商後，始能明言。」這是說，即使開始議和談判，也不一定實行休戰。

第四，全權銜名。日本政府提出：「在日本任命全權委員之前，中國應先將全權委員姓名、官職通知日本。」清政府告知：「中國所派全權大臣為總理各國事務大臣、戶部左侍郎張蔭桓和頭品頂戴署湖南巡撫邵友濂。並希望日本告知所派大臣銜名。」日本政府則稱：「日本須俟中國所派大臣到境有日，即日派出大臣，現時不必先言派幾員，係何姓名、職銜。」又拒絕清政府的要求。

清政府在十分屈辱的情況下，仍不得不派張蔭桓、邵友濂東渡。

西元1895年1月26日（農曆春節）午夜，張、邵乘英輪「王后」號從上海出洋，駛向日本。2月1日，張、邵與日本全權大臣伊藤博文、陸奧宗光會晤於廣島縣廳，雙方互換敕書。日廷敕書有「朕親加檢閱，果真妥善，即便批准」的話，而清廷敕書則有「轉奏裁決」之語，兩者都是一樣的意思。因此，雙方代表的所謂「全權」其實都是不完全的。伊藤、陸奧二人卻一口咬定中國代表無全權，而聲稱日本代表則實有全權。

2月2日，中日雙方代表再次會晤於廣島縣廳。伊藤博文首先宣讀

第七章　馬關和局

一份說帖,指責中國無講和之誠意,不能開議。張蔭桓也就敕書問題與之爭辯:

伊:「貴國敕書不足,不能開議。」

張:「中國既派全權,一切權利包括在內。」

伊:「這是中國自己所說,於公法不合。」

張:「貴國初復田貝電云,中國派全權大臣,持有國書,本國亦派全權與議。中國即照此辦法。」

伊:「本國敕書,悉照公法辦理,兩相比較,自知不同。」

張:「貴國敕書亦有『親加檢閱,果能妥善,即便批准』。是約本須候旨核閱,然後批行。兩國所奉全權,都是一樣。」

伊:「總以敕書為憑,不照公法,斷不能行。」[086]

遂關閉了會談的大門。

當中國代表退出會場時,老謀深算的伊藤博文突然叫住中方的參贊官伍廷芳,請他留下,講了一段意味深長的話:

貴國何不添派恭親王或李中堂同來會議,鄭重其事?現在兵攻威海衛,南邊一帶已得,但海面及劉公島各炮臺現尚鏖戰,勝負未分,大約指日可攻取。軍情萬變,時刻不同,早和為宜。[087]

一則脅以兵威、一則指名要奕訢或李鴻章到日本議和。伊藤留下非全權大臣的伍廷芳單獨談話,成為日本廣島拒使事件中的得意之筆。

---

[086]　《清光緒朝中日交涉史料》,卷三十二,第 35 頁。
[087]　《盛宣懷檔案資料選輯甲午中日戰爭》下,第 393 頁。

第三節　日本逼和

2月12日，張蔭桓、邵友濂被迫離開日本回國。就在這一天，北洋艦隊在牛昶昞的主持下向日本聯合艦隊投降。日本政府認為，這剛好是迫使中國派奕訢或李鴻章來日和談的最好時機，不能錯過。日本之所以從拖延和談變為急欲和談，是由當時日本國內外的形勢所決定的。

國際動向　日本挑起戰爭後，便密切注意西方列強的動向，以採取相應的對策。隨著日本軍隊深入中國本土作戰，已經出現了列強干涉的明顯跡象。

其一，倒清密謀。密謀的策劃者是美國人畢德格（William N. Pethick）。他早在西元1874年來華，任美國駐天津副領事。後辭職入李鴻章幕下，擔任外交顧問。戰爭爆發後，他認為清政府在日本的軍事打擊下將很難維持下去，要使中國從混亂中擺脫出來，李鴻章是最合適的統治者。美國前國務卿科士達（John W. Foster）對畢德格也表示支持，認為：「最好是改朝換代，推李鴻章掌握權力。」但是，畢德格的密友、陸軍軍官威爾遜（Wilson）卻寫信將密謀計畫告知在日本駐美使館擔任法律顧問的美國人史蒂文斯（Thomas Russell Stevens），向日本人洩密。此事引起日本政府的高度警惕。

其二，八國派兵。在清政府決策乞和的同時，西方列強也正在醞釀派兵進入北京的計畫。其公開的名義是「保護使館」。總理衙門雖多方阻攔，也無效果。後來，美、俄、英、德、法、義、比（利時）、西（班牙）八國的駐華公使，向總理衙門遞來一份措辭強硬的聯銜照會：「本大臣等當必各操其權，俟自酌度緩急，即行撥兵由津進京，以資保護使署及本國人民。」隨即各派一支數十名官兵組成的部隊，強行進入北京。列強

第七章　馬關和局

的劍拔弩張，當然不是單純為了保護使館。對此，伊藤博文心知肚明。所以，他向大本營提出：「為使我得收戰勝之利，則非善於權衡利害，慎重從事不可。」

其三，列強虎視。從中日兩國醞釀和議時起，西方列強無不虎視眈眈，伺機而動。日本外務省也不斷地接到駐外公使的相關報告。如駐俄公使西德二郎電稱，「俄國之主要興趣為擴張並占領朝鮮東海岸，以獲得某些不凍港」。所以非常反對日本「占有滿洲南方之一部分」。駐英代理公使內田康哉電告，他獲悉歐洲各國之舉動「有危險的跡象」、「故不應使軍隊靠近北京」。就是說，戰爭不能繼續下去，應放棄直隸作戰計畫。駐義大利公使高平小五郎更轉述該國外交大臣布朗克（Emilio Bianchi）的勸告說：「措施與條件應限於適當範圍之內：第一，應避免割裂清國疆土或顛覆清國政府；第二，盡量不要搞亂正常秩序。」列強的這些反應使伊藤博文不能不認真考慮。

日本危機　日本派大軍越海深入中國本土作戰，已造成日本的嚴重危機。德國前駐華公使巴蘭德（Maximilian von Brand）指出：

> 日本國內的政治局勢危機四伏，對於日本國家和當政的人們，不要說戰敗了，即使戰爭拖長下來，也是十分危險的。[088]

英國駐日公使楚恩遲（Ernest Mason Satow）也向英國發回多次類似的報告。如其一稱：

> 戰爭已經使得日本的資源承受巨大壓力，如果再持續一年，不管勝負如何，日本都會在財政方面捉襟見肘，難以為繼。……如果中國拒和，轉而採取其著名的消極抵抗政策（即持久戰），日本將會處於嚴重危

---

[088]　《中國海關與中日戰爭》，第79頁。

第三節　日本逼和

險的處境。（西元 1894 年 12 月 24 日發自東京，絕密）[089]

其二稱：

儘管日本人強作樂觀，但該國的財政形勢正日益變得嚴峻。所有情況都證實，今後幾個月內這方面的壓力將更加嚴重。問題不在於管理，而在於是否還能滿足如此龐大的駐海外部隊的鉅額開支。去年 12 月 29 日，日本銀行發行了總額為 280 萬元的有息紙幣，31 日又發行了 120 萬元。……除此之外，在今後兩個月內，人民還必須向政府繳納大約 3,000 萬日元的土地稅和第二次戰爭貸款。如果中國不迅速接受條件，則完全可以預言，日本將在本年底前陷入嚴重的財政困難。（西元 1895 年 1 月 4 日發自東京）[090]

所以，到了戰爭後期，英國輿論一度不看好日本，認為「日本已筋疲力盡了」。甚至先前偏向日本的《泰晤士報》也開始改變口徑，說「繼續作戰對中國有利」。

可見，國內外形勢已不允許日本繼續作戰，它必須抓住議和時機，否則戰爭真的長久拖下去，後果將不堪設想。

預定約稿　早在西元 1894 年 10 月間，陸奧宗光已經理解到，日本軍隊的進攻雖然暫時不能停止，但不可能無限期地繼續下去，因此暗地裡與伊藤博文商議，應該預先擬定一份合約草稿，以備議和條件成熟時使用。

此時，在日本，主戰的氣勢仍然很盛，但有一點卻是大多數人的共識，就是日本必須在列強干涉之前結束戰爭。這就需要認真考慮媾和條件的問題。當時，日本有一種非常流行的觀點，即想趁此次戰爭而置中國於萬劫不復之地，故對中國索取賠款數額務求甚巨，割占土地面積唯

---

[089]　《英國外交檔》下，第 56 號。
[090]　《英國外交檔》下，第 79 號。

第七章　馬關和局

欲其大。其代表性的意見略如下述：

其一，賠款數額？ 對此有以下三種意見：

第一種，10億日元。 此意見以前任外務大臣大隈重信為代表。當時，有人提出賠償軍費至少在3億日元（約合庫平銀2億兩）以上，大隈則主張索取10億日元。10億日元折合庫平銀約6.7億兩。他認為：「在目前情況下，中國一次最多能拿出1億日元。對剩下的9億日元，日本必須要求5%的年息。此外，為保證得到全部賠款，必需根據債權要求得到關稅和歲入。按此利息計算，年息可高達4,500萬日元。中國每年要拿出這麼一筆鉅款，定將使其財力枯竭，無力付清本金或重整軍備，從而實際上永遠淪為日本的附屬國。」

第二種，1億英鎊。 此意見以駐英公使青木周藏為代表。1億英鎊，約折合庫平銀7億兩。他提出：「賠款應為英幣1億鎊，其中一半為生金，一半為銀幣，分10年償清。」其後，日本強迫清政府用英鎊償付《馬關條約》規定的賠款，即是青木的建議。

第三種，銀10億兩。 此意見以大藏大臣松方正義為代表。日本財政部門本來就企盼獲得鉅額賠款，松方再任大藏大臣後，便在大隈重信、青木周藏等人建議的基礎上抬高數額，乾脆要一個整數：庫平銀10億兩。

其二，割地何處？ 對此有多種意見：

第一種，割取臺灣本島。 軍政及社會各界人士，大多數都有此建議，認為割取臺灣本島非常重要。因為在日本看來，「臺灣是日本以琉球群島為終點的島鏈上繼續延伸的一部分，健全這條島鏈對組成日本帝國非常重要。就戰略而言，日本不用多少年就能夠在島上建成軍事基地。這樣，日本南有不亞於旅順的軍事基地的臺灣島，北有派駐精兵把守的遼東半島，就再也不用擔心中國東山再起，無論其未來的命運如何，日本

都可以高枕無憂了」。

第二種，割取東北三省。此意見以民權論者大井憲太郎為代表。

他是自由民權運動的主要領袖之一。他對內講民權，對外講國權，在對外政策上主張國家主義的強硬論。當時，陸軍方面主張割取遼東半島，因為「遼東半島是中國軍隊流血犧牲奪取來的，而且既控朝鮮的側背，又扼北京的咽喉。為國家前途久遠之計，絕不可不歸我領有」。大井對此不屑一顧，主張割地就要一次割夠，除割臺灣外，還要割吉林、奉天（遼寧）、黑龍江三省。

第三種，割地包括直隸。此意見以青木周藏為代表。他建議：「割取奉天省及不與俄國接壤的吉林省大部分，以及直隸（河北）省的一部分。另外，在中朝兩國之間劃出約 5,000 平方日里的中間地帶，為將來中國掌握亞洲霸權的軍事據點。」5,000 平方日里，約等於 77,000 平方公里，比兩個海南省的面積還要大。此建議值得注意之處有兩點：（一）既割取朝鮮釜山港及其毗連土地，又使朝鮮成為日本的附屬國，「將來無論東亞出現什麼問題，都必須徵求日本的意見」。（二）割占直隸北部土地，可使中國的首都北京經常處於日軍兵力的威脅之下。

第四種，趁機瓜分中國。此意見以「硬六派」之一的立憲改進黨為代表。立憲改進黨主張在日本實行英國式的立憲君主制，也主張擴充國權，積極擁護日本政府的對外侵略擴張政策。此時提出：「必須有瓜分四百餘州的決心，屆時應將山東、江蘇、福建、廣東四省劃入中國版圖。」

當時的日本，全國上下正處於戰爭的歇斯底里之中，為日本軍隊百戰百勝的神話所陶醉。尤其是那些平時主張對外強硬的政客們，此刻更是高談闊論，口出狂言，以逞一時之快。雖然也有少數有識之士對此不

第七章　馬關和局

以為然，認為媾和條件過於苛刻恐非上策。甚至有人上書伊藤博文，其中引述西元1866年普奧戰爭的歷史為戒，斷言割占中國領土必將影響中日兩國將來的邦交。有這種認知的人士究屬鳳毛麟角，而且也只是三五好友相聚一起，竊竊私議，是不可能挽回壓倒一切的社會狂瀾。

但是，對於處在最高決策層的伊藤博文、陸奧宗光等人來說，卻必須全面權衡各種利害關係，以確定最適宜的媾和條件。他們深知，要確定最適宜的媾和條件並不是一件簡單的事情，必須要考慮三個方面的因素：

其一，日本因素。媾和條件要盡量滿足日本各方面的貪欲和願望，從中國榨取盡可能多的利益。

其二，國際因素。因為每一項媾和條件都會涉及西方各國的利益，何況列強正在專注於對媾和條件內容的獲得，皆飛耳張目、百方探聽，甚至間或發出猜測之說，表明對日本產生疑懼之感。尤其是歐洲的幾個強國，還顯露出準備干涉的苗頭。這是日本不能不警惕的。

其三，中國因素。清政府雖自認戰敗，但若媾和條件過苛，使清政府無法承受，勢必難以迅速達成和議。其結果將會使戰爭拖延下去，這對於日本來說是十分不利的。

《和約底稿》　經過將近半年時間的醞釀和修改，日本內閣終於通過了一份準備交付中國全權大臣的《和約底稿》。在其反覆修改的過程中，考慮最多的還是國際因素，即西方列強的反應。這主要表現在以下三例：

其一，關於朝鮮地位。當時日本有人鼓吹兼併朝鮮或使之成為日本的附屬國，但其駐俄公使西德二郎多次電告陸奧宗光，對待朝鮮宜取慎重的態度，以免惹怒俄國。還鄭重地向陸奧建議：「即令我有使朝鮮歸我所屬之意，但切勿驟現其形態，不能不考慮迴避俄國干涉之策略。」西

第三節　日本逼和

德二郎的建議深中肯綮，陸奧與伊藤博文商量後，隨即作出決定：「不損害朝鮮的獨立，俄國政府的態度將會對日本有利。……近期贏得俄國之友善，對於締結和約將證明是極為有用的。」這樣，《和約底稿》對朝鮮的地位便有了「中國認明朝鮮國確為完全無缺之獨立自主」的一段文字。

其二，關於割讓土地。當時西方各國最為關注的焦點，是割讓土地中是否包括中國大陸的土地。如英國《泰晤士報》刊文稱：

> 列強在適當時候最終干涉，將完全不偏不倚，這是早已確定的。列強要等到中國承認失敗，並老實地進行議和談判之日，向中國要求開放港口。同時向日本指出，歐洲不許其吞併中國大陸的一寸領土。（西元1895年2月7日）

俄國《新時代報》發表社論稱：

> 當此日本獲得戰勝結果之際，各國對所提條件之著重點，在於使日本保持從前之島國地位，絕不可使之憑依大陸。日本政府切莫忘記：不可逾此界限。如對朝鮮之無限保護權或割讓滿洲土地等，絕不允許。（西元1895年2月9日）

歐洲報紙反覆警告日本不要染指大陸，不能不引起日本政府很大的重視。

但在日本政府看來，割占直隸北部土地或東北全境固不可行，而割取盛京（遼寧）省的部分領土還是有可能的。因為這樣的話，反對者只剩俄國了。日本卻有兩點可資利用之處：（一）提出割占盛京省一部分要求時，俄國必然不滿，而英國的政策是防俄南侵，則不會提出異議，僅俄國一國也難以力爭。（二）俄國外交大臣吉爾斯剛剛病故，由傾向日本的副大臣基斯敬主持工作，新登基的沙皇尼古拉二世（Nicholas II）也是傾向日本之人，此時的時機也對日本有利。基於這樣的分析，日本政府懷

第七章　馬關和局

有僥倖的心態，認為堅持讓中國割讓盛京省部分領土應該不至於出什麼問題。

為了摸清俄國政府的真實態度，陸奧宗光特於2月14日親自約見俄國公使希特羅渥。兩人之間有如下的談話：

陸：「此事絕屬機密，即日本不能不以割讓土地作為講和條件之一。」

希：「時至今日對於領土割讓問題，早已毋庸爭論。然須視要求割讓土地之不同情況，可能會招致多少外國干涉。」

陸：「日清戰爭乃日清兩國之事，不容第三者置喙。然而某一國家以有關歐洲之利益為由，竟有動輒干涉之傾向。……日本不希望侵犯俄國之利益，因此認為有必要事先了解其利益之所在。」

希：「只要日本不侵犯朝鮮之獨立，俄國亦不會格外提出異議。然為日本之最大利益計，接受清國大陸領土之割讓實非上策。」

陸：「本大臣之主張，在於竭力不與俄國之利益相牴觸。但有關日本自身之利益，日本必須自己保護之。」[091]

這次談話的最大問題在於：兩個人都沒有真正理解對方的真意所在。本來，希特羅渥講了日本接受大陸領土割讓「實非上策」後，陸奧宗光回覆了兩句話，第一句是說日本竭力不與俄國之利益相牴觸、第二句是說日本必須保護自身的利益。希特羅渥卻只注意到第一句話，相信日本是不會割取中國大陸領土，所以臉上表現出喜悅之色，而對第二句話也就不大在意了。陸奧的第二句話剛好是針對希特羅渥而說，而他看到的又是希特羅渥面露喜悅的表現。這樣一來，陸奧更加斷定先前對俄國的分析是正確的。於是，《和約底稿》裡便寫上中國讓與日本「盛京省南部地方」的條款。當初，陸奧還不可能想到，後來這一條款卻招致俄、德、

---

[091] 《日本外交文書》，第28卷，第561號。

法三國的聯合干涉。

其三，關於賠款軍費。日本要中國賠償軍費，也要反覆核算清政府的最大承受能力，最終在《和約底稿》裡寫下了賠付庫平銀 3 億兩。其後，陸奧宗光考慮到談判的過程情況多變，又同外務省顧問美國人端迪臣 (H. W. Denison) 商議，將賠償軍費要求確定為甲、乙兩個方案：甲方案為白銀 2 億兩、乙方案為白銀 3 億兩。這樣，在與中國全權大臣談判時就有了兩手準備，即力爭達成乙案，以甲案為確保的底線。

對於日本來說，既然國內外形勢已不允許把戰爭繼續進行下去，對和約條款又已作了充分的準備，只盼抓緊時機議和了。到了 2 月 17 日，即日軍占領威海劉公島和俘獲北洋艦隊全部餘艦的當天，日本政府便經譚恩轉電北京，內稱：

> 中國另派大臣，除允償兵費、朝鮮自主外，若無商議地土及與日本日後定立辦理交涉能以畫押之全權，即毋庸派其前來。[092]

於是又引出李鴻章赴日和談之一幕。

第四節　議和之旅

日本政府在廣島拒使之後，又表示願意講和，但挑明「須另派十足全權，曾辦大事，名位最尊，素有聲望者，方能開講」。慈禧心裡清楚，所指即是李鴻章，謂：「即著伊去，一切開復，即令來京請訓。」又諭云：「我可作一半主張也。」

先是平壤潰敗後，李鴻章被拔去三眼花翎並褫去黃馬褂，旅順失守

---

[092]　北京美國公使館〈節錄中日議和往來轉電大略〉。

第七章　馬關和局

後又受到革職留任並摘去頂戴的處分。朝廷不能派一個受處分的大臣出使，故慈禧有「一切開復」之諭。隨即由軍機處將廷寄電達天津，命李鴻章星速來京請訓。

割地之斷　2月22日，李鴻章至京。光緒召見於乾清宮，與軍機大臣同入。當論及議和之事時，李鴻章奏稱：「割地之說，不敢擔承；假如占地索銀，亦殊難措，戶部恐無此款。」翁同龢言：「但得辦到不割地，則多償當努力。」孫毓汶、徐用儀則奏：「不應割地，便不能創辦。」光緒又問到海防情況，李鴻章答曰：「實無把握，不敢粉飾。」君臣相對默然，皆計無所出。

連日來，李鴻章奔走於英、法、德、俄等國使館之間，意在尋求幫助，皆不得要領。他既從西方各國找不到支持，也不再唱「割地不可行」的高調了。25日，光緒帝召見群臣時，李鴻章面奏，也露出割地之意。奕訢陳述己見，亦有同感。翁同龢不表贊同，餘者均不表態。殿內寂然無聲，空氣沉悶之至。

26日，慈禧得知李鴻章所奏及奕訢所陳，甚感不歡，曰：「任汝為之，毋以啟予也。」她不是對朝中所有事情都撒手不管，而只是不管割地之事。看來，她也是怕得到割地的罵名。

到28日，光緒以派遣全權大臣事不宜久拖，諭軍機大臣曰：「汝等宜奏東朝，定使臣之權。」隨後，奏事太監來傳：「慈體昨日肝氣發，臂痛腹瀉，不能見。一切尊上諭可也。」迫於事勢，光緒卒予李鴻章以商讓土地之權。

3月2日，李鴻章奏陳預籌赴東議約情形，云：

頃軍機大臣恭親王等傳奉皇上面諭，予臣以商讓土地之權。聞命之餘，曷勝悚懼！……詳閱日本致田貝兩電，於兵費及朝鮮自主兩節，均

第四節　議和之旅

認為已得之利,而斷斷爭執,尤在讓地一層。唯論形勢,則有要散;論方域,則有廣狹。有暫可商讓者,即有礙難允許者。臣必當斟酌輕重,力與辯爭。[093]

3日,李鴻章奉廷寄:「該大臣膺茲巨任,唯當權衡利害之輕重,情勢之緩急,通籌全局,即與議定條約,以紓宵旰之憂,而慰中外之望。實有厚望焉。」同一天,奕訢、奕劻等公奏慈禧。奏既上,慈禧仍在「養病」,默不表態。這樣,割地之斷作為「出自宸斷」,就最後定下來了。

遷都之議　清廷被迫割地,君臣皆非情願。當時,曾遍求各國駐華公使,也皆搪塞敷衍,唯德國公使紳珂冒出一句:「若不遷都,勢必割地。」翁同龢極稱此議,謂:「至言哉!」孫毓汶則以為,非割地不能了局。於是,翁、孫二人爭於傳心殿。孫毓汶駁曰:「豈有棄宗廟社稷之理?」翁同龢亦不敢盡其辭。署臺灣巡撫唐景崧致電總理衙門,內有請皇上「巡幸」之語。光緒以此詢問諸臣何計,無人敢答。光緒嘆曰:「時勢如此,戰和皆無可恃!」又言及社稷,聲淚俱下。親王大臣無不「流汗戰慄、罔知所措」。

茲考遷都之議,實始於翰林院庶吉士湯壽潛的《遷鼎論》。先是在西元1890年,時在山東巡撫張曜幕下的湯壽潛,刊印所著《危言》40篇,其首篇即為《遷鼎論》。此篇主張遷都的重要理由之一,是緣於國際環境的變化。他指出:

日本知三島不足以自存,朝鮮者歐亞之樞,俄得之而為所逼,急欲郡縣之以自蔽。甲申之變,我幸先發制之,而東顧之憂,旦夕間事也。……今之所患多在海氛,與夫同洲之強敵,故以擇地為未雨綢繆,事固有不容一概論者也。

---

[093]　《李文忠公全集》奏稿,卷七十九,第47～48頁。

第七章　馬關和局

　　認為日本遲早會挑起釁端，不如早為之備。他主張遷都長安（今西安市），因為「萬一江海卒聲（ㄑㄧㄥˇ，動靜），居高御下，尚可運籌徐理」。幾年之後，日本便發動了這場大規模的侵華戰爭，果然應驗湯壽潛的預見。《危言》問世後，引起社會的廣泛重視。時人評其「有疏通知遠之用」。翁同龢讀過此書後，也認為「論時事極有識」。他在爭論割地時主張遷都，當是受了《遷鼎論》的啟發。此時，他特召湯壽潛來府長談，即其顯證。

　　在此期間，帝黨官員頗有人主張遷都。翰林院編修黃紹箕等聯銜上疏，奏陳四事，其一即遷都之計。侍讀學士文廷式認為：「不顧戀京師，則倭人無所挾持。俄王保羅之敗法主拿破崙第一，空都城以予之，是良法也。」奏曰：「此時戰既不足恃，和更不宜言，唯有預籌持久以敝敵之法。」並引用前英籍洋員琅威理之言稱：「中國言戰，可百年不匱。若倭人戰，不十年，必亡滅矣。」此時，禮部侍郎李文田也正在考歷代遷都之得失，欲有所論。翁同龢密遣人問其所考得失情況，準備在講解時向光緒提及。

　　先是遼東敗耗傳來，慈禧曾令順天府備騾車2,000輛準備逃難，然終不行。及至張蔭桓、邵友濂在廣島被拒後，慈禧亦懼，命順天府仍備騾車。當時她一度有逃亡太原之意，召山西巡撫張煦來京，以預籌移頓事。躊躇久之，以決意乞和乃止，曰：「西逃亦可，但無以服肅順之心耳！」工部尚書孫家鼐老於官場，洞悉宮中之事，確知慈禧乞和之意已定，乃致書李文田，略云：「勿奏請遷都，若倡遷議，必有奇禍。」翁同龢向孫詢及遷都之策，孫亦力持不可。遷都之議乃止。清廷既不肯用遷都之計，只有割地之一法了。

　　求助英國　李鴻章奉命赴日議和，從內心說，他是不願意接受這個

第四節　議和之旅

差使的，曾向人透露心曲：「很不願意承擔與日本談判這一費力不討好的任務。」他感到最棘手的還是割地問題。事實上，他也反對割地，但找不到阻止的方法。最後，他認為此時唯一的辦法是說動英國出來助一臂之力。為此，李鴻章先後採取了三次行動：

第一次，密訪歐格訥。2月23日，李鴻章私底下帶著翻譯來到英國使館，開門見山地向英使歐格訥提出：「中國擬抵制割地要求，能否得到英國的某種支持？」歐格訥答稱：「以個人之見，中國應與日本達成協議，以免出現北京被占領的結局。為了和平，中國值得作出巨大犧牲。」李鴻章又請其向國內發電轉述此意，為此事提供支持。歐格訥含糊應曰：「此時發電請示無疑為時尚早，因為日本之割地要求還不夠明確，但必將尊意轉告外交大臣。」

24日下午，李鴻章再次密訪歐格訥，拿出一份〈中英同盟密約草稿〉，請英使過目。〈中英同盟密約草稿〉的大意是：

英國政府應代表中國政府同日本交涉，即由英國出面結束戰爭，挽救中國，使之不喪失任何領土。中國政府為報答這一援助，將實際上在若干年內將整個國家的管理權交給英國，並由英國獨攬改組和控制陸海軍、修築鐵路、開採礦山的權利，而且還為英國通商增開幾個新的口岸。[094]

在歐格訥看來，所謂「密約」只不過是清政府設下的「誘餌」，要將英國釣住。他打定主意不上鉤，對李鴻章講了一大篇不著邊際的話，實際上是婉言拒絕訂立「密約」的建議。

第二次，拜會金伯利。李鴻章密訪歐格訥兩次，皆無所獲，便電令駐英公使龔照瑗速赴英國外交部，拜會外交大臣金伯利，向其求助。

---

[094]　《英國外交檔》下，第234號。

第七章　馬關和局

25日，龔照瑗往見金伯利，提及割地問題時，金伯利說：「中國的處境非常危險，所以有可能簽訂和約顯然是有利的。授權給一位全權大臣就割地進行談判，完全不是丟臉的事情。歐洲列強曾有過在戰敗之後以此為前提求和的事。」龔照瑗問：「閣下是否能對割讓中國東北或臺灣發表意見？」其實，英國此時已掌握日本準備割占遼東半島和臺灣的情報，而金伯利卻回答：「我暫時不能發表意見，因為我認為現在就開始討論這個問題為時過早。」

第三次，覲見英女王。李鴻章兩次碰壁，仍不甘心，想做第三次努力。他與總理衙門商議，想法讓龔照瑗覲見英國女王。

3月2日，龔照瑗奉到總理衙門寄來國家致英國女王電信一件，內稱：

大清國大皇帝問大英國大君主好！朕現定派大學士李鴻章赴日本，與商停戰訂約，以全民命，息爭端。素稔（ㄖㄣˇ，知）大君主以保平安為心，希設法力勸，總以公道議和為盼。[095]

總署還訓示說：「此電以親遞為慎重。」但是，英國政府經過研究，於3月8日回覆，以「為接受政治信件之故，君主接見外國使節或公使，不符合普通外交慣例，也不合乎英國宮廷之習慣」為由，不同意中國公使覲見女王親遞國電。

李鴻章先是於3月5日離京返津，一面在天津候輪，一面等待倫敦的消息。至此，他始知佳音無望，懷著無可奈何的心情，於3月14日乘輪東航，開始他的議和之旅。

全權三誤　自李鴻章奉旨入京請訓時起，就開始組建使團，並作各方面的準備。這是一個龐大的使團，除全權大臣李鴻章外，有隨員33

---

[095]　《中國近代史資料叢刊續編中日戰爭》，第6冊，第592頁。

第四節　議和之旅

人。此外,還有管廚、廚師、茶房、打雜、轎班、剃頭匠等僕從多人。合計隨員及隨從人等共135人。從這個使團的人員構成看,僕從竟有100人以上,看來生活安排想得比較周到。但從完成出使任務的角度看,身為首席全權大臣的李鴻章,卻出現了三大失誤:

其一,設參議。李鴻章使團在首席全權大臣之下,特設參議一職,其地位在幾位參贊之上,以其嗣子李經方充之。李經方乃李鴻章六弟昭慶之長子,因李鴻章年屆40,尚膝下無子,遂過繼李經方為嗣。後雖生嫡子,仍以李經方為「大兒」。李經方少時聰慧,非常討李鴻章的喜歡。李鴻章對他寵愛有加。李經方28歲中舉後,李鴻章就為他捐錢以知府分省補用,獲得做官的資格。此後,李經方就隨父親在天津衙門裡讀書。西元1886年5月,曾隨駐英公使劉瑞芬赴任,擔任參贊。

西元1889年春,回國參加會試不第。1891年1月,以江蘇候補道出任駐日公使,翌年10月卸任。在使日期間,李經方與日本朝野關係十分密切,頗為世詬病。此李經方之主要經歷也。

李經方一直是在李鴻章的庇廕下成長的,既沒有經過多少歷練,又沒有顯示出他有何才能和膽識,李鴻章卻以「熟悉情形,通曉東西語言文字」的理由,讓他擔任參議,實際上是充當自己的副手。雖然古人有「內舉不避親」的佳話,但李經方卻不是什麼賢才。可見,李鴻章的此項安排完全是私心作怪。事實證明,日本方面剛好是看準李鴻章的這條軟肋,才在和談的關鍵時刻向李經方施壓,迫使李鴻章在日本預定的和約上簽字的。應該說,這是李鴻章此次出使的一個重大失誤。

其二,聘顧問。先是張蔭桓東渡時美國人科士達被聘為法律顧問,這次又被李鴻章聘為首席顧問。科士達曾先後任美國駐墨西哥及俄國公使,並一度擔任國務卿。他參與美國外交界多年,與陸奧宗光的關係非

第七章　馬關和局

同一般。陸奧任駐美公使時，兩人便建立了友誼。西元 1894 年春，科士達有日本之行，又與陸奧過從甚密。當時，日美在華盛頓進行的修改條約談判陷於停頓，陸奧密託科士達回國後去看望國務卿格萊星姆（John M. Hay）並進行遊說，使其態度有所轉變。為此，陸奧寫信向科士達道謝：「感謝您現在對我的幫助。我希望您在將來以同樣的態度幫助我們。」兩個月後，日本新任駐美公使栗野慎一郎到職，又帶一封信給科士達，內稱：「現在委任栗野的最重要的工作是修訂條約，我請求您給他友好的信任，給他最需要的幫助，使他的工作得到圓滿的終結。」在科士達的幫助下，幾個星期後栗野終於簽訂這份日本渴望已久的條約。科士達自稱：「多年來國內外都認為我是日本從治外法權解放出來的積極提倡者。」可知科士達的親日傾向是人所共知的，而中國赴日談判的使團卻聘他為首席顧問，豈非咄咄怪事！

起初，陸奧宗光是反對科士達擔任中國議和顧問的。他指示栗野慎一郎稱：

> 身為我的私人朋友，科士達會在一些事情上對我們有所幫助。但我認為，讓我的一位私人朋友站在我們的敵人一邊，是很失策的。因此，如有可能，我特別希望能阻止他來。為達此目的，需要花費必要的費用，我不會反對的。[096]

從這份密電顯露出的蛛絲馬跡，完全可以看出，科士達認可過去收取過日本的「費用」；否則，陸奧不會也不敢貿然提出付給科士達「必要的費用」。但是，栗野認為，日本付出少量賄金並不能解決問題，因為科士達本人有更大的計畫。覆電稱：

> 目前（科士達）不僅每年從清國政府領取不少於 20,000 美元之津貼，

---

[096]　《日本外交文書》，第 27 卷，第 874 號。

第四節　議和之旅

而且祕密偵知此行有一舉置備終身家產之計畫。故以若干金錢左右其進退，絕無希望。[097]

雖說如此，日本仍有辦法達到目的，即由栗野慎一郎約科士達會面，說服科士達按日本政府的意圖行事。其實，科士達早已心中有數，當即表態說：

爾來日本政府所取之措施至當。軍國之機運將由此而起，乃勢所難免。閣下所示，為本人所充分了解者。故本人對清國之境地將予以相當之忠告。並不得不盡力斡旋，以使日本政府滿意而許諾媾和。[098]

這樣，日本政府沒花費一分錢而有收買之實、清政府花費巨資禮聘的顧問卻成為談判對手利益的維護者。這是李鴻章此次出使的又一重大失誤。

其三，舊密碼。李鴻章此次出使日本還有一件奇事，就是帶著早已被日本外務省破譯的電報密碼。先是在西元1894年6月22日，陸奧宗光致送清朝駐日公使汪鳳藻一件照會，卻改變以往的做法，先將日文譯成中文，長達387字。次日，汪鳳藻將一份長篇密碼電報送日本電報局發往總理衙門，果然就是陸奧的照會。兩相對照，日本外務省便掌握這套密碼的規律，並破譯汪鳳藻與總署之間的全部往返密電。李鴻章卻仍然帶著這套舊的密碼赴日，致使他在和談期間與北京的往返密電內容，包括中方割地及賠款的底線，皆全部為日方所了解。這樣，整個和談過程都在日方的掌控之中，清政府還要求李鴻章在談判中「不嫌反覆辯駁」，其實都是白費的。這也是李鴻章此次出使的一個重大失誤。

由於以上三大失誤，李鴻章此次議和之旅會取得何等結果，也就不

---

[097]　《日本外交文書》，第27卷，第877號。
[098]　《日本外交文書》，第27卷，第877號。

第七章　馬關和局

難預料了。

馬關開議　3月19日，李鴻章一行抵達馬關。20日，雙方全權大臣在春帆樓舉行首次會議。日方全權大臣是伊藤博文和陸奧宗光。會談一開始，李鴻章就提出停戰問題。伊藤胸有成竹，答以：「此事明日作復。」21日，日方卻故意提出占領天津、大沽、山海關三地，並在停戰期內由中國支付軍費等苛刻條件，以迫使中國方面打消停戰的念頭。

日本馬關春帆樓中日雙方議和場面

當天，李鴻章即致電總理衙門，報告日方的停戰要款。3月22日，電達北京，光緒為之動容，欲至壽寧宮謁見慈禧，而「慈躬未平」，不敢造次，逡巡而退。23日，總理衙門由孫毓汶擬電稿，告以：「其停戰期內認給軍費一節，可以許諾；若彼執前說，而向索和議中之條款。」就是說，若日方堅持占領天津、大沽、山海關三地才允停戰，不妨先開始談判和議條款。此電於當天下午6點35分發到馬關電報局，日本外務省

第四節　議和之旅

破譯後進行一番研究，直到第二天（24日）中午才送交到李鴻章手中。

日方將這封電報壓了18個小時才交出，的確不對勁。當時，李鴻章並不知道，日本正在利用和談之機，一面堅拒中國方面的停戰要求，一面下令日軍向臺灣省所屬的澎湖列島發動進攻，以為下一步割占臺灣作準備。日方是在獲悉日軍在澎湖登陸的消息後才交出電報的。

割臺預謀　日本對臺灣垂涎已久。早在西元1872年，日本外務卿副島種臣就私底下向美國駐日公使德朗（G. E. De Long）透露：「臺灣也是中國渴望之地。」

西元1874年，又想利用出兵臺灣之機，在臺灣東部開闢居留地，永久占領。發動甲午侵華戰爭後，就謀劃趁此機會奪取臺灣及其附屬島嶼，最後決定分三步採取不同的方式進行：

第一步，竊取。對釣魚島就是採取竊取的辦法。釣魚島列嶼，包括釣魚島、黃尾嶼、赤尾嶼及其他島礁，自古以來就是中國的領土。

西元1879年，日本吞併琉球後，即企圖染指釣魚島。1885年，時任日本內務卿的山縣有朋，是一位狂熱的對外擴張論者，想將釣魚島劃入日本的版圖，在島上建立「國標」。但是，時任外務卿的井上馨，認為此時並非將釣魚島劃歸日本的合適時機。他函覆山縣稱：

> 此島嶼近清國之境，較之前番勘察已畢之大東島方圓甚小，且清國已命其島名。……此時若公然驟施立國標諸策，則易為清國所疑。竊以為目下可暫使其實地勘察，細報港灣之形狀及有無開發土地、物產之望，建立國標、開發諸事可留待他日。……此次勘察之事，不宜見諸官報及報端之上，萬望以之為念。[099]

就是說，要改變原先的思路，即變公然占領為暗地竊取。從此時

---

[099]　井上清：《釣魚島：歷史與主權》，第103頁。

第七章　馬關和局

起,日本政府便確定伺機竊取釣魚島的方針。

從西元1885年到1894年的10年間,日本內務省和沖繩縣費盡力量,始終沒有找到一條有關釣魚島屬於琉球的證據。相反,所搜查到的調查證明,舊記、書類也好,口述、傳說也好,都足以證明釣魚島是中國所屬的島嶼。這就是日本未敢貿然下手的原因所在。到西元1894年底,日本所企盼的合適時機終於到來。在中日戰局勝敗業已明朗的情況下,時任內務大臣的野村靖舊案重提,以「今夕情況已殊」,再次徵詢外務省對釣魚島標樁事的意見。陸奧宗光的答覆是:「別無異議。」遂在陸奧的支持下,日本內閣通過了內務省的提案。

這樣,在西元1895年1月,即中日兩國尚未進行和談之前,日本便以內閣會議決定的方式,非法竊取了釣魚島。

第二步,攻取。對澎湖列島就是採取攻取的辦法。先是在12月4日,伊藤博文提出〈進攻威海衛並攻略臺灣之方略〉,即主張在渤海進攻威海衛的同時,也要將臺灣作為占領的目標。他認為:「苟欲以割讓臺灣作為和平約的重要條件之一,我方如不先以兵力將其占領之,則無使彼將其割讓之根據。」但在中日雙方開始和談的情況下,攻取臺灣全島已來不及,只有改為先攻取澎湖列島,為下一步議定條約時割取臺灣作準備。

3月24日,中日全權大臣舉行第三次會談。這時,伊藤博文已經獲悉日軍混成支隊於23日登陸澎湖的消息。所以,當李鴻章將停戰之議擱起,要日方出示和款時,伊藤突然冒出一句話:「中國之兵已向臺灣行進。」他見李鴻章聽後面帶驚愕之色,又稱:「豈止臺灣而已!不論貴國版圖內之何地,我倘欲割取之,何國能出面拒絕?」伊藤露出口風要割占臺灣,李鴻章卻不敢正面拒之,這就讓日方掌握了中方的底線。

第四節　議和之旅

第三步，割取。對臺灣本島就是採取割取的辦法。日方已知李鴻章唯恐和議中梗，不敢拒絕割讓臺灣島，便準備在簽訂和約時公然割取了。

遇刺事件　3月24日下午第三次會談結束後，李鴻章在返回寓所途中被暴徒開槍擊傷，引起舉世震驚。25日，李經方致電總理衙門稱：「此事恐不能終局矣。」

陸奧宗光看到破譯的李經方電報，猜不透是什麼意思，非常緊張。

他有兩怕：一怕李鴻章藉口中斷談判回國、二怕列強插手干涉。他寫道：

我觀察內外人心所向，認為如不乘此時機採取善後措施，即有發生不測之危機，亦難預料。內外形勢，已至不許繼續交戰的時機。若李鴻章以負傷作藉口，中途歸國，對日本國民的行為痛加非難；巧誘歐美各國，要求它們再度居中周旋，至少不難博得歐洲二三強國的同情。而在此時，如一度引出歐洲列強的干涉，中國對中國的要求將陷於不得不大為讓步的地步。[100]

當天夜間，陸奧宗光親至伊藤博文下榻之處，密商對策。兩人一致認為，為使李鴻章衷心感到滿意，只有允許他一再懇請之休戰，較為得計。因為對日本來說，「今日善後之策，唯有與清使繼續商談，以預先避免各國之聯合干涉」。3月26日，實行停戰決定，得到明治天皇睦仁的裁可。

在此期間，陸奧宗光因需要隨時掌握中國使團的動向，與李經方多有接觸，趁機向李經方透露：「我天皇陛下以慈惠為心，不久必恩准無條件休戰。」於是，李鴻章於3月27日傍晚致電總理衙門，稱：「諸醫珍

---

[100]　陸奧宗光：《蹇蹇錄》，第137～138頁。

第七章　馬關和局

視再四，子嵌骨髓，礙難取出，皮肉醫痊，約需月餘。現唯靜養，俟和款送到，再力疾妥議，隨時電聞。」陸奧閱此電報後，斷定李鴻章已無回國之意，也就放下心來。是日夜半，他急電告知伊藤博文：

> 李鴻章之情況大為好轉，此際不僅無回國之意，而且似乎已下決心，必須在締結條約完畢後回國。此事無論按李經方所言，或就以前密碼電報觀察，其意均甚明顯。[101]

雖說如此，陸奧宗光仍然主張迅速簽訂停戰協定，以免由第三國提出，因為那將對日本甚為不利。於是，不等伊藤博文從廣島返回馬關，陸奧便於 28 日親往李鴻章住所，在其病榻前告知天皇允諾停戰之意。30 日，雙方簽訂了《中日停戰協定》。

這份停戰協定的簽訂，是日本政府迫於各方面壓力的結果。但是，日本在確定停戰條款時，卻巧妙地將自己的意志貫徹於其中。

其一，例外規定。協定雖規定停戰，卻有例外的規定，即將臺灣和澎湖列島排除在停戰地區之外。

其二，停戰三週。日本政府之所以允諾停戰三週，是因為日本大本營已經作出決定，由參謀本部總長小松彰仁親王任征清大總督，並將於近期成立「征清大總督府」進駐旅順，以張聲勢，對清政府施加壓力。

其三，逾期中止。協定規定停戰期限，並謂「如期內和議決裂，此項停戰之約亦即中止」，這實際上是逼迫中方在停戰期限內滿足日本的各項要求。

父子全權　李鴻章來馬關和談，以李經方為參議，卻又升其為全權大臣，成為父子二人皆是全權大臣，人們皆以為奇。其實，這是清政府接受日方建議而作出的決定。

---

[101]　《日本外交文書》，第 28 卷，第 1037 號。

第四節　議和之旅

4月1日，雙方舉行第四次會談。日方因伊藤博文尚在廣島，由陸奧宗光出席；中方因李鴻章槍傷未癒，委託參議李經方出席。陸奧出示《和約底稿》，要求中方須在三四日內答覆。李鴻章閱過《和約底稿》後，認為其中第2款「割讓盛京省南部地方、臺灣全島及澎湖列島」和第4款「賠償軍費3億兩」過於出格，萬不能從。當晚，他命分兩次將日方《和約底稿》內容電告總理衙門。並述己見稱：「日本如不將擬索兵費大加刪減，並將擬索奉天南邊各地一律刪去，和局必不能成，兩國唯有苦戰到底！」

對於李鴻章密電中「唯有苦戰到底」的話，陸奧宗光並不擔憂，因為剛剛收到北京電旨：「李鴻章務當詳審斷酌，設法盡力磋磨，總其必成而後已，不可畏難避謗，廢棄於半途，致誤大局。是為至要！」這就是替李鴻章下了死命令，一定要談成和約。因此，陸奧分析，「唯有苦戰到底」的話，不過是為了「博得各國之同情，以借各國之力迫使日本減少其要求」而已。於是，他一面訓示駐西方大國公使，將媾和條件祕密提示給各駐在國政府，一面命外務次官林董分別約見各大國駐日公使，以展開一場廣泛抵制中國爭取列強支持的活動。

但是陸奧宗光也理解到，想要與中方溝通方便，並隨時掌握談判對手的情況，必須在李鴻章之外另建渠道，最理想的辦法是設法讓李經方也成為全權大臣。於是，他便以李鴻章傷病未癒為由，請譚恩致電田貝，建議添派李經方為全權大臣，隨同李鴻章與日本商議和約。4月6日，清廷允行，並電知李鴻章。從此，伊藤博文、陸奧宗光二人與李鴻章還是與李經方會談，完全根據日方的需求而定。

從4月4日以來，雙方就割地、賠款兩項發生爭論。在割地問題上，日方要求割讓包括遼陽、鞍山等處在內的奉天南邊地方，中方則答應讓

第七章　馬關和局

出安東縣、寬甸縣、鳳凰廳、岫巖州等四處；在賠款問題上，日方要求庫平銀3億兩，中日則以1億兩應之。雙方互不相讓，一時陷於僵局。

幾天來，陸奧宗光一直在認真研究李鴻章發給總理衙門的來往密電，以便採取新的對策。尤其注意到：4月6日李鴻章發給總理衙門的密電有「若欲和議速成，賠款恐須過一萬萬，讓地恐不止臺澎」的話，4月8日上午總理衙門覆電則稱：「縱敵願太奢，不能盡拒，該大臣但須將何處必不能允，何處萬難不允，直抒己見，詳切敷陳，不得退避不言，以割地一節歸之中旨也。」陸奧宗光立刻理解到：這是清政府將割地、賠款的或拒或允的決定權推給李鴻章。本來，日方深感雙方反覆辯駁，只能延誤時日，這對日本是不利的。而要早日結束談判，只有對李鴻章採取威脅手段，也就是陸奧說的「在事實面前使他們就範」。但考慮到李鴻章的地位和影響，不宜直接冒犯，便決定從李經方身上下手。

隨後，伊藤博文便派人請李經方到其寓所密談。名為密談，實則大施威脅，進行外交訛詐。聲稱：「南北兩處均要割讓，僅讓一處亦斷不行。……所索三萬萬，即欲減少，能減無幾。」最後，厲聲恫嚇道：

> 若不幸此次談判破裂，則我一聲令下，將有六七十艘運輸船隻搭載增派之大軍，舳艫相接，陸續開往戰地，如此，北京的安危亦有不忍言者。如再進一步言之，談判一旦破裂，中國全權大臣離開此地，能否再安然出入北京城門，恐亦不能保證。此豈吾人尚可悠悠遷延會商時日之時期乎？[102]

李經方經此一嚇，不知所措，對其威逼使臣的無禮之舉不敢作一言之辯，連所攜帶的商改約稿節略亦不敢交出，連聲哀求：「（我方）答案萬一不能使日本全權大臣滿意時，希望不因此招致日本全權大臣之激

---

[102]　陸奧宗光：《蹇蹇錄》，第147頁。

怒，以致談判破裂，使九仞之功虧於一簣。是以諸事皆請海涵！」

當天下午 6 點，李鴻章覆電總理衙門，略述伊藤博文威脅之詞後，提出己見：「讓北地以海城為止，賠費以一萬萬外為止。倘彼猶不足意，始終堅執，屆時能否允添？乞預密示。否則，只有罷議而歸。」

李鴻章之如此沉穩，尤其是其密電中「否則，只有罷議而歸」的話，使日方感到意外。陸奧宗光感覺到，「讓北地以海城為止，賠費以一萬萬外為止」兩句就是李鴻章心中的底線，連忙與伊藤博文商量，相應修改原先提出的《和約底稿》。

4 月 10 日下午 4 點多，雙方舉行第五次會談。李鴻章傷處漸癒，出席會議。陸奧宗光因身體原因未到，日方僅伊藤博文出席。閒談片刻後，伊藤拿出準備好的改定條約節略，其中重要的改動有兩項：

其一，割地。因為李鴻章密電有「讓北地以海城為止」的話，節略除要求割讓臺灣及澎湖列島不變外，對割讓盛京省南部地區的範圍則作了較大的壓縮，改為從鴨綠江口起，溯江至安平河口，由此劃線而到鳳凰城、海城及營口，此摺線以南地方。如此劃法，適與「海城為止」相符。

其二，賠款。因為李鴻章密電有「賠費以一萬萬外為止」的話，節略也從原先要求的庫平銀 3 億兩減少，即從原先確定的乙方案 3 億兩改為甲方案 2 億兩。以此與「一萬萬外為止」相應。

李鴻章看完節略後，辯駁割地、賠款兩項內容。因日方已經摸準李鴻章的底線，伊藤博文絕不鬆口，反而態度非常強硬，說：

駁只管駁，但我主意不能稍改。目前最需要我等努力者，乃速定和約。中國在廣島已作好出征準備，有 60 隻運輸船隨時可解纜出航。昨夜至今晨，渡海之運輸船已達 20 隻，其所向之地蓋距天津不遠。唯在停戰期內，須嚴守停戰之約耳。一旦時機到來，當即刻出發，而無可猶豫

第七章　馬關和局

也。今日之事，所望於中堂者，唯允與不允之明確答覆而已！」[103]

4月11日，伊藤博文閱總理衙門與李鴻章往來密電，知尚不肯遽然允諾日方條款，決定進一步施加壓力，以表示態度之堅決。當天，他致函李鴻章稱：

所有昨交和約條款，實為盡頭一著。中國或允或否，務於4日內告明。其4日期限，係從昨日算起。

並在函後附加數語云：

戰爭之為物，無論在戰鬥的措施上或在戰爭所發生的結果上，均有進而無止，所以請閣下勿認為今日可僥倖得到日本允諾的媾和條件，至後日亦仍可得允諾。[104]

當天，李鴻章致電總理衙門：「伊昨面談，語已決絕。今又來此函，似是哀的美敦書。應如何應付之處，伏候速示遵辦。」此後數日內，伊藤博文或致函李鴻章，強調條款已讓到極處，無可再讓，或對參贊伍廷芳聲言「恐不待停戰期滿，已先開仗」，極盡施壓之能事。

4月14日，李鴻章再次致電總理衙門：「事關重大，如照允，則京師可保；否則，不堪設想！」君臣皆唯恐京城不保，連復內容相同之兩電，諭李鴻章即可定約：「如竟無可商改，即遵前旨，與之定約。」既奉最後諭旨，馬關締約之事乃定。

簽訂合約　4月17日上午10點，中日雙方全權大臣皆會於馬關春帆樓，協商和約簽字之事。11點40分，和約簽字儀式結束。是為《馬關條約》。其中重要的規定有以下五項：

第一，割讓土地。中國割讓遼東半島、臺灣全島及所有附屬島嶼給

---

[103]　《日本外交文書》，第28卷，第1089號，附件二。
[104]　陸奧宗光：《蹇蹇錄》，第151頁。

第四節　議和之旅

日本。

第二，賠償軍費。中國將庫平銀 2 億兩交與日本，作為賠償軍費。

第三，添開口岸。規定中國允在已通商口岸之外，另添開沙市、重慶、蘇州、杭州為通商口岸，日船得駛入各口搭客載貨。

第四，日人設廠。規定日本臣民得在中國通商口岸城鎮，任便開設工廠，所有在中國製造之貨，與進口貨物一樣應享受優待，免徵一切雜捐。

第五，駐軍需費。中國為保證履行約內條款，聽允日軍駐守威海衛，並每年將駐軍費庫平銀 50 萬兩交付日本。

《馬關條約》的簽訂，引起國際風雲陡變，朝廷內外議論紛紛，全國輿論一片譁然，反對條約之聲頗高。值得一說的事情很多，茲擇其要者三事略述如下：

其一，三國干涉。由於日本不顧俄國的警告，執意要割占遼東半島，俄、德、法三國於 4 月 23 日向日本政府提出嚴重交涉，要求日本放棄對遼東半島的占領。這就是歷史上的三國干涉還遼事件。

日本當然不肯放棄已經搶到嘴邊的食物，採取多種反干涉的措施，皆不成功。日本政府自知獨力難以與三國對抗，決定實行「對俄、德、法三國完全讓步，但對中國一步不讓」的政策。結果由中國出庫平銀 3,000 萬兩，作為收回遼東半島的贖金。

在俄國發動的三國干涉還遼事件中，中國始終處於受人擺布、宰割的地位。前門拒一虎、後門進三狼。以三國干涉還遼為源頭，列強瓜分中國的狂潮從此興起了。

其二，押臺計畫。先是在 3 月間，李鴻章被授予割地之權而東渡議和，朝野皆知割讓臺灣已成難以挽回之事。署理兩江總督張之洞提出一

第七章　馬關和局

個抵押臺灣的保臺計畫，即仍由中國保留對臺灣的主權，而將臺灣各項事業的管理權暫時交由英國某企業組織。此以押臺來保臺計畫之先聲也。

《馬關條約》簽訂後，臺灣民眾無比憤慨，官紳極度不滿，急籌保臺之策，於是想到抵押臺灣的方案。4月20日，臺灣巡撫唐景崧約見英國駐淡水領事金璋（Lionel Charles Hopkins），請他會見一批當地民眾的代表。見面後，他們向金璋遞交一項押臺計畫：

> 請英國和德國將臺灣置於保護之下，以煤、樟腦、茶葉、黃金和硫磺的關稅歸英國所有，而中國則保留領土的行政權，並繼續徵收田賦。[105]

李鴻章雖然親自簽訂包括割臺條款的《馬關條約》，但這絕不表示他的簽字是心甘情願的。他回到天津後，知道臺灣提出一項押臺計畫，認為不失為權宜之計，不妨一試。於是，他於5月2日約見英國駐天津領事寶士德，談及押臺方案，提出：「請函問歐格訥先生，貴國政府若感興趣，最好他能來天津實際商談。歐格訥先生跟我在這裡很快會達成協議。」

當然，李鴻章為推銷押臺方案所付出的努力，不會取得任何成果。從這次押臺方案到先前列強調停的失敗，說明一個深刻的道理：「只有懷著必勝的信念，依靠自己的力量，發揮自身潛在的優勢，才有可能克服一切困難，最終戰勝來犯的敵人。」這也是這次戰爭留給後人的重要歷史教訓。

其三，付款之爭。根據《馬關條約》，中國應賠償日本軍費庫平銀2億兩；在威海衛的駐軍費每年庫平銀50萬兩，共支付3年為150萬兩。

---

[105]　《英國外交檔》下，第222號。

第四節　議和之旅

另外，還要付給日本贖還遼南費 3,000 萬兩。三項合計，為庫平銀 2 億 3,150 萬兩。這本是十分簡單的問題，沒想到日本新任駐華公使林董一到北京，就迫不及待地和總理衙門進行交涉，提出要商談中國付款的辦法。他認為有兩個問題需要實際商定：

第一，紋銀成色問題。馬關和談提出以庫平銀作為賠款計量的標準。所謂「庫平」，本是清政府所規定的國庫收支銀兩的成色標準，源於康熙年間。當時規定每 1,000 兩紋銀須含有 935,274 兩純銀，即標準庫平銀每兩含純銀 35,292 克。但是，在以後的長期流通中，庫平銀的成色在全國未能保持一致，不僅中央與各省不同，即一省之內也有不同。以順天府為例，三六庫平成色即比康熙標準庫平高出不少，而三四庫平成色則比康熙標準庫平低了許多。

日方看到中國銀兩流通中的這種混亂現象，認為這是一個絕好的敲詐機會。於是，日本便向中國提出償付的庫平銀必須「足色」的要求。林董致函總理衙門稱：

> 庫平一節，昨用同文館所備之衡，試取數個一兩，權稱之，均有輕重，未知孰是？[106]

因此，林董要求庫平必須足色。從表面上看，這是一個合理的要求，而且也不難解決，因為儘管庫平銀在流通中有不同成色，但有康熙規定的成色在，採取康熙標準庫平銀就穩妥了。

其實，林董提出「足色」問題是醉翁之意，藉此無理取鬧，否定康熙標準的合理性。他毫無根據地要求庫平銀成色必須達到 988.890（每 1,000 兩含純銀 988.890 兩），即每兩庫平銀含純銀 37.31256 克。這不僅遠遠高於康熙標準庫平，而且比順天府的三六庫平還要高。總理衙門與之力

---

[106]　《翁同龢文獻叢編甲午戰爭》。

第七章　馬關和局

爭，然在林董的堅持下也只好接受其無理要求。

這樣一來，中國交給日本的賠款，與按康熙標準庫平銀計算相比，多付了1,325萬兩。

第二，賠款幣種問題。日本為從中國勒索更多的賠款，可以說挖空心思，無所不用其極。《馬關條約》規定中國賠款按庫平銀計算，林董卻要總理衙門用英鎊在倫敦支付賠款。總理衙門只能答應，但也提出兩點：（一）銀價折合英鎊早晚不定，應於交款之日就市按價計算。（二）用中國銀市習慣上規銀升庫平之法，再合成英鎊數。這本是一個相對合理的辦法，卻遭到林董的堅決拒絕。

林董想了一個巧招，就是庫平銀換成英鎊，要按本年（西元1895年）6、7、8三個月的倫敦市價折中計算。採用這種計算方法，顯然沒有道理。因為當時鎊漲銀跌已成總趨勢，中國賠款以低價折合成英鎊是一個死數，而以後用高價購買英鎊支給日本，這就會形成巨大的「鎊虧」。但總理衙門不敢與之力爭，只能被迫按林董的計算結果辦理。

這樣，就「鎊虧」而論，中國所賠日本之軍費、贖遼費及威海衛駐軍費，就得又多付給日本庫平銀1,494萬兩。

所以，從條約的字面上看，中國交付的賠款是三項，即軍費庫平銀2億兩、贖遼費庫平銀3,000萬兩及威海衛駐軍費150萬兩，計2億3,150萬兩。其實，還應加上兩項，即以庫平銀「足色」為藉口多付的1,325萬兩和因「鎊虧」多付的1,494萬兩。兩者相加，約為庫平銀2.6億兩，折合日金3.9億日元。

暴富之後　經過甲午一戰，日本成為亞洲的戰爭暴發戶。這次戰爭掠奪，使日本發了大財。日本前外務大臣、後任大藏大臣的井上馨，曾經躊躇滿志地說：

第四節　議和之旅

在這筆賠款以前，日本財政部門根本料想不到會有好幾億的日元，全部收入只有 8,000 萬日元。所以，一想到現在有了 3 億 5,000 萬日元滾滾而來，無論政府和私人都頓覺無比富裕。[107]

其實，井上馨所說的 3.5 億日元，是按條約字面的數字計算出來的。再加上日本以庫平實足、英鎊支付等名義的勒索，中國支付的賠款總額數應該是 39 億日元。

實際上，日本透過這次戰爭所掠奪的財富還不只這些。此外，光日軍在戰爭中獲得的金銀及各種貨幣，即可折合庫平銀 2,000 萬兩，等於日金 3,000 萬元。還有從中國獲得的兵船、軍械、軍需物資等，約價值庫平銀 6,000 萬兩，等於日金 9,000 萬元。這兩項相加，也有庫平銀 8,000 萬兩，等於日金 1.2 億元。

這樣看來，日本透過這次戰爭，從中國掠奪的財富達到庫平銀 3.4 億兩，折合日金 5.1 億元。這是一筆巨大的財富，其數目是當時日本年度財政收入的 6.4 倍。

日本當局這次真正嘗到了發動侵略戰爭的甜頭，切實感覺到發動侵略戰爭是一本萬利的買賣，這就更加刺激它急欲對外擴張的野心。於是，它憑藉這筆突然而至的鉅款，大肆進行所謂「戰後經營」，進一步擴軍備戰，使整個日本國家戰爭機器化，成為遠東地區的主要戰爭策源地。在此後的半個世紀裡，日本多次發動對外擴張的侵略戰爭，最後終於遭到徹底的失敗。

可見，日本雖然贏得甲午戰爭，但這場勝利也為日本的最後失敗埋下伏筆，成為日本軍國主義最終敗亡的起點。這就是歷史的辯證法。

---

[107]　波波夫：《日本的經濟》，第 23 頁。

第七章　馬關和局

第五節　拒和運動

拒和聲起　《馬關條約》簽訂後，全國上下一片譁然。內外臣工交章論奏，紛紛反對和約，而其議論不盡相同。主要有以下三種主張：

其一，諸臣公議。認為若批准條約，後果嚴重，國將無以為國。

建議朝廷飭下軍機處親王大臣再行妥議，或與大學士、六部、九卿、翰詹、科道共同議會，恭候聖裁。此主張反映群臣對軍機大臣數人「密謀臆決」的成法不滿，但在當時是不可能被採納的。

其二，結援制日。群臣中有些人不甘心割地賠款，但對自身的力量又缺乏信心，於是想出結外援以制日的辦法。如何才能使各國出手助我呢？提出了三種辦法：

第一種，遠交近攻。認為可利用西方國家與日本的衝突，說服西方國家為我所用。如廣東巡撫馬丕瑤奏稱：

環海各國，富莫如英，強莫如法，大莫如俄，三國各有不相上下之勢，而更忌他國之駕乎其上。……倭若得志於中國，非特中國之不利，即英、法、俄三國之不利也。似宜乘此時勢，說合英、法、俄各國，同心合力，聯邦交和睦之誼，或伐倭使分其地，或責倭使阻其兵，利害兼籌，彼三國當必樂從。[108]

第二種，以財賂之。認為西人重利，可以利誘之為我用。如河南道監察御史宋承庠奏稱：

洋人趨利如鶩，如以重賂餌之，必能出為我用。倭人索賠兵費二萬萬兩之多，若以此款分賂各國，約為援助，諒必樂從。蓋同費鉅款，與

---

[108]　《清光緒朝中日交涉史料》，卷四十四，第2頁。

第五節　拒和運動

其賂償與敵國，不若酬犒夫鄰邦。[109]

第三種，以地賂之。認為西人既重財又重地，可以地賂之，借其兵威以廢約。如署南洋大臣張之洞奏稱：

> 非借兵威不能廢約，此時欲廢倭約，保京城，安中國，……唯有乞援強國一策。乞援非可空言，必須予以界務、商務實利。竊思威、旅乃北洋門戶，臺灣乃南洋咽喉，今朝廷既肯割此兩處與倭，何不即以賂倭者轉而賂俄、英乎？所失不及其半，即可轉敗為勝。[110]

這些主張的提出者，既不了解世界大勢，也不肯接受前此醉心列強調停的教訓，仍然對列強存在很大的幻想，甚至想不惜用「前門拒虎、後門進狼」的辦法來救燃眉之急，這無異於飲鴆止渴，可謂荒唐至極！這些主張不僅行不通，而且若一旦實行，必將招致無窮的後患。

其三，拒和備戰。當時前敵的主要將領大都力主拒和備戰。如幫辦軍務四川提督宋慶分析前此之失利，乃是「兵非久練」，提出當務之急是整頓軍旅，「科簡軍實，去腐留精，嘗膽臥薪，實事求是」，並表示「願與天下精兵，捨身報國」。廣東陸路提督唐仁廉認為有「十可戰」，何況日本「顯有外強中乾之態」、「反覆興師糜餉，勢將利在速戰，久必不支」、「我即定三年軍期，不戰而專事守，彼亦未有不窮蹙而亡者。」黑龍江將軍依克唐阿也認為：「但能力與之持，不過三年，彼必死亡殆盡。」並表示願「自任一路，督率所部，效死疆場，以圖恢復」。

既要拒和備戰，就必須有相應的制敵之策。其策有二：

第一，實行持久抵抗戰略。早在戰爭爆發之後，即有人提出與敵久持的觀念，但認知還不成熟。隨著戰爭的進行，人們對持久戰略的理解

---

[109]　《清光緒朝中日交涉史料》，卷三十九，第 11 頁。
[110]　《清光緒朝中日交涉史料》，卷三十九，第 12 頁。

第七章　馬關和局

更為深入。因此，此時提出實行持久抵抗戰略者頗多。如欽差大臣劉坤一奏稱：

> 割地、賠款多節，目前固難允行，後患更不堪設想，宜戰不宜和，利害輕重，事理顯然。……在我只須堅韌苦戰，否則高壘深溝，嚴為守禦。倭奴懸師遠鬥，何能久留？力盡勢窮，彼將自為轉圜之計。況用兵兩年，需餉不過數千萬，較賠款尚不及半，而彼之所費愈多。「持久」二字，實為現在制倭要著。[111]

第二，遷都以避敵之要挾。在戰爭進行期間，即有不少主張遷都者，但都不敢正式入奏。《馬關條約》簽訂後，許多官員認為只有定遷都之策，才可使統兵將領放膽拚戰，因其無內顧之憂也。如陝西巡撫鹿傳霖奏稱：

> 我皇太后、皇上暫時西幸，以避敵鋒，猶遠勝於聽其要挾不能自存。而各軍帥知乘輿已發，無內顧之虞，更可專力效膽，縱橫蕩決。彼倭逆深入重地，兵單餉竭，以我全力殲彼孤軍，未有不能殄除凶暴，復我疆宇者也。即或一時難以底定，則臥薪嘗膽，蓄養精銳，以圖恢復兵力，財力尚有可為，焉可束手受制，失人心，辱國體，至於此極耶？[112]

實行持久戰略，是當時唯一切實可行的作戰方針，而遷都則是實行持久戰略的必要條件。二者是相輔相成的。清廷既對抗戰的前途完全喪失信心，就不可能採用這兩項重大的制敵之策，也只有走批准和約之一途了。

5月7日，清廷派二品頂戴候選道伍廷芳和三品銜升用道聯芳為欽差換約大臣，前往煙臺，與日本全權辦理大臣伊東巳代治在順德飯店完成互換條約手續，《馬關條約》終於正式生效。

---

[111]　《清光緒朝中日交涉史料》，卷四十，第28頁。
[112]　《清光緒朝中日交涉史料》，卷四十四，第2頁。

第五節　拒和運動

公車上書　當時，正值全國各省舉人會試北京，聞訊後莫不義憤填膺，紛紛上書都察院，反對和約，形成了**轟轟烈烈的公車上書運動**。對於公車之上書，都察院給予充分的認可，認為皆為「有血氣之作」，以求「挽回之術、補救之方」。

廣東舉人康有為聯合 18 省舉人，於 5 月初在北京城南松筠庵會議，草成 14,000 餘言公呈，署名者有 600 多人。公呈的主題是：「遷都練兵，變通新法，以塞和款而拒外夷，保疆土而延國命。」值得注意的是，康有為在公呈中提出一個「近之為可戰可和而必不致割地棄民之策，遠之為可富可強而必無敵國外患之來」的「大計」，即「遷都定天下之本，練兵強天下之勢，變法成天下之治」。並開列鈔法、鐵路、機器輪舟、開礦、鑄銀、郵政六項「富國之法」。

「公車上書」題名（部分）

康有為草完公呈之後，曾先令弟子梁啟超等連日繕寫，傳遍京城，士氣憤湧，產生巨大的影響。因此，松筠庵會議實為戊戌變法之先聲，維新派正式登上政治舞臺之第一幕。

第七章　馬關和局

振興中華　與維新派登上政治舞臺的同時，革命先行者孫中山也開始他的革命生涯。

先是在西元 1894 年 6 月下旬，孫中山抵達天津，投書李鴻章，建議革新政治，「冀九重之或一垂聽，政府之或一奮起」。然李鴻章以軍務匆忙，不予延見。孫中山從天津到了北京，耳聞目睹，始知清政府積弊重重，無可救藥，非徹底改造絕不足以救亡。

孫中山

此時，日本已經挑起戰爭，其後又將戰火燒到中國境內。11 月 24 日，他便在檀香山組建興中會，宣稱：「近之辱國喪師，剪藩壓境，堂堂華夏不齒於鄰邦，文物冠裳被輕於異族。有志之士，能無撫膺！」大聲疾呼：「亟拯斯民於水火，切扶大廈之將傾。」並發出「振興中華」的呼喊。

隨著戰爭的步步失利，旅順、威海衛相繼淪陷，京、津岌岌可危，清廷之腐敗暴露無遺，孫中山又於翌年 2 月 21 日成立香港興中會總部，提出「驅除韃虜，恢復中華，創立合眾政府」的口號，從而推動民主革命思潮在全國的發展。後來成立中國同盟會時，又規定「驅除韃虜，恢復中華，創立民國，平均地權」16 字為綱領。

第五節　拒和運動

　　《馬關條約》簽訂後，孫中山認為，拒和更應探求乞和之因及施治之方。他指出：「甘於棄地，日就削亡者，清國之趨勢也。……非彼之不欲自全也，以其勢有所必不能也。」並強調：「中國欲獨立，不可不革命！我中國欲與世界列強並雄，不可不革命！我中國欲長存於20世紀新世界上，不可不革命！」他反對封建專制和建立民主共和的觀念，是遺留至今仍值得珍視的精神遺產。為了拯救民族的危亡，以孫中山為代表的民主革命派，對中國革命的性質、方法和任務提出一套新的觀念體系，這在中國近代民族覺醒的過程中是一次重大的飛躍。

　　梁啟超有言：「喚醒吾國四千年之大夢，實自甲午一役始也。」以甲午戰爭為歷史的轉捩點，經歷過多次失敗和反覆探索，中國人民才有這種新的覺悟、達到這種新的理解。

第七章　馬關和局

第八章

臺海變局

第八章　臺海變局

第一節　抗日保臺

早在西元 1894 年 7 月初，朝廷鑒於日本大舉派兵入朝，曾密諭臺灣加強防務。後以臺灣布政使唐景崧有「知兵」之名，令署理臺灣巡撫，主持全臺防務。唐景崧接撫篆後，做了一件值得注意的事，就是籌建義軍。

義軍初建　先是在 7 月間，清政府曾命太僕寺卿林維源督辦臺灣團防事務，但毫無成效可言。雖各地上報人數甚多，然大都有名無實。時人評之曰：「村氓烏合，未受節制，虛報浮填，圖領兵械，使應前敵，不堪一戰也。」9 月，在籍工部主事丘逢甲上書唐景崧，認為臺灣孤懸海上，日人久垂涎於此地，應集各鄉民眾訓練，並建議招募義軍，以加強戰備，防範日軍來攻。

丘逢甲　又名倉海，彰化人。他少負大志，毅然以天下為己任，頗留意中西時事，曾撰〈中國學西法得失利弊論〉，主張中西學之會通。西元 1889 年赴北京會試，中進士，欽點工部虞衡司主事。因目睹官場黑暗，遂絕意仕途，請假回鄉。此後，他便往來於臺南崇文書院、臺中衡文書院及嘉義羅山書院，教授學生。

唐景崧同意丘逢甲籌建義軍的建議，命其「召集健兒，編伍在鄉，不支公帑，有事擇調，再給糧械」。丘逢甲開始在臺中召集義勇，到 12 月間造冊登記 26 營。唐景崧遂奏請以丘逢甲總辦全臺三府義勇事宜。但這種編伍在鄉的義勇，不立營壘，且無常規的軍事編制，還稱不上義軍。

西元 1895 年 3 月下旬，日軍攻占澎湖，臺灣島形勢孤危。唐景崧正式任命丘逢甲為全臺義軍統領，統帶營伍北上。丘逢甲即率義軍 5 營

第一節　抗日保臺

馳赴臺北後路,並刊刻統領各路義軍關防。這是臺灣抗日義軍有編制之始。

自立民主　《馬關條約》簽訂的當天,割臺消息便傳到臺灣。

丘逢甲致書唐景崧,勸其學習民族英雄鄭成功,挺身而出,勇擔保衛臺灣的重任。並上書朝廷稱:「桑梓之地,義與存亡,願與撫臣誓死守禦。如倭酋來收臺灣,臺民唯有開仗!」後知割臺之事已無可挽回,乃集紳民會商固守之計。前駐法參贊陳季同提出「民政獨立,遙奉正朔,拒敵人」之策,眾皆贊成。

唐景崧

5月下旬,丘逢甲等共議,自立為民主國,推唐景崧為總統,鑄「臺灣民主國總統印」。25日,臺北紳民齊至巡撫衙門,送民主總統金印及國旗,唐景崧受之。於是,改年號為「永清」,布告中外,並曉諭全臺,其文曰:

> 日本欺凌中國,大肆要求,此次馬關議款,於賠償兵費之外,復索臺灣一島。臺民忠義,不肯俯首事仇,屢次懇求代奏免割,總統亦奏多次,而中國欲昭大信,未允改約,全臺市民,不勝悲憤。當此無天可籲,無主可依,臺民公議自立為民主之國。[113]

---

[113]　《中國近代史資料叢刊中日戰爭》,第1冊,第201～202頁。

第八章　臺海變局

正式宣告臺灣民主國成立。

臺灣民主國成立後，主要做了四件事：

其一，**宣告民主原委**。臺灣民主國成立的當天，唐景崧即電總理衙門說明成立民主國之緣由：「臺民前望轉機，未敢妄動，今已絕望，公議自立為民主之國遵奉正朔，遙作屏藩。」

其二，**改變衙門名稱**。臺灣民主國總統下設三個衙門：改布政司為內務衙門、改籌防局為外務衙門、改全臺營務處為軍務衙門。其餘地方民事，仍由道、府、廳、縣照舊辦理。臺撫對外稱總統，對內仍舊銜相稱。

其三，**填補官員之缺**。清廷割臺明文下達後，臺灣的道、府、廳、縣官員大都奉旨內渡，便任命新的官員以填補空缺，使臺灣全省抗日的官僚體系得以維持，不曾因大批官員內渡而趨於瓦解。

其四，**組建抗日體制**。民主國成立後，建立了清軍與義軍聯合抗日的新體制。除由全臺義軍統領丘逢甲統帶義軍 10 營外，還經丘逢甲推薦，唐景崧任命吳湯興為臺灣府義軍統領，統帶 6 營義軍。其後，南澳鎮總兵劉永福又檄簡成功為義軍統領，統帶 11 營，協防臺南。在當時看來，建立清軍與義軍聯合抗日體制是一個創造，為爾後的反割臺抗日武裝抗爭作出很大的貢獻。

日軍攻臺　當臺民醞釀自主之際，日本也在作進攻臺灣的準備。5 月 29 日，日軍便在臺灣島東北角的澳底港登陸，開始向西進犯。4 月 2 日，李經方在基隆港外船上與日方完成交割臺灣的手續。6 月 3 日，日軍占領基隆市街後，又攻陷獅球嶺。臺北外圍險要盡失，危在旦夕。

6 月 4 日，刑部主事、民主國內務大臣俞明震往見唐景崧，勸其退守新竹，與劉永福等軍聯合，以圖再舉。唐景崧不應。俞明震知事已不

第一節　抗日保臺

可為,退後書密函呈唐曰:「唯計不退守新竹,公宜自為計,不可貽笑天下。」意在勸唐從速離臺,勿落敵手也。是夜,前敵潰兵入城,臺北大亂。唐景崧由撫署後門出,匿於德國洋行。既而微行至滬尾,乘德輪鴨打號內渡廈門。

此時,臺北清軍潰散,僅餘後路丘逢甲這一支義軍,勢難支撐,遂退往新竹一帶,繼續抗擊南侵的日軍。

6月17日,日本政府新任命的臺灣總督兼軍務司令官樺山資紀,在臺北主持所謂「始政典禮」,宣布臺灣總督府正式成立。後來,日本政府將此日定為「始政紀念日」,視為在臺灣殖民統治的開始。

「民主」性質　丘逢甲等人所推動成立的臺灣民主國,究竟屬於什麼性質?長期以來,曾經廣泛流行一種觀點,認為臺灣民主國是脫離中國而成立獨立的共和制國家。此說的始作俑者就是李鴻章赴日和談的法律和外交顧問科士達。他在《外交回憶錄》中寫道:

在臺灣,反對割讓臺灣的情緒很激烈,以致發生暴動,……建立了一個獨立的共和國,發表宣言,聲稱新政權要用武力反抗移交。

科士達對臺灣民主國提出了兩個錯誤的論斷:

第一,共和政體說。科士達把「民主」誤解為德謨克拉西,視同為「泰西民主」,認為臺灣民主國是一個共和制的國家。後之論者多從之。如江山淵著《丘逢甲傳》,即認為臺灣民主國「實為辛亥倡議之先聲」。並指出:

言共和之紀元,必推端於辛亥焉。然竊謂共和之制,辛亥前已有行之者,不徒見諸空言,且徵諸實行;建總統,開議會,定國旗,更官制,遠挹(一ˋ,取)唐虞之遺風,近掇(ㄉㄨㄛ,採)法、美之良制,共和之規模初定,其時固在辛亥以前十餘年也。

第八章　臺海變局

此說不妥之處起碼有三：

其一，望文生義。臺灣民主國的「民主」並非指「泰西民主」，而是一個特有的概念，乃是指「臺民自主」或「民為自主」。如唐景崧奏稱：「此乃臺民不服屈倭，權能自主。」臺民稟電亦稱：「臺灣已為朝廷棄地，百姓無依，唯有暫行自主。」劉永福在〈盟約〉中說得更清楚：「改省為國，民為自主。」就是說，在《馬關條約》割臺條款簽訂的情況下，臺灣民眾只有暫行自主才能保臺。將其理解為「泰西民主」，完全是望文生義，與臺灣民主國文獻本身的含義是不符的。

其二，見名遺實。「立議院」是主張民主國為共和政體的重要理由之一。的確，唐景崧在布告中說過「立議院」的話，並推在籍太僕寺卿林維源為議長。但是，林維源並未就議長之職，議院也從來未開過會議，只有拔貢陳雲林等數名議員支撐門面。因為林維源當時是臺灣首富，唐景崧此前曾經兩次向其籌借現銀 140 萬兩，其財力於此可知。可見，所謂「議院」，只是徒有其名，其實則非，不能理解為「立法機關」。事實上，這不過是一個籌餉機構而已。

其三，誤識官制。「改官制」是主張民主國為共和政體的另一個重要理由。其實，唐景崧的民主國總統稱謂，是專門對外使用的，對內仍稱舊銜。他接民主國總統印的當天，即向朝廷奏明：

> 伏思倭人不日到臺，臺民必拒，若炮臺仍用龍旗開仗，恐為倭人藉口，牽涉中國，不得已暫允視事，將旗發給各炮臺暫換，印暫收存，專為交涉各國之用。[114]

他在這段話裡連用幾個「暫」字：暫允視事，是避免「牽涉中國」；暫改國旗，是防「倭人藉口」；暫存印信，是「專為交涉各國之用」。所以，

---

[114] 《中國近代史資料叢刊中日戰爭》，第 6 冊，第 394 頁。

第一節　抗日保臺

前輩學者說：「所謂民主國總統實際上仍是滿清的巡撫。」這話是頗有見地的。

第二，獨立國家說。此說流傳甚廣，產生非常負面的影響。連橫所著《臺灣通史》，其第 4 卷述臺灣民主國事，標題為「獨立記」。但細閱全卷，一開頭即點出主題是「臺灣人民自立為民主國」，全卷沒有一處提及「獨立」，可見標題的「獨立」顯然是誤用。然後之論者卻不加細辨，接受科士達之說，對臺灣民主國大加鞭撻，說它是進行「獨立運動」，指斥「這種做法本身就是一種分裂主義行動」。

1983 年春，我應出版社之約，正著手準備《甲午戰爭史》一書的寫作。當時，考慮到書中有一些內容，或是學術界長期爭論的議題，或是需要重新理解的問題，必須要認真對待。如關於臺灣民主國性質，即屬於應該重新理解的問題。但在「獨立國家」說已在學術界被視為定論的情況下，我認為與其以後把自己的觀點寫在書裡，不如先寫成文章，聽聽各方面的反應。因為在我看來，這雖是一個學術問題，而其影響卻不限於學術界，已成為一個敏感的政治問題了。

1984 年是丘逢甲的 120 週年誕辰，廣東要在年底舉行一次學術討論會，我感到機會來了。於是，我寫了一篇題曰〈丘逢甲乙未保臺事蹟考〉的文章，寄給廣州的《學術研究》編輯部。當時，為了謹慎起見，文中論丘逢甲推動成立臺灣民主國事，只寫了幾百字的一段話，點到而已。不久，接到該編輯部的回信，說稿件準備刊用，但建議刪去論臺灣民主國的一段。因為涉及敏感問題，編輯一時無法決定，採取迴避的態度，是可以理解的。所以，我回信給編輯部，說刪去那一段話並不影響文章的主要論點，尊重他們的處理意見。不過，我心裡想，對敏感問題採取迴避的態度總不是辦法，這樣我的《甲午戰爭史》也不用寫了。所以，此事

第八章　臺海變局

反而激勵了我，決心要寫一篇專論，衝破這道障礙。

我為什麼要執意這樣做呢？我認為，尊重歷史本身和正確對待前人，是治史者應盡的本分。何況大量臺灣民主國的事實及其文獻，都證明科士達「獨立國家」說之荒誕無稽，不能再容其謬種流傳了。

其一，自主宣言。臺灣民主國發表宣言稱：「今已無天可籲，無人肯援，臺民唯有自主，推擁賢者，權攝臺政，事平之後，當再請命中朝，作何辦理。」這裡說得很清楚：「自主」是暫行的應變措施，事平之後還要請命中朝，與所謂「獨立」是有著根本性的原則區別的。

其二，國旗圖案。臺灣民主國的國旗圖案為「藍地黃虎」，這也不是隨便設計的，而是寓有深意。其用意有二：一是參照清朝的青龍旗，龍在天上，虎在地下，以示尊卑之分；二是「虎首內向，尾高首下」，以示臣服清朝。故其寓意正如劉永福〈盟約〉所說：「變出非常，變省為國，民為自主，仍隸清朝。」

其三，年號永清。臺灣民主國定年號為「永清」，實則宣布永隸清朝。唐景崧接總統印的當天釋出告示，雖用「永清」年號，卻在文中說：「供奉正朔，遙作屏藩，氣脈相通，無異中土。」就是說，仍用中國正朔，無異中國也。

其四，自主效應。從實踐方面看，臺民自主的效應也是好的，對於反割臺運動的發展發揮正面的作用。（一）民主國的成立，對維繫人心和穩定局勢發揮了很大作用，它作為號召抗敵的旗幟，對發起全臺的反割臺運動是有利的。（二）民主國一成立，便任命新的官員填補各地內渡官員之缺，使臺灣抗敵的新體制得以形成。（三）民主國是臺灣義軍的建立者，並建立了義軍與清軍的聯合作戰體制，對當時的抗日戰爭作出了很大貢獻。（四）民主國雖終告失敗，但它播下反抗的種子，迅速發展為席

捲全臺的抗日武裝活動，並燃成永難撲滅的抗日烈火。有論者嘲笑臺灣民主國是「一幕滑稽戲」、「阻遏了臺灣人民的抗日力量」，是完全沒有根據的。

根據以上認知，我認為臺灣民主國這個案應該翻過來。於是，我寫了一篇題為〈關於臺灣民主國的評價問題〉的論文，從臺灣民主國產生的背景、性質、歷史作用三個方面展開論述，對其作出了絕對性的結論。但是，這篇文章投到哪裡？誰又敢發表它呢？我一時還無法決定。這時，我正好遇到了一名編輯。他是山東梁山人，性格直率，我戲稱他是「梁山好漢」。我跟他談起臺灣民主國問題，並說對歷史上敏感或有爭議的問題應該討論，採取迴避的態度是不對的。他非常贊成我的意見，馬上說：「你把文章給我。」不久，文章就見刊了。

12月，「紀念丘逢甲120週年誕辰學術討論會」在廣東舉行，我也被邀與會。果然不出所料，臺灣民主國成為會上激烈爭論的核心議題。我在發言中詳細介紹了個人看法，並將所帶的〈關於臺灣民主國的評價問題〉影印本分贈與會者，請提意見。經過反覆研討，大家終於在認同臺灣民主國歷史作用的問題上取得共識。

第二節　義軍抗敵

聞道神龍片甲殘，海天北望淚潸潸。

書生殺敵渾無事，願與倭兒戰一番！

—— 吳湯興〈北望〉

第八章　臺海變局

吳湯興　字紹文，廣東嘉應州鎮平縣（今蕉嶺縣）人。父湯悅來隻身來臺，入贅於苗栗街吳家為婿。吳湯興即其長子。少讀書力田，負堅毅之氣，以俠義聞鄉里。及長，中秀才，充塾師維持生計。甲午戰爭爆發後，清軍節節敗退，敵寇深入國土，他悲憤至極，命筆寫下〈北望〉一詩，其忠義奮發的憂國之情躍然紙上。清廷割讓臺灣後，吳湯興誓抗朝命，經丘逢甲舉薦，由唐景崧頒給臺灣府義軍統領關防。吳湯興是著名的臺灣抗日三秀才之一，另外兩人是徐驤和姜紹祖。

徐驤　字雲賢。苗栗頭份人。祖籍廣東。性剛毅，有膽識。年十八舉秀才。後執教於頭份。日本挑起甲午戰爭後，他就預感到日人包藏禍心，其志不小，對人言：「臺灣危矣！」《馬關條約》簽訂後，他不禁義憤填膺，堅決表示：「願吾血隨吾臺俱盡，吾頭與吾臺俱碎！」日軍侵臺後，毅然投筆從戎，號召鄉人「人自為戰，家自為守」，組成義軍一營，帶之奔赴前敵。

姜紹祖　幼名金韞，號纘堂，新竹北埔人。原籍廣東陸豐縣（今陸豐市）。北埔墾首姜秀鑾之曾孫，家鉅富。姜紹祖捐監生。及中日戰起，即奔走國事，散家財募勇，得500人，稱敢字營。日軍侵臺後，即率敢字營北上，擬協防滬尾。因唐景崧內渡，遂率營返新竹。適吳湯興自苗栗率軍至，因與之會師。

湖口初戰　臺北失陷後，吳湯興由苗栗率隊北上，以期規復臺北。

6月10日，吳湯興抵新竹城外，各路義軍及清軍諸營不期而會上萬人，漫山遍野。眾推吳湯興為抗日義軍首將。11日，吳湯興集眾列營祭旗，望北而誓，表必死之決心曰：「是吾等效命之秋也！」眾皆感奮，願誓死抗敵。

當天，吳湯興率部由新竹沿鐵路線北上，以截擊南侵之日軍。此時，

第二節　義軍抗敵

丘逢甲已由臺北以西的南崁移師新竹，即命丘國霖率所部主力誠字3營來會，復派吳鎮鈜帶靖字正中營前來參戰。因吳湯興所部皆來自新竹、苗栗二縣，故有新苗軍之稱。由於民眾廣泛地開始自發動員，臺灣的抗日活動便出現新的局面。

6月14日，日軍南侵部隊進至大湖口（今湖口鄉）火車站附近，發現與後方的聯絡已被義軍切斷。義軍向日軍步步逼近，從四面八方猛烈射擊。雙方展開了激戰。據時人洪棄父《臺灣戰紀》載：

> 吳湯興軍自大湖口齊出赴戰。徐驤軍既前進向東路，湯興、紹祖則率軍自西而北，遍布官道。而西路日軍適至，相遇，各開槍火。日軍恃眾，唯發排槍，彈如雨下，鮮命中。吳軍多山民，善狙擊，彈無虛發，日軍僕者相繼，遂大敗退，止中壢，或退至桃仔園。

19日，日軍集結大股部隊，並加強砲兵力量，繼續向大湖口地區進犯。吳湯興軍本非素練，餉械不繼，且係初次與敵作戰，難敵日軍的強大火力，遂退向紅山崎。丘國霖部700人猛搏不支，也敗績而退。

22日，日軍進至新竹城下，以炮火掩護步兵進攻。知縣金國瑞棄城而逃。義軍奮力抵抗，然犧牲太大，不得已撤出城外。新竹遂陷。

抗日三猛　日軍雖占領新竹城，然城外各莊仍在義軍控制之中。

事實上，新竹日軍已處於義軍的包圍之中。但是，日本的臺灣總督樺山資紀與侵臺軍近衛師團長、陸軍中將北白川能久親王，卻對形勢缺乏正確的估計，認為不難一舉蕩平，因此下達「南征」的訓令。令他們沒有想到的是，不僅駐新竹附近的日軍時常遭到義軍的襲擊，而且新竹以北一帶義軍蜂起，糧道受阻，難以繼續南侵，不得不暫停執行「南征」的計畫。

當時，臺北、新竹間的抗日義軍主要有三支，其首領被稱為「三猛」：

第八章　臺海變局

第一支，胡嘉猷為首。胡嘉猷，又名阿錦，號甫臣，新竹安平鎮（今桃園市平鎮區）人。原籍廣東梅縣。父胡珠光，於道光年間從軍來臺。西元1884年法軍侵臺，胡珠光為清軍修炮械，以功授糧總官。胡嘉猷幼勤學，援例捐監生。及父死，襲其職，賞戴五品藍翎。臺灣民主國成立後，胡嘉猷起而回應，集結義軍奮戰。

日本「南征」軍既占領新竹，胡嘉猷便以安平鎮為據點，屢次襲擊日軍兵站，使新竹日軍後路受到很大的威脅。日本某軍官致東京友人書稱：

> 安平鎮乃賊首胡嘉裕（猷）的據點，構築巢穴，呈割據之勢。其隊伍剽悍，與一聞炮聲即逃的清軍相比，實不可同日而語。他們在叢竹中實行堅固的家屋防禦，經常襲擊我兵站線，奪我糧食，殺戮我兵。我先頭部隊有此後顧之憂，而不能向新竹以南進兵。[115]

日軍為解除新竹的後路威脅，於6月28日和7月1日兩次進攻安平鎮，均遭到失敗。日軍死傷40多人，義軍傷亡僅10多人。7月6日，日軍對安平鎮又發動了第三次進攻。胡嘉猷因莊中水井被炮轟毀，汲飲困難，便率部轉移，繼續堅持抵抗。

第二支，蘇力為首。蘇力，淡水縣海山堡三角湧（今新北市三峽區）人。世代務農，至蘇力始略讀詩書。時劉銘傳撫臺，開山撫番，蘇力勤於從事，家計以繞。他喜賙濟貧困，見義勇為，鄉人稱之。《馬關條約》簽訂後，蘇力號召鄉人起兵，以抗擊侵臺日軍。蘇力義軍屢次襲敵後路，日軍苦之。

7月13日，日軍運糧隊經三角湧向南出發，即遭到蘇力義軍的伏擊。日軍護糧隊35人，由特務曹長櫻井茂夫率領，指揮抵抗。雙方激戰約3個小時。櫻井中彈穿胸，日兵死10多人。剩下的日兵見曹長已死，

---

[115]　《日清戰爭實記》，第35編，第22～23頁。

第二節　義軍抗敵

便向外突圍，或中彈斃命，或死於義軍刀下，最後只衝出 3 人。

北白川能久獲悉日軍護糧隊在三角湧幾乎全軍覆沒，即派騎兵隊前去偵察情況。7 月 15 日，日軍偵察騎兵 22 人一路搜查而行。當騎兵進至三角湧以南約 5 公里時，地形開始變得複雜，因而迷失道路，進入一條不可通行的狹路。日方記載說：

> 當我軍困頓路上，正在徘徊躊躇時，忽然槍聲四起，響徹山中，眼看假裝著農民的人們，三三五五，不知從何而來，拿起預先藏好的步槍，四面齊向我軍亂射。……其間凡是樹林橋蔭，田裡園裡，都有人埋伏向我狙擊，不知有多少處。……婦女童稚，全都勇敢地手攜長槍，向我追趕而來，似乎老幼婦女都要當兵和我對抗。[116]

結果，日本騎兵偵察隊 22 人，有 19 人喪生，只有 3 人逃回臺北。蘇力義軍又取得一次殲敵戰的勝利。

第三支，江國輝為首。江國輝，字國耀，號明亮，南雅廳大嵙崁（今桃園市大溪區）人，武秀才。原籍福建平和縣，先祖隨鄭成功從軍來臺。江國輝好武能文，性急公好義，深孚眾望。日軍既占臺北，鄉人共議，號召義勇，以保地方。於是，設忠義局，募義兵 1,000 人，以江國輝為統領。南雅廳烏塗窟貢生黃源鑑亦聚眾抗日，與江國輝聲氣相通，聯絡呼應。同時，江國輝還與蘇力義軍建立了聯絡。

先是 6 月 13 日，日軍一個中隊和一個大隊奉命掃蕩大嵙崁，但行至福德坑，即鑽進了義軍所設的包圍圈。據一名日軍隨軍記者記述：

> 「敵兵！」一語未完之間，竟然以這一發空炮為訊號，在四面的山腰山頂出現了 2,000 餘名敵兵，一齊向我射擊，槍炮恰如雨霰，或打碎巖

---

[116]　《中國近代史資料叢刊中日戰爭》，第 6 冊，第 469 頁。

第八章　臺海變局

角,或打折樹枝,山谷回應,如萬雷齊發。敵人據地物從上瞰射,我軍全隊都陷入研缽形的谷底中,……眼看之間已經十來名死傷。[117]

這支日軍被包圍了 3 天,四竄無路,傷亡尤多。

直到 16 日,北白川能久派來大股援軍和砲兵部隊,才突破義軍的防線。最後,日軍使出火攻毒計,縱火焚燒義軍據守的家屋。頓時,整個大嵙崁市街被籠罩於大火之中。黃源鑑負傷後,裹創再戰,出圍後喬裝漁夫,潛渡鷺江。蘇力突圍後亦內渡。江國輝被敵所執,堅貞不屈,英勇就戮。被俘義民 150 多人,被敵人押至田心仔村,全部用刺刀刺死。

大嵙崁戰鬥後,日軍大致上控制了新竹的後路。這更增加臺中抗日義軍反攻新竹的困難。

反攻新竹　日軍占領新竹後,全力進攻新竹與臺北間的各路義軍,這便為新苗軍反攻新竹提供機會。自 6 月下旬開始的一個月間,新苗軍曾先後對新竹城發動了三次進攻。

第一次,6 月 25 日。當日上午近 11 點,新苗軍 500 多人向新竹日軍前哨逼近,扛旗敲鼓,猛烈射擊。在此前一天,新竹日軍已得線人報告,在城東南布陣,以防義軍由此路來襲。果然,新苗軍如期前來,日軍哨兵急發訊號,其機關炮隊猛發排炮。新苗軍占據有利地形,與之展開對射。日軍又調山炮前來,進行轟擊。戰到下午 4 點多,新苗軍難以前進一步,只好停止攻擊。

第二次,7 月 10 日。參加這次反攻的兵力較多,規模也較大。因為此時的新苗軍已發展為 6 個營。同時,民主國所任命的臺灣知府黎景嵩,以為恢復有望,也命副將楊載雲與新苗軍會同作戰。

---

[117]　《中國近代史資料叢刊中日戰爭》,第 6 冊,第 471～472 頁。

第二節　義軍抗敵

楊載雲　湖北人。從軍來臺，積功至游擊，加副將銜。日軍占領臺北後，曾奉黎景嵩之命，率 1 營北上禦敵，然未到新竹，新竹已為日軍所占。楊載雲遂駐紮於新竹以南。至是，黎景嵩又添募 1 營，並令原棟軍 2 營隸之，共成 4 營，稱新楚軍，由楊載雲統之。時人稱：「其勇雖為新募，頗嫻規制，鼓以忠義，氣皆興奮。將官則有楊載雲，尤為得力。」

此時，黎景嵩準備將苗栗縣錢糧作為義軍糧餉，並發給軍裝，無奈庫款全無，未能多所接濟。於是，釋出告示籌餉，稱：

現已派新楚勁勇數營開往前敵，會同義軍，共圖恢復，力掃倭氛。若非各屬紳富激發天良，慷慨藉助，其功必敗於垂成，誠為可惜。……總望好義急公，勿存觀望之見，庶幾馬騰士飽，無虞庚癸之呼。

由於黎景嵩力籌糧餉，新苗軍才得以維持。從此，新苗軍與新楚軍配合作戰，共同打擊敵人，義軍與清軍聯合抗日的體制，終於建立完成。

7 月 10 日，是新苗軍與新楚軍合攻新竹城之期。然新楚軍營官陳澄波無意中洩漏師期，日軍早已有備。上午 8 點，抗日聯軍開始攻城。楊載雲會同吳湯興先進攻南門，日軍發射榴霰彈阻之。楊、吳軍無法靠近南門，又從東南路進。不料日軍先已占據東城 1 公里許之十八尖山，下山邀擊。吳湯興熟悉山路，亟先迎戰。楊載雲部左右並進。此時，徐驤見楊、吳等在城東激戰，便向南抄敵之背，以牽制日軍兵力。姜紹祖望見十八尖山戰況，則登上一空宅之屋頂，槍擊半山之敵軍。於是，雙方展開一場山頭爭奪戰。據洪棄父《臺灣戰紀》載：

日軍憑山發炮，我軍先後奮迅爭上，奪其山，自山下發抬炮，彈丸及城中。日軍則發大砲，我軍伏避炮，十八尖（山）復為日軍據。我軍或從山後東徑擊其腰，日軍復退下山，一上一下，如此數次。……我軍卒以無大砲，乏子彈，被驅下山。

第八章　臺海變局

　　此戰，姜紹祖被日軍所俘，夜間與其他數名義軍越獄而逃。不久，在一次戰鬥中，他又與敵人相遇，死於亂槍之中。

　　第三次，7月25日。當日午夜，抗日聯軍試圖趁夜摸過新竹城，被日軍巡邏哨兵發現。日軍哨兵當即開槍鳴警。日軍出新竹西門，用山炮向聯軍射擊。聯軍從三面包圍而來，槍聲與炮聲相應，戰鬥一度非常激烈。但日軍炮火太猛，且有良好的掩護，聯軍雖奮力抗禦，然處境不利，傷亡慘重，犧牲達130多人。丘逢甲部將丘國霖也不幸陣亡。戰至上午8點半，抗日聯軍被迫向南撤退。

　　內渡遭謗　經過反攻新竹之戰，丘逢甲所部損失嚴重，精銳喪盡，已經殘不成軍。此時，日軍展開了搜捕丘逢甲的行動。丘逢甲先退到臺中豐原，但藏身困難，感到只有內渡之一途。於是，他寫下離臺詩6首，其一稱：

　　宰相有權能割地，孤臣無力可回天。

　　扁舟去作鴟夷子，回首河山意黯然！

　　便由梧棲港登舟內渡。

　　丘逢甲內渡後，謗議四起，攻訐之言頗多。其中最主要的有兩條：一是未戰先走；一是卷餉十萬或十幾萬。一百多年來，曾有人撰文為丘氏翻案，但都提不出確鑿的例證，故很難有多大的說服力。1986年3月，臺中逢甲大學舉辦「丘逢甲與臺灣歷史文化學術研討會」，我應邀與會，發現丘逢甲的這兩樁公案仍無解決的跡象。中興大學黃秀政教授是研究反割臺抗日運動的專家，曾著有《臺灣割讓與乙未抗日運動》一書，他在發言中說，此前的翻案文章「並未有確切的文獻資料可佐證，故依然是說者自說，疑者自疑，並無定論可言」。正點出問題的要害之處。

第二節　義軍抗敵

當時,我正在編輯《中國近代史資料叢刊續編》的〈中日戰爭〉卷,需要檢閱大量有關臺灣的檔案資料,就冒出一個想法:對丘逢甲的公案能否從史料的挖掘上突破?功夫不負苦心人。果然,從日本的臺灣總督府舊檔裡發現兩條重要線索:

其一,丘氏行蹤報告。本來,丘逢甲率義軍駐在臺北後路的南崁一帶,自唐景崧內渡後,對他的去向沒有任何記載,所以才有「未戰先走」之說傳出。事實上,日軍占領臺北後,對丘逢甲的行蹤非常注意,安排許多線人為其提供情報。這些線人中,既有當地人,也有在臺的外國人。如某德國商人向日軍報告:「改革臺灣政府之首創者『丘逢甲』,已從南崁『逃亡南部,並正募兵圖與我抵抗』。」另有一個當地人報告:「丘逢甲『正勒兵守在新竹』。」

這些線人的報告表明,丘逢甲並不是「未戰先走」,而是轉移到新竹,並且參加對日戰鬥。再結合時人吳德功《讓臺記》所載:

丘國霖引七百人,於二十五日抵新竹。越日,到大湖口接戰。日軍亦整隊前進,槍子如雨,日軍死者數十人。丘軍猛搏不支,敗績而退。

丘國霖剛好是丘逢甲的部將,擔任誠字正前營的管帶。丘逢甲所部不但在大湖口與日軍接戰,而且其後還參加反攻新竹之役。可知,所謂「未戰先走」說,是完全不符合歷史事實的。

其二,卷金內渡報告。更為奇特的是,日本臺灣總督府舊檔裡確實有一份線人關於卷金內渡的報告。不過,卷金者不是丘逢甲,而是唐景崧。這真叫人難以想像!報告稱:

本月十三日(6月5日)上午1點,唐景崧自行放火於衙門,帶官兵400兵,逃至滬尾,居民得悉,乃鳴鑼予以追擊。唐逃上輪船,滬尾居民追至渡頭,放槍擊之。一小時後,滬尾之王統領追至船上欲殺唐,唐

313

第八章　臺海變局

涕泣求命曰：「餘將贈足下 16 萬兩。」終購得一命返香港，攜銀 400 兩並帶廣東兵若干。[118]

報告所說的「王統領」是何人？據查，當時滬尾的清軍將領只有一人姓王，就是定海營統領王佐臣，當即其人。當時，淡水關稅務司馬士呈給總稅務司赫德的報告證實的確有從滬尾岸上射擊輪船索銀之事。再據英國駐淡水領事金璋呈給北京公使歐格訥的報告，認為這次清軍鬧事是與唐景崧此前將 20 萬銀元交某外國公司匯到日本神戶相關。

20 萬銀元是什麼概念？當時，有多種外國銀元在中國流通，其中以墨西哥銀元最為常用，俗稱「鷹洋」。臺灣流通的銀元即鷹洋。通常鷹洋 1 元等於 8 錢銀。20 萬銀元正合 16 萬兩之數。金璋的報告正印證了線人報告的真實性。原來，唐景崧欲攜銀 16 萬兩內渡，先換成銀票以便隨帶，最終成為他的保命錢。沒想到此事以訛傳訛，竟張冠李戴地讓丘逢甲無端背此惡名！

事實上，丘逢甲雖身為義軍統領，卻無兵餉可卷。先是在西元 1894 年 10 月下旬，唐景崧奏準令丘逢甲召集義勇，但規定「編伍在鄉，不支公帑，有事擇調，再給糧械」。翌年 3 月下旬，丘逢甲才由唐景崧奏準統領各路義軍，這才是義軍有正式編制之始。義軍各營是在 4 月間陸續成編到達駐地的，而唐景崧則於 6 月初離臺內渡，總共只能領 2 個月的糧餉。

丘逢甲義軍批准的編制是 10 個營，仿湘淮軍營制而營哨規模縮小，創「小營」之制，即每營正勇 280 人。義勇皆食「半餉」，每天糧錢 0.7 錢。在義軍 10 個營中，有 8 個營的糧餉由丘逢甲支領。這樣算下來，丘逢甲經手的餉銀總共才在 19,000 兩上下，而且還要逐日分發到各營。他哪裡會有 10 萬或 10 餘萬餉銀可卷呢？

---

[118]　《中國近代史資料叢刊續編中日戰爭》，第 12 冊，第 199 頁。

古人云：「三人成虎。」對丘逢甲的謗議剛好是這樣。現在查清事實，所謂「未戰先走」、「卷餉 10 萬」諸說，皆可以休矣！

第三節　黑旗誓師

臺中抗日聯軍雖在新竹與日軍相持，但苗栗縣因籌餉困難，與新苗軍發生衝突，兩造備文申辯，黎景嵩不能決，於是，兩造乃稟請臺南幫辦軍務劉永福核辦。此時，日本近衛師團正集結新竹，一面進行南侵準備，一面派出前哨偵察。臺中形勢日趨危急，劉永福決定派隊北上。是為黑旗軍參戰之始。

歃血聯盟　劉永福在臺南率眾將歃血誓師，象徵著臺灣的反割臺抗日運動進入一個新的階段。

劉永福　又名義，字淵亭，廣東欽州（今屬廣西）人。早年參加天地會，失敗後避入中越邊境一帶，建立了黑旗軍。在抗擊法國侵略的戰爭中，他屢建奇功，名揚中外。戰後，回國任廣東南澳鎮總兵。

劉永福

第八章　臺海變局

　　甲午戰爭爆發後，奉旨幫辦臺灣軍務，帶 6 營赴臺南。因臺南城本有臺灣道和臺灣鎮總兵駐守，與他們同居一城，名為幫辦，實則無法號令，只好南移鳳山之旗後海口駐守。劉永福曾親至臺北，與唐景崧會商全臺防務，並提出留駐臺北以協助處理軍務，被唐回絕。唐雖在中法戰爭期間與劉在越南共事，然疑劉有異志，頗相猜忌，不肯假以事權也。不久，唐又令劉往臺灣島最南端的恆春紮守。此地至臺南有 8 日路程，唐出此令，其意可知。日軍從澳底登陸後，臺灣鎮總兵離臺內渡，劉永福兼署臺灣鎮篆，始駐臺南府城。

　　唐景崧內渡後，臺南紳民公議，舉劉永福為臺灣民主國總統。劉永福懇辭曰：「今諸君送此印來，無非欲保身家、固土地，不甘為蠻夷牛馬而已。誠宜決意抵抗，務須互相協力，籌軍餉，為第一著緊要之事。蓋軍餉足用，士肥馬騰，日本雖然厲害，吾豈懼哉！」卒不受印。

　　6 月 29 日夜，劉永福率黑旗軍將士設壇幄，祭告天地神祇，臺南文武官員一百多人並集，歃血聯盟，並作〈盟約〉云：

> 變出非常，改省為國，民為自主，仍隸清朝。即各友邦，許為輔助，何況我輩，敢不維持？嗚呼！為大清之臣，守大清之地，分內事也，萬死不辭。一時千載，縱使片土之剩，一線之延，亦應保全，不令倭得。……永福為倡同人而立大誓：如有公忠體國，即來歃血聯盟，甘苦誓必同嘗，生死有所不計！[119]

　　黑旗軍臺南誓師，萬眾歡聲如雷，大幅地鼓舞了人心和士氣。

　　援兵北上　先是新竹失陷後，劉永福擬派幕中記室吳彭年自備糧餉 2 個月，揮軍北上，開往彰化，會合臺中諸軍，共圖恢復。後不果行。直至 7 月中旬，為調和苗栗縣和新苗軍的衝突，劉永福才決心派吳彭年

---

[119]　《日清戰爭實記》，第 46 編，第 31 頁。

第三節　黑旗誓師

率隊北上。

吳彭年　字季籛，浙江紹興府餘姚縣（今餘姚市）人。年十八，為諸生，工詩文，賦氣豪邁。後流寓廣東，定居於廣州順德縣（今佛山市順德區）。西元 1895 年 4 月，以縣丞赴任臺北。適《馬關條約》簽訂，因滯留臺南。劉永福聞其才，延為幕客，任記室，掌管地方文卷，並參贊軍務。當此時，戎馬倥傯，軍書旁午，批答公文，多出其手。劉永福見其韜鈐諳熟，膽略過人，甚器重之，倚為左右手。至是，吳彭年奉命後，以愛國心切，希望早日規復臺北，欣然北上，抵達彰化。

此時，日軍一個混成旅團已從威海運抵臺北，敵我形勢發生新的變化。這樣，不僅侵臺日軍的力量更為增強，而且集結於新竹的近衛師團完全解除後顧之憂。於是，北白川能久決定分三路出新竹，對抗日聯軍發動進攻。

8 月 10 日，日軍對新楚軍駐地頭份山發動進攻。日軍借優勢兵力，四面環攻，抗日聯軍處於包圍之中，拚死抵抗。楊載雲奮不顧身，回救大營，身中數彈仆地。他本是一位智勇雙全的戰將，兩月間作戰十餘次，頗有斬殺，受到臺中民眾的讚揚和信賴。自楊載雲犧牲後，新楚軍銳氣盡喪，從此一蹶不振，臺灣府的抗日力量更為削弱。

日軍既占頭份，乘勢南進，遂陷苗栗。自新楚軍在頭份潰散後，餘勇零星逃回彰化。黎景嵩將新楚軍交吳彭年兼統。從此，各軍皆歸黑旗軍統屬。當時，兵餉難籌，幸賴當地各界熱情支持，城內外民眾皆蒸飯到營，供給三餐，各軍才暫時得以維持。

大甲伏擊　8 月 22 日，近衛師團開始向吳彭年駐地大甲進攻。日軍以步兵在前，馬炮隊隨其後。前隊敗，則馬炮佇列橫陣猛擊，彈急如雨，攻勢甚銳。

第八章　臺海變局

　　吳彭年偵知日軍戰術，且敵強我弱，便先避敵鋒，伏兵於大甲溪。及日軍至，突起猛攻。日軍遭到突襲，敗退渡河，吳彭年麾軍追之。

　　日兵渡河及半，徐驤率義軍自對岸林中出，向敵射擊。日軍背腹受敵，倉皇逃竄。此戰斃敵 50 多人，奪其槍械甚多。吳彭年收隊時，道經海口，又見日軍數艘糧船泊港口，便下令直撲糧船，戮日本運糧兵略盡，奪其糧船。

　　8 月 23 日，日軍再次進攻大甲。黑旗軍首當其衝，與敵相抵；徐驤等義軍左右迂迴，攻敵兩腋。日軍不支，開始退卻。適在此時，報後路為敵所斷，黑旗軍被迫後撤。大甲遂被日軍占領。

　　喋血彰化　大甲失陷後，劉永福知日軍必攻臺灣府城，便令吳彭年擇彰化境內險要扼守。

　　當時，吳彭年僅率黑旗七星隊 1 營及新楚軍 4 營駐彰化。另募新苗軍 2 營由吳湯興統領，徐驤分統。吳彭年以可戰之兵太少，電請劉永福增派援軍。隨後，劉永福派黑旗軍七星隊王德標等 4 營及旱雷營 1 營抵彰化。這樣，彰化守軍的兵力稍有增強。

　　8 月 24 日，日軍占領臺灣縣城，駐彰化府縣諸吏聞訊，皆議棄城南走。吳彭年以此電告劉永福，覆電云：「兵來禦之，死守無恐！」吳彭年嘆曰：「吾與臺事毫無責守，區區寸心，實不忍以海疆重地，拱手讓人。今劉帥諭我死守，誠知我也。」吳湯興、徐驤也力主抵抗，謂：「不戰而退，何顏見劉幫辦乎？」

　　彰化城小，難防守，而城東八卦山可俯瞰全城，守山即足以守城，故八卦山為布防的重點。吳彭年命黑旗軍 2 營及新苗軍 2 營，共守八卦山；黑旗軍 2 營則守中寮至茄苳腳一線。他本人親自守茄苳腳指揮。

　　8 月 28 日清晨 5 點半，日軍開始炮擊黑旗軍的正面防線。這是發起

第三節　黑旗誓師

總攻擊的訊號。6點多，在強大砲火的掩護下，日軍一個聯隊開始從八卦山東側攻山。八卦山炮臺以石壘壁，可容一營多兵力的兵營，設定各種炮4門，唯對後路未曾設防。守軍見日軍來攻，即發炮抗禦。

日軍依仗人多勢眾，從東、西、南三個方面向八卦山炮臺發起衝鋒。吳湯興手持短槍，足蹬草履，帕首束腰，往來指揮，大呼殺賊。徐驤也麾軍力戰。然日軍炮火熾烈，勢不能支。黑旗軍兩管帶先後陣亡。吳湯興決心與敵死戰，不幸中彈殞身，鮮血灑於八卦山巔。八卦山守軍傷亡殆盡。唯徐驤率20人走後山，突圍而出。

吳彭年正在茄苳腳督戰，見八卦山已懸日旗，便勒馬率軍回救，並親率黑旗軍七星隊300人奪山。日軍猛放排炮，七星隊傷亡甚眾，難以向前。左右掖之而奔，吳彭年厲聲斥之，仍奮勇擊敵。而山上敵彈密如雨落，吳彭年身中數彈，猶奮力向前，終於不支倒地，壯烈殉國。時人作〈哀季子歌〉弔之，云：

　　巨炮雷轟力劈山，榴彈雨下響訇訇。
　　身中數槍靡完體，據鞍轉戰莫敢攖。
　　血濺衣襟溘然逝，凜凜面色猶如生。……
　　人居世上誰無死？泰山鴻毛權重輕！

日軍既據八卦山，遂分兵東、南、北三門進入彰化城，滿城搜查，路逢人則殺之。日本隨軍記者稱：「彰化城內，屍體到處可見。」戰後疫病流行，日本近衛師團染病者達4,274人，占師團作戰人員編制的三分之一。其中，旅團長山根倍成少將及將校多人染疾身亡。日人為之作誄文曰：

　　出征不歸，客死千里。
　　待彼門者，煢煢（ㄑㄩㄥˊ，孤單狀）無依。

第八章　臺海變局

陟（ㄓˋ，登高）彼岵（ㄏㄨˋ，多草木之山）者，瞻望長跂（ㄑㄧˊ，蹺腳）。

痛恨深憾，哀莫窮已！

死者命喪異鄉，親者長盼不歸。詞意悲涼悽愴，怨天恨地，殊不知這剛好是日本軍國主義者製造的人間悲劇！

反攻臺中　日軍近衛師團占領彰化後，即分三路出動，連陷鹿港、員林、北斗、雲林等地。8月30日，日軍前鋒指大莆林，近嘉義縣。臺中諸城皆失，臺南形勢十分危急。劉永福決心抗敵，力撐危局。他頗感前敵統將乏人，特地任用前署臺灣鎮總兵楊泗洪，令節制黑旗前敵諸軍，各地義軍咸歸調遣。

楊泗洪　字錫九，江蘇宿遷人。出身於拳技世家。早年投效湘軍，積功保至游擊。西元1884年，劉銘傳奉旨赴臺治軍，楊泗洪以營官隨行。時法軍侵臺，從滬尾登陸，楊泗洪率部勇戰，驅敵下海。劉銘傳獎之，由是名聲大噪。累保記名簡放提督，又奏署臺灣鎮總兵。劉銘傳辭官離臺後，繼任巡撫邵友濂盡廢前任之政，裁撤防軍，降楊泗洪為營官。及日軍侵臺，連陷臺中諸城，楊泗洪義憤填膺，決心守土不去，以恢復為己任。今既奉命節制黑旗前敵諸軍，為劉永福之知遇和信任感泣不已，稱：「我當以身報大將軍知遇之恩也！」遂集隊宣誓，士氣奮發，慷慨啟行。

9月3日，楊泗洪率黑旗軍北進，至嘉義城北之打貓莊，探知日軍大股在大莆林街內。大莆林在嘉義城北15公里，為進入臺南之孔道，是兵家必爭之地。楊泗洪知日軍怕後路被截，必派隊回守他里霧，便一面下令將大莆林包圍，一面派隊乘虛襲擊他里霧，並在大莆林以北設下埋伏。

當日下午，黑旗軍突襲他里霧，住在神廟中的日本通訊騎兵隊見勢不好，紛紛越牆而遁，走散者皆死於路，僅逃出 3 人。大莆林日軍一個中隊突圍奔向他里霧，途中又遭到黑旗軍截擊。日軍傷亡多人，無力再戰，便伏在水田裡，待日落後逃生，連夜奔向他里霧。前行約 1 公里，遇逃來的 3 名騎兵，才知他里霧已被黑旗軍占領，又返回大莆林。

到 9 月 5 日夜，大莆林日軍被圍三晝夜，且與後方聯絡已斷，半點接濟全無，決定向北突圍。6 日清晨，日軍剛作好突圍的準備，黑旗軍就對大莆林發起了進攻。激戰 2 小時後，日軍數股奔出，遭到黑旗軍截擊，隊形大亂。楊泗洪麾軍從後追擊，不幸腹部中彈，被部下救回後，延至 8 日而逝。劉永福痛失戰將，親至郊外哭奠。臺南民眾聞其死，多有巷哭罷舂者。

大莆林日軍突圍後，直奔莿桐巷，渡濁水溪，於 9 月 9 日至北鬥鎮始停。於是，臺中之雲林縣收復。北白川能久增派部隊，欲奪取雲林境內的樹仔腳。此處前臨濁水溪，「溪中一帶沙漠，數里無人居處，中多蔗園、林投、蘆葦，可為埋伏之所。沙埔暗埋竹釘桶，上鋪竹木，馬軍多陷於泥淖，人馬死者甚多」。兩軍對峙於濁水溪達一月之久。

第四節　臺南淪陷

黑旗軍雖與日軍相持於濁水溪，但臺南的糧餉不繼，兵力也無法補充，已經無力再發動攻勢了。

此時，樺山資紀知道僅靠近衛師團已難勝攻占臺南之任，遂電請大本營調派第二師團和聯合艦隊前來，共同參加南侵作戰，並組建南進軍

第八章　臺海變局

司令部。日本南進軍規模龐大，包括近衛師團主力 15,000 人，及第二師團主力約 25,000 人，共計有 40,000 人。這是日本發動戰爭以來最大的一次用兵。

嘉義失守　10 月 3 日，北白川能久率近衛師團出彰化南下。日軍在南侵途中，遭到黑旗軍和義軍的節節抵抗。但日軍兵力居於絕對優勢，黑旗軍和義軍損失慘重。8 日，日軍便從北、東、西三面包圍嘉義城。

嘉義，古稱諸羅，南距臺南府城約 65 公里，負山面海，頗據形勢，為府城北路之屏障。城牆腳下壘石，上部砌磚，高 2 丈（約 6.66 公尺）有餘，厚約 1 丈 2 尺（4 公尺）。城牆之上有女牆，其箭堆適可為槍眼之用。城有四門，上建敵樓，便於瞭望。各門外皆築甕城。城外有寬 3 丈（10 公尺）的護城河環繞，河堤上遍植竹林。此時，雲林一帶的黑旗軍各營皆退至嘉義，劉永福令守備王德標據城固守。

王德標　里籍不詳。黑旗軍守備。隨劉永福赴臺協防，統帶黑旗軍親軍福字七星隊。8 月下旬，奉命增援彰化，駐城北 5 公里之大肚溪北岸。在大甲溪伏擊戰中，有日本運糧船自溪之下游至海濱，吳彭年命黑旗軍阻之，日本護糧隊不應。王德標親率七星隊下水牽之，奪糧船 2 艘而還，不失一人。日軍進攻彰化時，王德標守西路，力戰受傷多處，仍堅持不退。回顧八卦山火起，左右強挾之行，暫避蔗園中。村民勸他埋軍裝，脫黑甲，則可脫身。他答曰：「我槍在，雖數百倭無如我何也！」越日，始回到嘉義養傷。

10 月 9 日，日本近衛師團向嘉義發動總攻。北白川能久此番率近衛師團進攻嘉義，傾巢而來，志在必得。然自侵臺以來，歷時將近半載，他身經多次苦戰，傷病纏體，與率軍侵臺之初的心情相比，已經有了很大的變化。此時，他有一首〈臺灣偶作〉詩，寫道：

第四節　臺南淪陷

遠伐荊蠻百事辛，難堪惡水與炎塵。

去京半歲君休笑，忽作白頭黑面人！

此詩寄託了萬端感嘆，表現出這個日本侵略軍首領精神世界的另一面。半個月後，他便因傷病不治而死。

同日黎明，日軍分三路逼近嘉義城，並在距城近 1,000 公尺處設置砲兵陣地。11 點 30 分，日軍開始從三面炮擊嘉義城。其炮火之熾烈，「恰如萬雷落地，天地為之震撼」。嘉義城雖堅固，怎敵得住炮火的輪番轟炸？黑旗軍只能緊靠堞牆，遙擊城外敵人。不久，東西兩城門樓皆被敵炮轟塌。日軍隨即乘機架竹梯登城。黑旗軍頑強抵禦，但終究抵擋不住。12 點 15 分，日軍已先後占領西、北、東三座城門，並突進城內。

王德標率餘部從南門出，退至曾文溪。嘉義遂陷。

曾文之戰　在日本近衛師團攻打嘉義的當天，南進軍司令部也正在召開作戰會議，研究進攻臺南的作戰部署。最後決定：混成第四旅團為北軍，從布袋嘴登陸，並與近衛師團取得聯絡，從北路進逼臺南府城；第二師團餘部為南軍，從枋寮海岸登陸，從南路抄臺南之背。

10 月 10 日，混成第四旅團從布袋嘴登陸，在其向南行進途中，時時遭到黑旗軍和義軍的猛烈抵抗。日本隨軍記者寫道：

我軍在布袋嘴登陸時，此地人頑冥不解事理，只認為敵兵一來於自己有害，須抵抗以保持自己的安全，似欲以死力防禦到底。一方面劉永福亦利用其無知剽悍，企圖藉此防阻我軍登陸，讓其部下大肆煽動。因此，我軍在東西南北，到處無不戰鬥。[120]

至 18 日，日軍進至曾文溪以北 5 公里的茅尾港。

---

[120]　《中國近代史資料叢刊中日戰爭》，第 6 冊，第 499～500 頁。

第八章　臺海變局

　　曾文溪距臺南 17 公里，成為臺南府城北路的最後一道防線。溪之北岸為沙地，不便步行；南岸有一條高丈餘的長堤。劉永福想利用此處的地勢，進行最後的抵抗。他命總兵柏正材統兵至曾文溪，兼統王德標七星隊及義軍。先是徐驤奉命至卑南招募義民，得 700 人。劉永福名之為先鋒營，命徐驤統帶開赴前敵，亦抵曾文溪。總兵力為 4,000 多人。

　　10 月 19 日凌晨 3 點，日軍混成第四旅團從茅尾港出發，向曾文溪前進。日軍偵察騎兵先已探知，曾文溪正面防禦非常嚴密：南岸高地築有堅固的工事，沿溪岸有完備的掩體和砲兵陣地，4,000 多黑旗軍皆攜帶毛瑟槍；北岸約有 40 處埋有地雷，於各處設定陷阱，並且還在涉渡點水下敷設水雷。守軍的精兵盡集於此。日軍知道若從正面進攻，必定會招致重大的傷亡。於是決定先以兩個中隊自大道前進，佯攻黑旗軍的正面陣地，使之無暇他顧，然後以主力從曾文溪上游涉渡，繞攻其右翼。

　　日軍主力過溪後，乘朝霧急進，於清晨 5 點逼近黑旗軍右翼。柏正材沒有料到，敵人會從上游涉渡，急起應戰，始則激射，繼而白刃相接。日軍猛放大砲，掩護步兵齊攻。由於力量過於懸殊，黑旗軍和義軍勢難抵禦。徐驤率先鋒營與敵步戰，打拚在前，首中敵彈，猶躍起而呼曰：「丈夫為國死，可無憾！」仆地不起。他自高揭義旗抗日，轉戰各地，幾乎每戰必與，出生入死，艱苦備嘗，屢挫屢奮，抗敵之意從未稍衰。他每戰必身先士卒，抵曾文溪後誓曰：「此地不守，臺灣亡矣！吾不願生還中原也！」對於他的犧牲，時人曾評之曰：

　　蓬篳下士，閭閻細民，而能提三尺劍奮袂以興，棄父母，捐頂踵，以為國家爭尺寸之土。若徐驤其人者，尤可敬矣！[121]

　　曾文溪之戰，是黑旗軍保衛臺南的最後一戰，從此再也無法發起有

---

[121]　《中國近代史資料叢刊續編‧中日戰爭》，第 12 冊，第 465 頁。

第四節　臺南淪陷

力的抵抗了。

矢窮內渡　從日軍占領臺北後，黑旗軍先出兵臺中，後保衛臺南，已歷時近 5 個月。至此，日軍海陸俱進，南北夾擊，臺南府城完全處在敵鋒之下，危在旦夕。

劉永福這位當年的抗法英雄，曾在越南戰場上叱吒風雲，名震宇內，如今卻處於進退維谷的困境。自率部來臺，他既不為朝廷所信任，又受到上司的壓制和排擠。他曾提出，招前在越南抗法的舊部 3,000 人來臺，扼守臺南，兼為北援。雖多方請求，言辭懇切，近於哀求，均不被允准。又曾屢次派人渡海向兩江、閩浙、兩廣總督告援，請求接濟糧械運臺，皆無成效。臺南外援既斷，糧餉又復告罄，使劉永福進退失據。他當時的處境，正如時人吳質卿〈感事〉詩所說：

漫說興亡歸氣數，休憑強弱論中倭。

兵窮食盡孤城在，空使將軍喚奈何！

此時，擺在劉永福面前的只有兩條路：一是進入內山、一是內渡大陸。他一直在這兩條出路之間搖擺，內心衝突重重，難以作出決斷。事實上，他也作了進入內山堅持武裝抗日的準備，但又感到自己年近六旬，早已不似當年，以遲暮之年能否勝任轉戰高山茂林之任，始終缺乏信心。10 月 18 日，劉永福召集部將會議，或言出城決戰，魚死網破，或言轉移東山，據山以守。議無所決。

10 月 19 日，南路日軍已由鳳山（今高雄市鳳山區）向臺南進逼，北路曾文溪又遭敗績，使劉永福大為震驚。這位身經百戰的英雄無計可施，只能求助於神靈，焚香跪求，得籤云：「木有根枝水有源。」解曰：「求財不得、求病必死、求子生女、失物無回、出行多阻。」籤語頗不吉利。適在此時，兩廣總督譚鍾麟託人帶信，促劉永福內渡。這樣，他才不再

第八章　臺海變局

猶豫，於當夜至安平港，乘英國商船爹利士號渡廈門。

臺南陷落　本來，日軍決定於 10 月 23 日對臺南城發動總攻。21 日凌晨 1 點，臺南東門外教堂的英國傳教士巴克禮（Thomas Barclay）等到城南的日軍第二師團前哨報信。於是，日軍便改變計畫，決定提前占領臺南。是日黎明，日軍從小南門進入府城。

臺南的淪陷，象徵著成立 149 天的臺灣民主國終結了它的歷史使命。10 月 27 日，樺山資紀釋出告示稱：「臺灣全島已全部平定。」11 月 18 日，樺山又正式向日本參謀本部報告：「臺灣全島平定。」但是，他高興得未免太早了。

此後，在日本帝國主義統治臺灣的半個世紀裡，臺灣人民反抗日本殖民統治的抗爭從來沒有停止過。據時人稱：

> 日軍之至各地，平民懼甚，路絕行人，炊火無煙，市街闃（ㄑㄩˋ，靜）寂，民間相驚以倭，雞犬無聲。及肆為淫暴殺戮，民轉懟之，相指詬不以人類目。軍政施則憲兵可殺人，民政施則警察可殺人。[122]

臺灣人民處於水深火熱之中，被迫揭竿而起。於是，抗日義軍紛起，幾遍全臺各地，無慮數十百起。從此，義軍抗日又進入一個新的階段，成為反割臺抗日運動的繼續。

1905 年，中國同盟會成立後，在革命黨人的影響和直接帶領下，臺灣人民武裝反抗日本殖民統治的運動又掀起新的高潮。自茲以降，武裝抗日起義此起彼伏，持續不斷，僅有一定規模的反日起義即達 10 多次。

---

[122]　《中國近代史資料叢刊・中日戰爭》，第 6 冊，第 350 頁。

第四節　臺南淪陷

火燒甲午，帝國沉沒之年：
日本情報滲透、清廷集體迷夢……從情報戰到外交決策，一場預謀已久的戰爭如何改寫東亞百年格局？

作　　　者：	戚其章
發 行 人：	黃振庭
出 版 者：	複刻文化事業有限公司
發 行 者：	崧燁文化事業有限公司
E-mail：	sonbookservice@gmail.com
粉 絲 頁：	https://www.facebook.com/sonbookss/
網　　　址：	https://sonbook.net/
地　　　址：	台北市中正區重慶南路一段 61 號 8 樓
	8F., No.61, Sec. 1, Chongqing S. Rd., Zhongzheng Dist., Taipei City 100, Taiwan
電　　　話：	(02)2370-3310
傳　　　真：	(02)2388-1990
印　　　刷：	京峯數位服務有限公司
律師顧問：	廣華律師事務所 張珮琦律師

-版權聲明-

本書版權為濟南社所有授權複刻文化事業有限公司獨家發行繁體字版電子書及紙本書。若有其他相關權利及授權需求請與本公司聯繫。

未經書面許可，不得複製、發行。

定　　價：450 元
發行日期：2025 年 09 月第一版
◎本書以 POD 印製

國家圖書館出版品預行編目資料

火燒甲午，帝國沉沒之年：日本情報滲透、清廷集體迷夢……從情報戰到外交決策，一場預謀已久的戰爭如何改寫東亞百年格局？ / 戚其章 著 .-- 第一版 .-- 臺北市：複刻文化事業有限公司, 2025.09
面；　公分
POD 版
ISBN 978-626-428-233-8(平裝)
1.CST: 甲午戰爭　2.CST: 近代史　3.CST: 中國
627.86　　　　114012303

電子書購買

爽讀 APP　　　臉書